臺灣教育評論學會策劃
2018年度專書

體檢臺灣技職教育

胡茹萍、李懿芳　主編

楊朝祥、黃政傑、張國保、王娜玲、巫博瀚
陳德華、饒達欽、賴慕回、吳雅玲、湯誌龍
鍾怡慧、徐昊杲、周燦德、陳斐娟、吳秀春
廖年淼、曾淑惠、李隆盛、胡茹萍、李懿芳
于承平　合著

五南圖書出版公司 印行

理事長序

　　聯合國教科文組織（UNESCO）2015年的《技術及職業教育與訓練建議書》（Recommendation concerning technical and vocational education and training，TVET）所指出的技術及職業教育與訓練願景可作為檢視技職教育與訓練的準則。該願景如下：技術及職業教育與訓練透過就個人、組織、企業和社區的增能及對就業、尊嚴勞動和終身學習的促進，裨益包容和永續的經濟成長及競爭力、社會公平與環境永續性，因而為永續發展做出貢獻。我國由於就讀技職教育體系的學生比例甚高，堪稱技職教育大國。但是，我國技職教育達成或邁向上述願景的程度為何，有待持續檢視和必要改善。

　　臺灣教育評論學會係依法設立、非以營利為目的之社會團體，以從事教育政策與實務之評析、研究與建言，提升本領域之學術地位為宗旨。學會除定期舉辦教育論壇和按月發行《臺灣教育評論月刊》外，並出版年度評論專書。本書《體檢臺灣技職教育》即為學會2018年度專書。期望本書的評析能促進讀者更加了解我國的技職教育，從而促進技職教育穩健發展和得到更多的重視與支持。

　　感謝臺灣師大胡茹萍和李懿芳兩位教授以及教育部于承平博士分別擔任本書的主編及執行編輯，13篇文章、21位作者及審查者撰寫和審查文章，學會秘書處潘瑛如博士、莊雅惠小姐和邱欣榆小姐等同仁的幫忙聯繫與校對，以及五南圖書出版公司的協助出版！因為有大家的貢獻心力，本書才得以順利出版。誌此申謝。

臺灣教育評論學會理事長

李隆盛

謹誌於中臺科技大學　2018年4月

I

主編序

　　臺灣教育評論學會有鑑於2015年1月14日《技術及職業教育法》之公布施行及行政院於2017年3月2日公告之《技術及職業教育政策綱領》，各該立法及行政作為彰顯技職教育於法制上及國家層級之重視，故特於2018年之年度專書，以「體檢臺灣技職教育」為主題，進行對技職教育問題之檢視及發展期許。全書共收錄十三篇文章。第一篇為佛光大學楊朝祥校長撰寫「人口結構急遽變化中的技職教育發展」，本文經由分析臺灣人口結構轉變，從少子女化、高齡化及勞動力老化三項問題，提出技職教育人才培育因應方式及改進策略。第二篇為靜宜大學教育研究所黃政傑終身榮譽教授撰寫「從技職再造計畫看技職教改方向」，對技職教育再造方案改革模式及評估機制深入剖析，指出該計畫所面臨技職教育政策方向、落實私校公益化辦學、人才供需與培育、技職校院之定位與目標、技職教育品質與產學合作，及證照檢定與證照制度等問題，並提出解決策略。第三篇為銘傳大學教育研究所張國保教授、王娜玲教師及銘傳大學教育研究所巫博瀚助理教授共同撰寫「職業試探扎根技職教育的願景」，本文以國中小學生心理發展階段觀點支持該階段的職業試探活動，並從教育法令、政策、課程規劃、教師與教學等面向，提出推動職業試探暨體驗策略，建議從國家、地方政府、學校、教師與家長逐級落實及建立各層級間協同合作關係。

　　第四篇文章則是中華民國技職教育學會陳德華理事長撰寫「暢通技職體系升學進路之評析」，本文梳理自40學年度起臺灣技職教育的發展脈絡，如何從早期為配合產業發展所建立技職教

育體系，逐漸形成符合民眾升學期待之「暢通技職體系升學進路」之政策轉變過程，值得政策規劃者參考省思。第五篇爲佛光大學資訊應用系饒達欽講座教授與亞東技術學院通識教育中心賴慕回兼任助理教授共同撰寫「近三十年來中等教育職業群科課程之評析—以工業類爲例」，本文首先敘述臺灣職業教育課程演變始末，繼之引介美日二國職業教育課程設計及對臺灣職業群科課程評析，並提出興革建議。第六篇文章爲屏東科技大學技術及職業教育研究所吳雅玲教授所撰寫之「技術型高級中等學校課堂的教學檢視」，本文先從教材、教學方法、評量等三面向，檢視目前技術型高級中等學校之教學困境，進而提出現場教學可能改變之作法，希冀提供教師有效教學之參考。

　　第七篇文章爲新竹縣內思高級工業職業學校湯誌龍校長撰寫之「臺灣現階段技術型高級中等學校工業類科教師培育質與量提升之我見」，從師資培育過程以及教學現況，探討與分析目前技術型高級中等學校工業類科專業教師培育質與量之現況，並提出參考建議方案。第八篇文章爲國立澎湖科技大學通識中心鍾怡慧副教授與龍華科技大學徐昊杲特聘教授共同撰寫「技職教師的新圖像」，本文首先分析教師專業標準之內涵，繼之自當前技職教師所面臨之課題，歸納技職教師應具備之核心素養，描繪技職教師新圖像。第九篇文章爲醒吾科技大學周燦德校長所撰寫之「技專校院推動職能導向之系（科）產學鏈結策略模式」，提出系科職能導向產學鏈結操作策略模式建構八大步驟，有效提供技專校院各系（科）依循該模式執行，即可達成培育業界所需人才目標之具體方法。

第十篇文章為國立雲林科技大學廖年淼特聘教授、國立二林高級工商職業學校吳秀春教師及國立雲林科技大學陳斐娟副教授共同撰寫「具彈性進路與支持系統的先導型公辦學徒制之芻議」，從鷹架理論、社會建構理論、情境學習理論闡述學徒制理論基礎，建議機械製造技術員為先導對象，將公辦學徒制融入青年教育與就業儲蓄帳戶政策。第十一篇文章為國立臺北科技大學人文與社會科學學院曾淑惠院長撰寫「技職教育政策規劃機制之研議」，藉由對教育政策規劃的意涵與政策規劃的評估相關論述，輔以對技職教育政策規劃之現況與問題分析之探究，提出技職教育政策規劃建議。第十二篇文章為中臺科技大學李隆盛校長撰寫「《技術及職業教育政策綱領》該怎麼做才行？」，列出該綱領之六個推動方向與52項推動重點，設計成模糊德懷術問卷後，邀請20名技職教育專家填答，據以建議政策綱領宜特重「制度」、「教師」與「產學」三大推動面向。最後一篇文章為國立臺灣師範大學工業教育學系胡茹萍副教授、李懿芳教授及教育部于承平助理研究員共同撰寫之「技術及職業教育政策綱領實踐芻議」，該文就政策綱領所提六大推動方向中之四項，提出具體實踐作法，以期落實技職教育人才之培育。

　　綜上所述，本書十三篇文章，分別自不同面向體檢臺灣技職教育議題。在政策發展面，提出技職教育政策轉變過程及課程發展沿革，可對技職教育發展脈絡有清晰的認識，進而瞭解目前問題存在的系絡因素；在政策規劃面，包括技職教育因少子女化及老年化影響變革、公辦學徒制融入青年教育與就業儲蓄帳戶政策作法，落實職業試探、及分別從技職教育再造、技職教育政策綱

領推動及實踐芻議、技職教育政策規劃作法等,提出具體建議;在學校實務面,則包括技專校院如何推動職能導向之系(科)產學鏈結策略模式,及技術型高級中等學校的教學困境與改進作法;最後在師資培育面,則從技術型高級中等學校工業類科專業教師培育及教師專業標準之探究,進而規劃如何培育具專業能力及核心素養之教師。

最後,本書得以順利出版,首先要感謝撰稿人及審查者之專業付出與用心,感謝臺灣教育評論學會李隆盛理事長及各位理事、監事之協助,以及本學會編輯團隊之努力,期待本書出版能重新體檢臺灣技職教育政策發展,對與技職教育有關之利害關係人皆能有所啓發與助益,也期盼讀者不吝給予支持及指教。

胡茹萍
李懿芳
謹識
2018年5月

目 次

第一章

人口結構急遽變化中的技職教育發展

楊朝祥

佛光大學校長

壹、臺灣人口結構的轉變

我國產業發達，社會進步，但人口結構也正在快速轉變中。民國60年，臺灣總人口數為14,994,823人，其中，0-14歲人口占38.71%，15-64歲人口有58.26%，而65歲以上人口僅占3.03%。但是隨著社會的發展以及健康情況的改善，人口的老化隨之急遽加速。根據內政部最近的統計資料顯示（內政部，2017），我國老年人口在82年業已超過7%，正式邁入高齡化社會，之後，人口老化的速度持續攀升，到了民國100年，總人口數為23,224,912人，其中0-14歲人口已降至15.08%，15-64歲人口提升至74.04%，而65歲以上人口已高達10.89%。前年（105年），總人口並未有太大的轉變，有23,539,816人，但各年齡層人口的比例卻有極大的變化，0-14歲人口已降至13.35%的新低，15-64歲人口尚維持在73.46%，而65歲以上人口已高達13.20%（詳如表1）。

表1　歷年臺灣人口結構轉變一覽表

年度	總人口數	0-14歲（%）	15-64歲（%）	65歲以上（%）
60年	14,994,823	38.71	58.26	3.03
70年	18,193,955	31.63	63.96	4.41
80年	20,605,831	26.34	67.13	6.53
90年	22,405,568	20.81	70.39	8.81
100年	23,224,912	15.08	74.04	10.89
101年	23,315,822	14.63	74.22	11.15
103年	23,433,753	13.99	74.03	11.99
104年	23,492,074	13.57	73.92	12.51
105年	23,539,816	13.35	73.46	13.20

資料來源：內政部人口統計資料庫，2017年，筆者自行整理。

去年（106年）2月，根據內政部的統計資料，65歲以上的老年人口已攀升至13.33%。依據國家發展委員會的人口推估，老年人口的比率將於107年超過14%，115年恐將再超過20%，屆時我國將與日本同為超高齡的國家。

　　當老年人口持續增加之時，國人的出生率卻持續低迷。一個國家要維持正常的人口數，總生育率要保持在 2.1左右，民國73年以前，臺灣的總生育率都在2.1以上，民國73年，我國尚能維持2,175（‰）的總生育率，但由於晚婚、不婚、及遲育的現象所造成的少子化，使臺灣人口老化的問題更加嚴重（內政部，2017）。根據內政部的資料顯示，臺灣平均每一婦女一生中所生育之子女數已從73年節節下降，99年因屬於虎年，生育率降低至0.88人，當年度出生的新生兒僅有166,473人，使臺灣成為世界最低生育率的國家。雖在政府各項獎勵生育的措施之下，出生率有稍稍上升的趨勢，在105年的生育率提升至1.13人，這趨勢雖使人口進入負成長時間點延後，但生育率仍然偏低，與韓國不相上下，是全世界生育率最低的兩個國家（詳如表2）。

表2　歷年臺灣出生率、生育率轉變一覽表

年度	出生人數	粗出生率（‰）	總生育率（‰）
63年	357,696	22.66	3,375
65年	425,886	25.97	3,625
70年	415,808	23.06	2,725
73年	370,078	19.55	2,175
80年	320,384	15.63	1,685
90年	257,866	11.54	1,355
99年	166,473	7.19	880
100年	198,348	8.55	1,050
101年	234,599	10.08	1,235
103年	211,399	9.03	1,130
105年	207,600	8.83	1,130

資料來源：內政部人口統計資料庫，2017年，筆者自行整理。

　　臺灣一方面受到少子化的影響，一方面受到人口老化的趨勢的衝擊，因此社會老化的情況極為嚴重，依據內政部的統計資料，今（106）年2月老化指數首度破百，而至106年7月，老化指數已高達102.49（內政部統計處，2017）。所謂「老化指數」係指65歲以上老年人口對14歲以下幼年人口的比率，老化指數破百，就是老年人口已超過幼年人口。若以縣市別來看，老化指數破百的縣市，已從100年的3個縣市，增加為15個，其中並包括臺北市、臺南市及高雄市等直轄市在內，顯示人口老化情形的嚴重性。

表3　臺灣老化指數變動情形（以每年7月之指數為標準）

年度	90	92	94	96	98	100	102	104	106
老化指數	41.53	45.32	50.60	56.65	63.37	70.25	78.35	88.87	102.49

資料來源：內政部統計處最新統計指標，2017年，筆者自行整理。

貳、臺灣勞動人力結構的轉變

　　臺灣的人口結構，在幼年、青壯年及老年三階段年齡分配百分比，已由2010年分別占16%、73%及11%，預估至2060年轉化為9%、49%及42%，使我國由過去青壯年人口多、幼年及老年人口少的燈籠型轉變為現在老年人口多、青壯年人口次之、幼年人口少的金鐘型人口結構，也使臺灣由勞動力供給充足、社會負擔相對較輕、有利於經濟發展之人口紅利結構，轉變為高度負擔的人口負債年齡結構。

　　人口老化最直接影響之一就是勞動人口減少。根據國發會最新人口推估報告（國家發展委員會，2016），臺灣15-64歲工作年齡人口在104年達到高峰1,736.6萬人後，105年開始下降，平均每年以18萬人速度遞減；未來50年內，臺灣工作人口將減少一半，且工作人口主力將有一半屬於45-64歲中高年齡層，政府、社會都必須及早因應（詳如表4）。

表4　工作年齡人口年齡結構的轉變（中推估）

年度	105年			150年		
項目	人數（萬人）	占總人口比率（%）	占工作年齡人口比率（%）	人數（萬人）	占總人口比率（%）	占工作年齡人口比率（%）
合計	1,729	73.5	100.0	946	51.5	100.0
15-29歲	465	19.7	26.9	209	11.4	22.1
30-44歲	564	24.0	32.6	288	15.7	30.4
45-64歲	700	29.7	40.5	449	24.4	47.5

說明：工作年齡人口數係指15-64歲人口數，非指有工作（就業）之人數。
資料來源：中華民國人口推估（105至150年）報告，國家發展委員會，105年8月

　　雖然解決高齡化危機最根本的作法還是提升生育率，但生育率提升非一蹴可幾，為此，國發會從提升國人勞動力參與率及廣納人才，也就是鬆綁外人留臺限制兩方面著手，希望能減緩臺灣勞動力自然下滑對經濟造成的衝擊。在勞參率方面，國發會指出，過去10年來，臺灣勞參率雖穩定成長，但仍不到60%，105年平均為58.75%，與亞洲鄰近國家相比，新加坡約66%，韓國、香港約61%，臺灣仍屬偏低，仍有繼續提升的空間（行政院主計總處，2017）。值得注意的是，15-24歲年齡組的勞動參與率自90年之後有逐年下降的趨勢，至104年才開始小幅度的回升，這也許與近年來大學校院入學容易，社會新鮮人薪資偏低，大學畢業生失業情況嚴重有密切關係。另外，至100年開始，65歲以上人口的勞動力參與率卻有拉高的趨勢，顯示退休人口退而不休的情況正在逐漸明顯（詳如表5），尤其最近的年金改革，讓許多原想提早退休的人員，不是延後退休，就是退而不休，其影響力仍待觀察。

表5 歷年年齡組別勞動力參與率（%）

年度	85	90	95	100	101	102	103	104	105
總計	58.44	57.23	57.92	58.17	58.35	58.43	58.54	58.65	58.75
15-24歲	37.40	35.47	31.48	28.56	29.08	29.58	29.36	30.24	31.37
25-44歲	78.60	79.71	82.98	85.56	86.33	86.33	86.85	87.40	87.82
45-64歲	60.87	59.13	60.01	60.36	60.48	60.73	61.65	61.89	62.42
65歲以上	8.95	7.39	7.58	7.93	8.10	8.34	8.68	8.78	8.61

資料來源：行政院主計總處，歷年年齡組別勞動力參與率

　　國發會試算，即使勞參率續維持前年（105年）水準，推估119年以前，勞動力仍可維持上升趨勢，預估每年平均增加約1.9萬人。只是，勞動力中，高齡人口比率逐年增加，隨著高齡人口退出職場，未來整體勞參率維持上升困難度也將提高，因此，除了營造友善高齡職場，鼓勵延後退休外，也要搭配其他配合措施，比如廣納國際人才，方能解決未來的人才荒。

　　勞動人口的減少以及依賴人口的增加是人口的高齡化必然的結果，當此之時，政府一方面要鼓勵年輕人生育，緩和人口老化的速度，另一方面也需要建置完善長照體系，照顧老人，但更重要的，當勞動人口減少之時，經濟發展就不能再依賴「量多、質精、薪水低」勞力或技術工作者，知識產業、新高科技產業、生產性服務業都是必然的發展途徑，而高素質的勞動人口才能有效提升生產力，因此，教育的重要性也必然提升。

　　我國即將進入高齡社會，且從高齡社會轉為超高齡社會的時間僅8年，遠比日本、美國、法國及英國還要快，社會可以因應的時間相對短暫，政府、民間必須了解事態的嚴重，研擬對策、快速因應，否則國家的競爭力將損失殆盡。

參、臺灣各級學校生源的轉變

　　由於生育率的偏低，造成了臺灣少子化的浪潮，而直接受到影響的就是各級學校的學生的生源。受傳統習俗的影響，國內出生人口呈現以

12年為一週期的變動，逢龍年出生人口陡增、虎年則驟降，連帶影響國中小學生數的週期性變化。學校的師資、設備、教學空間、圖書儀器設備必須依學生的人數配置，學生人數陡增、驟降，勢必造成資源不足或資源閒置的困擾。

民國65、77及89等年恰逢龍年，也是出生的高峰期，若將其定為週期起始點，觀察過去36年人口出生的狀況，第一個週期65-76年間，出生人口由425,125人降至314,024人，平均每年減少9千人，減幅為2.7%；第二個週期77-88年間，由342,031人降至283,661人，平均每年減少5千人，減幅為1.7%；第三個週期在89-100年間，出生人口數由305,312人降至196,627人，平均每年減少7千人，減幅達3.9%，相較於前兩週期，減幅高出許多（教育部統計處，2017a），顯示出生人口正以更快的速度在縮減。

受到出生人口數的下降，學生入學人數相對的下降，當然，畢業學生人數也將受到嚴重的影響。根據教育部的分析，104學年國中畢業生數為265,886人，較103學年之276,628人減少1萬742人；近10年間（94-104學年），國中畢業生數由314,528人至265,886人，平均每年減幅為1.7%，10年累計減一成五。（教育部統計處，2017b），教育部預測，105學年後至121學年，16年間國中畢業生數將再減一成七，由238,284人減至197,107人，平均年減2千餘人，減幅為1.2%。

少子女化效應自102學年起開始擴及高級中等教育，新生人數隨之明顯下滑，104學年因龍年效應，新生數增加為294,080人，但105學年又恢復減少趨勢，較104學年約減少1萬人。新生人數減少，當然影響全體在校學生總數，高級中學全體在校學生總數為829,312人，較104學年之846,051人，已減少16,739人（教育部統計處，2017b）

由於持續受到少子女化影響，預測106學年之後的15年間，高級中等教育一年級學生數將自251,370人減為121學年之211,671人，約累計減少4萬人，平均年減2千餘人，減幅為1.1%（教育部統計處，2017b）。

中小學受到嚴重少子化的衝擊，生源日漸短缺，當然，高等教育的生源不可能獨立於教育體系之外而不受影響。由已出生人口之長期

數據觀察，高級中等教育新生人數自102學年起產生大幅度減少，大專新生則遞移至105學年開始銳減；依「高級中等教育學生人數預測分析」推估之各學年畢業生向後推計，因受虎年出生人口下降影響，106學年大專校院大學新生數減1.5萬人，入學人數降至24萬86人，隔年適逢龍年，則增加8千人（增幅3.4%）； 111學年起，一年級新生人數開始降至20萬人以下。12年之後，即118學年，大學一年級學生將減為163,169人，隔年再回升至190,063人。根據教育部的推估（中推估）在未來的16年之間，大學生源人數平均年減5千人，年減幅為2.28%，除107、118及119學年呈現稍稍增加的趨勢之外，其餘各年均處於縮減局面，又以109及117學年之減幅較大，分別較前一學年減少2.7萬及1.4萬人 （詳如表6）。大學生源的枯竭已成常態，大學校院招生不足的態勢愈來愈趨嚴重。

表6　大學一年級學生數實際統計及預測值（中推估）

年度	105	106	107	109	110	117	118	119	120
一般	121,266	115,328	119,306	102,163	97,111	74,972	78,380	91,299	90,167
技職	134,114	124,758	129,062	110,516	105,051	81,103	84,789	98,764	97,541
總計	255 380	240 086	248 368	212 679	202 162	156 075	163 169	190 063	187 708

資料來源：大專校院大學一年級學生人數預測分析報告（106-121學年度）P.6，2017年，教育部統計處，筆者自行整理。

肆、技職教育體制的因應與發展

臺灣正面對著嚴峻的少子化與人口高齡化的雙重影響，當前的人口結構轉變出現幾個值得注意的發展態勢：

一、生育率偏低，與韓國不相上下，是全世界生育率最低的兩個國家，造成嚴重的少子化現象。

二、老年人口的比率將於107年超過14%，115年恐將再超過20%，屆時將與日本同為超高齡的國家。

三、106年2月老化指數首度破百，老化指數破百的縣市，已從100

年的3個縣市，增加爲15個，其中並包括臺北市、臺南市及高雄市等直轄市在內，顯示人口老化情形日趨嚴重。

四、在幼年、青壯年及老年三階段年齡分配百分比，已由2010年分別占16％、73％及11％，預估至2060年轉化爲9％、49％及42％，使我國轉變爲老年人口多、青壯年人口次之、幼年人口少的人口結構，也使臺灣轉變爲高度負擔的人口負債年齡結構的國家。

五、未來50年內，臺灣工作人口將減少一半，且工作人口主力將有一半屬於45-64歲中高年齡層。

六、中小學受到嚴重少子化的衝擊，生源日漸短缺，生源不足的現象日趨嚴重，許多學校面臨整併、退場、轉型的挑戰。

面對著上述的人口結構轉變，技職教育未來的發展應從少子化、生源短缺，高齡化，高齡人口的教育發展，以及勞動力減少、勞動力老化等三個面向因應與發展。

一、少子化的因應與發展

（一）政府繼續投資教育，與學校共渡少子化危機

少子化導致生源不足，學校校務難以推動，表面看來問題的根源在於學生數量的減少，但其根結卻是學生減少之後，教育資源跟著減少的問題。因爲公立學校的經費主要是來自政府的補貼及學雜費的收入，政府的補貼大多以學生人數爲依據，學生減少，政府的補貼及學雜費的收入隨之減少；至於私立學校的主要財源來自學生的學雜費，收入當然與學生人數直接相關。是以，如果政府能繼續挹注教育，讓公、私立學校不致因學生人數減少而經費相對降低，此時正是推動小班小校、優化師生比、充裕圖儀設備，廣闊校舍設施、積極提升教學品質，實施優質教育的最佳時機。

（二）廣闢招生管道，減少限制，擴大招收境外生

解決少子化衝擊的方法不外乎經費的挹注及新生源的開拓。招收境外生，如陸生、僑生、港澳生、國際生，都是解決境內生源不足的良方。然而，招收境外生主要的問題有二：如何去吸引境外生就讀以及招生名額的限制。招收境外學生，最主要是依賴學校的學術水準、教學品質具有國際競爭力，但是生源不足的學校，大多是國內競爭力較弱的學校，吸引境內學生都有問題，又如何去吸引境外生，是以學校應將經費用在具有特色的科系，重點突破，吸引學生就讀。至於政府方面，也需法令鬆綁，放寬名額限制，只要學校在核定的總招生名額之內，國內招生不足額的部分都可招收境外生，讓學校能竭盡所能到境外招生；而另一方面，政府更要協調各校的招生步調，不要讓各校惡性競爭、惡性競價，造成更多資源的浪費。

（三）落實終生教育理念，提供成人、老人教育機會

隨著知識爆發及知識更新速度的加劇，「學位有終點、學習無止境」，學校不再僅是提供「職前教育」的場所，更是「職涯發展」的進修場所，提供「職涯發展」回流教育已是技職校院最重要功能之一。而隨著終身教育理念的興起，除了「職涯發展」回流教育之外，許多成年人為提升生活品質、品味，都有回學校接受再學習的意願。另外，由於人口老化嚴重，老年人口增加快速，這些高齡長者的教育需求也隨之增加，樂齡學習也成為新趨勢。如將招收對象擴充至成年人、老年人、在家婦女，生源將可顯著增加。

（四）教育翻轉，適應不同特質學生就讀

傳統的教育體制是工業時代「生產線」概念的培育方式，每個學生必須就讀相同的學科，用相同的課程、教材、教學方法，要求有相同的學習成效，如果學生不能隨著制度的要求學習，就是學習的「不良產

品」，也因此，不僅埋沒許多少人才，也讓許多學生視學校的學習爲畏
途。少子化之後，幾乎所有想要入學學校的學生都可如願，因此許多學
術性向不顯著的學生也可進入各級學校就讀，當此之際，學校理當爲這
些學生重新設置科系、設計課程、發展教材、變更教學方法，以符應
與菁英學生大不相同的學生需求。然而，學校鮮少有如是的作爲，以致
學生適應不良、學習困難，修、退、轉學學生人數衆多，但社會僅會責
怪學生不用功、素質低落，而鮮少責怪學校未因由菁英教育轉型爲通才
教育所欠缺的「轉型」努力。翻轉教育，讓學生能適才適所、適性揚
才，現在正是時候。

（五）技專校院轉型合併，促進學校多元發展

　　既然學生已再非如過去般的僅是學術性向顯著的學生，多元的學生
帶來多元的智慧，學校也必須提供多元學習、多元發展的機會，讓學
生有多元的成就，是以，學術型的大學校院有其存在的必要性，教學
型、專業型、實用型的學校也有其存在的價值。當學校紛紛在轉型發展
之際，整齊劃一的評鑑指標、過於嚴苛的競爭型計畫都不利於學校的
發展，彈性的政策、原則規範性的法規命令、賦予學校自由發展的空
間，建置優質的高教環境，將是現代大學轉型的必要條件。另外，教育
部也常將院校的合併當作解決少子化衝擊的方案，最近已有數對的技職
校院與普通大學整併的案例。大學整併必須目標明確、程序完備。如要
減少少子化的衝擊，系所的調整、學生人數的精簡勢在必行；如要提
升學術水準、競爭力，則整併的學校的學術領域要去蕪存菁，互利互
補，系所整併調整，相輔相成；教學、研究如何整合、擴大，學生素質
如何提升，在在需要詳細的研擬規劃，無論是同質性學校整併的「精益
求精」，或互補型學校整併以使學術領域更「完整齊備」，全體教職員
工生都應體認整併的意義，捐棄原有學校的意念，成爲一個嶄新、有競
爭力的「新學校」。

（六）儘速啓動學校轉型、退場機制，讓教育資源有效再利用

當少子化的衝擊日漸嚴峻、境外生的招生名額無法立即激增，而成人教育、老人教育的增加有限的情況下，生源不足將成爲常態，公立學校以合併、轉型爲因應，而私立學校的轉型、退場也成爲必要的作爲，但教育行政機關似乎認沒有感受到事態的嚴重性與急迫性，除了在2013年公布「教育部輔導私立大專校院改善及停辦實施原則」，以及新政府允諾設立大專轉型及退場的50億元基金外，並無其他較爲有效的作爲，轉型、退場不是大專校院的專利，也不是少子化唯一良方解藥，轉型、退場雖都是治標的方法，但卻能讓教育資源可以有效的再利用，也讓具有競爭力的學校可以繼續存活，宜儘速啓動，不可再延宕。

二、高齡化的因應與發展

（一）回應人口高齡化，提供高齡者學習機會

面對高度老化的人口結構，相對於老人病患的照顧，防老、抗老、養老也同樣重要。許多老人不知如何爲老人卻已成爲老人，尙未學習防老、抗老、養老卻已老化，因此防老、抗老、養老的教育的實施更爲當務之急。提供高齡者教育可以讓高齡者學習如何解決老化的問題，透過學習有助於老人重新確認個體生命的意義與價值，並對高齡期的生涯發展有重大幫助、有助於高齡者完成在成年晚期應有的發展任務，並提升其規劃晚年生涯及生活的能力，使高齡者不與社會脫節，可以適應變遷的社會（教育部，2016）。由於臺灣的人口的老化來得快，雖然政府部門持續的努力，根據教育部出版的「邁向高齡社會老人教育政策白皮書」的敘述（教育部，2006），老人教育仍有法令不全、人才不足、觀念不明、空間缺乏、經費沒有保障、推動機制有待統整、老人教育課程、教材、教學方式有待研發與創新等問題，技職教育相關科系可以在老人教育方面貢獻更多心力。

（二）大量培育養老、老人照護人才，照護老人需求

　　老人是最需要照護的一群，已開發國家每年在老人健康照護上的支出已成為政府財政上沉重的負擔。面對老年人口的增加，老人病的病患勢必加多，醫療部門需做適當的擴充與調整，增加老人病床、醫護人員及照護服務等，而從業人員的培養當然也應及早規劃與啟動。根據103年衛福部長照資源盤點結果，若開始實施長照保險，以概率70%推估，需充實照顧服務員為30,912人、社工人員為2,559人、護理人員為5,668人、物理治療人員為705人、職能治療人員為1,686人等，對照2014年已培育的人數而言，仍有缺口，尤其以照護服務員缺口最大（衛生福利部，2015）。技職院校設有大量的長照、醫護、社會服務的相關科系，投入養老、老人照護人才培育，也是技職教育發展的契機，也是善盡社會責任的表現，但如何破除社會上對於「照護服務員」的刻板印象，培育更多學子願意投入這個行業，是技職教育發展仍有待突破的困境。

（三）因應勞動力減少、促進老人再就業及職涯發展

　　少子化的現象使勞動人力減少，影響經濟發展，如果能促使從業人口延後退休、鼓勵更多適齡人口加入勞動生產，必能增加勞動力，而開發老年人的人力，應該是最立即、直接且有效的方法。老年人擁有數十年豐富的知識、才能及智慧，退休後如果無所事事，等於是浪費人才，因此協助老人再就業及促進老人職涯發展，將是未來不可避免的趨勢。在英國、美國及日本等先進國家，對於老人職業發展都訂定相關的政策及施行辦法，日本不僅立法保障高齡者就業環境與繼續僱用的《僱用安定法》，更結合培訓機構來推動高齡者就業（教育部，2006）。因此，技職教育應了解老年人的再就業需求，規劃適合的相關技能知識的培育，運用他們的知識及智慧再度回饋社會，不僅增加就業參與率，也能增加老年人的自信心與認同感以及身心的健康，更可防止老人的快速老化。

（四）大量聘用退休者爲學校業師，將實務經驗帶入校園

　　技職教育強調「務實致用」，是以在遴聘專業教師之時，特別強調教師的事務經驗。新通過的《技術及職業教育法》也規定，專業教師在校教學6年之後，必須再至企業界進修，以便獲得最新的實務經驗傳授給學生，讓學生可以學得眞正實務的智能，以便畢業之後，可以儘速就業，且可減少學用落差。而《技術及職業教育法》第14條亦規定技職校院得遴聘業界專家，協同教學，教育部並據以訂定《專科以上學校遴聘業界專家協同教學實施辦法》，顯示業界專家協同教學的重要性。高齡者雖然退休，但擁有數十年豐富的知識、才能及智慧，退休後如果能就其過去的專業經驗，聘爲業師，到學校擔任協同教學的工作，不僅可善用其專長與經驗，也爲學校帶來更多實務的工作者，增加學生學習專業的實務學習，更能讓技職教育「務實致用」的目標更加落實。

（五）協助老人延後退休，再創事業高峰

　　隨著全球人口逐漸老化，不少國家均研究推遲退休年齡，既可善用長者勞動力，同時減輕社會福利開支負擔。研究發現，儘管科技日新月異，但老人在不同經濟範疇均可作出貢獻，即使不再外出工作，留在家中照顧孫兒，又或擔任義工，也可產生龐大經濟效益（教育部，2006）。世界上不少國家推動中高齡就業，協助老人延後退休，再創事業高峰，根據國家發展委員會的分析，各主要國家實施經驗，多以結合年金制度、延後退休年齡，以及獎助僱用高齡者等政策配合，如瑞典、德國及日本等。其中，日本在高齡者《僱用安定法》中，更進一步立法規範企業僱用中高齡者的義務、提供企業獎勵金及提供銀髮族創業協助等。老人的再僱用、再就業或轉業，亟需新的技術與能力，技職教育也可提供必要的訓練，讓老人延後退休，再創事業高峰的理想可以實現。

三、促進社會發展、產業升級的因應與發展

當前社會發達，產業發展迅速，尤其是隨著知識經濟時代來臨，臺灣七成以上GDP來自新高科技、知識、服務等產業，但也面對著國際競爭激烈、世界人才競逐的挑戰。面對快速的轉變的激烈的競爭，臺灣教育發達，政府、民間每年挹注於教育的經費有增無減，當前臺灣人才培育的現況如下：

1. 廣設高中大學，教育發達，入學容易，民眾學歷大幅提升。
2. 大學普設，高教人才培育眾多，人才多元化。
3. 大學廣設研究所，每年培育的博碩士眾多。

雖然教育發達，民眾學歷大幅提升，但學校畢業生質、量與產業需求落差大，學校培育人才與產業需求脫節，產業需求技術人才供應不足，臺灣成為世界十大人才缺乏地區。由教育體制培育出的人才與產業界所需的人才最主要存有以下的鴻溝：

1. **類別差異**：培育人才種類不符企業需求，企業人才難覓。
2. **專業差異**：培育人才專業與企業需求不符，造成畢業生高不成低不就的問題。
3. **層級差異**：培育人才層級太高或太低，不能滿足企業的需求。
4. **數量差異**：培育人才人數太多或不足，造成失業或人才荒的問題。
5. **素質差異**：培育人才素質與企業需求不符，造成嚴重的學用落差。

面對產業的發展以及少子化、高齡化、勞動力人口減少、老化的現象，負責技術、專業人才培育的技職教育，在人才培育以及促進產業發展的雙重的目標，應有以下的發展策略與作法：

（一）引領產業發展策略性產業

過去的技職教育強調配合產業人才的需求培育人才，站在比較被動的地位，但當此產業國際競爭日漸激烈之際，技職教育應站在引導產業

發展的前瞻地位，配合國家產業發展趨勢，從事實務型的研究開發，培養前瞻高端產業的專業人才，引領產業的發展。

（二）平衡產業人才供需

引領產業發展策略性產業固然為技職教育的重要任務，但配合產業，平衡人才供需也是技職教育的重要使命。在培育產業需求人才之時，要注意培育的人才，無論類別、專業、層級、數量、素質，均須符合產業的需求，也唯有如此，產業所需人才的供需方能平衡。

（三）促進個人生涯發展

每個人都是獨一無二的（every individual is unique），都具備有自我獨特的人格特質與專長智慧，因此，在技職院校培育產業人才之際，也必須思考學生的獨特性，建置多元智慧、多元培育、多元成就的學習環境，適性揚才，也為個人生涯發展建置堅實的基礎。

（四）提升產業生產力

產業的競爭，主要是生產力、創新力的競爭，近年來，教育部對技職教育的務實致用，創新、創業積極努力的推動，也特別推動第一期、第二期技職教育再造計畫，第二期再造計畫以「無論高職、專科、技術校院畢業生都具有立即就業的能力」、「充分提供產業發展所需優質技術人力」及「改變社會對技職教育的觀點」為目標，總計投入202.895億元的經費，培育實用人才，提升產業生產力（教育部，2013），第二期技職教育再造計畫於去年（106年）結束，但技職教育培育實用人才，提升產業生產力的目標不變。

（五）提振國家競爭力

　　人力資源是經濟成長與國際競爭力的基礎，也是一個國家可以永續發展的關鍵。爲著眼未來國家30年發展所需，政府正準備投入更多的經費於人才培育，在前瞻基礎八大建設也將「人才培育促進就業建設」納入，以4年爲期程，預計於106-110年內分3期投入174億元特別預算。在本計畫中，共分五大計畫，其中有四項計畫均與技職教育息息相關，技職教育應實際配合，培育國家所需人才，提振國家競爭力，也爲技職教育發展開闢新的方向（行政院，2017）。

　　技職教育的發展，攸關國家經濟發展，所培育人才的數量與素質更是國家未來競爭力的關鍵。我國技職教育過去爲臺灣的經濟發展提供量多質精的技術人力人力，惟至教育改革運動推行後，技職學校改制升格、廢除高職的聲浪迭起，再加上社會對技職教育的偏執觀念，技職教育在發展上，面臨學生以升學爲導向、學校辦學學術飄移（Academic Drift）、課程重理論、產學聯結落差大，技職教育定位不明等問題，技職教育再造計畫就是以改正這些缺失爲目標（教育部，2012），然而，第二期技職教育再造計畫將於106年結束，如今前瞻基礎八大建設將「人才培育促進就業建設」（行政院，2017）納入，也爲技職教育的發展勾勒出新的發展方向：

（一）深化優質技職校院實作環境、培育「務實致用」人才

　　「務實致用」是技職教育最重要的特色，因此，技職校院實作環境的優化，是技職教育發展必要的作爲。在技職教育再造計畫中，政府已投入龐大的經費更新、強化技職校院的師資、設備。在前瞻人才培育計畫中，政府特別強調配合國家重點創新產業，建置產業菁英訓練基地，提供師資培訓及培育專業師級技術人才；建置類產業環境工廠，培養具就業力之多元人才；建置跨領域實習場域並充實基礎教學實習設備與設施，與產業共構實務導向課程及資源共享機制，以建構符應社會需

求的技職教育人才培育系統，這些都是技職教育發展的新方向、新目標
（行政院，2017）。

（二）建置嶄新的產學合作模式、推動國際產學聯盟

為因應產業發展的需求，技職教育在近年來獲得政府的重視，不僅
在政策上予以支持，就是在經費的挹注方面，也是不遺餘力。然而，雖
然政府投入大量的資金，技職校院也力圖振作，提升教學品質，但產業
界不僅大嘆人才不足，對政府的政策也有頗多的批評。綜觀政府多年的
努力，大多從學校的教育改革著手，但此種改革是否符應產業的需求不
無疑問，而在產學合作的推動上，也大多是以教育的需求觀點，至於產
業的需求，經常被置之腦後，無怪乎政府的努力最後都成虛工（楊朝
祥，2016）。

《技術及職業教育法》通過，特別強調產學合作的重要性，因此，
課程的設計產業界可以參與，業師可以協同教學、得與產業合作開設
專班，但凡此種種，仍是以學校為主體的思考模式。如果政府以滿足產
業需求的方式來思考技職教育，例如：全年度的校外實習、客製化的訂
單培訓、企業辦大學、企業內辦大學、政府補貼產業購置先進設備促進
生產同時提供學生實習所用、鼓勵大學將學術能量轉化為產業的競爭
力等，也許產業界對產學合作會更有興趣，成效可以更為提升（楊朝
祥，2016）。而此次前瞻計畫擬推動國際產學聯盟、建置嶄新的產學
合作模式，擬成立20個前瞻技術聯盟，引進200家國內外會員參與，並
透過「產業聯絡中心」之成立，延攬具資深創投或產業背景的產業聯絡
專家，以專人專責方式媒合企業需求及聯盟研發能量，促成產學合作金
額達40億元，培育產業所需技術人才4,000人以上（行政院，2017），
勢必為技職教育的發展帶來新契機、新希望。

（三）積極推動創新創業教學、建置青年科技創新創業基地

　　為積極推動創新創業教學，教育特別推動「大學校院創新創業扎根計畫」及建構「大學校院創業實戰模擬學習平臺」。「大學校院創新創業扎根計畫」推動，係透過創新創業中心設立，導入業師輔導、校園創業資金、研發技術與創業輔導；而建構「大學校院創業實戰模擬學習平臺」，主要是希望讓學生學習從創新創意創業啟發到市場驗證至創業實作過程，深化校園創新創業扎根。而「人才培育促進就業建設」則擬推動包括「創新創業課程開設與發展計畫」及「創新創業中心示範學校計畫」兩項計畫，係以協助大學校院培育具創業精神及創業專業能力之人才；一方面強化大學校院產學及育成單位與校園創新創業課程規劃結合；一方面提升大學校院創新創業課程品質且建立創業典範課程；進而建立大學校院學生創業模擬機制，以強化實質創業學習途徑等為計畫推動目標，每年擬吸引100隊國際級團隊進駐基地，打造國際級科技創業聚落，藉由引進國際加速器、創投及潛力新創團隊來臺，藉以激勵國內團隊與國際團隊交流，帶動我國大學創新與培育青年創新創業人才（行政院，2017），因此，技職校院對推動創新創業教學，應持續不斷的努力，培育具創業精神及創業專業能力之人才。

（四）開創嶄新的人才培育模式，培育重點產業高階人才

　　勞動人力減少，過去人口紅利的產業型態必須轉化為新高科技產業，以獲取更高的產值、更高的利潤，當然，相對的，勞動力素質的改變、專業層級的提升，都是必要的條件。過去，社會一直有技職教育是培育「黑手」、「藍領階級」技術人力的刻板印象，但當產業升級，新高科技產與知識產業當道，技職教育培育高階、具備知識背景的技術人力已成新的趨勢（楊朝祥，2011）。前瞻計畫擬於4年培訓1,000名博士級產業訓儲菁英並協助就業，進一步創造價值並增益社會，透過法人及學研機構結合廠商的合作計畫，提供博士級產業訓儲菁英在職實務訓練及產業實習機會，促使博士級人才投入產業界，強化我國產業人才之涵

量（行政院，2017）。技職校院本就有許多的碩士班、博士班，但過去一段時間，博碩士班有學術飄移的現象，如今，實用當紅，研究所人才培育仍應以務實致用為目標，開設專業、實務的研究所碩士班、博士班課程，培育重點產業高階人才。

（五）全面啟動終身教育體制，精緻臺灣專業人才培育

當此勞動力減少、老化的情形嚴重，產業的國際競爭加劇，每個勞動人口都是國家的珍寶，都必須細心的呵護與培養，以便大幅提升勞動力素質，因此，大幅度的教育投資將成為經濟發展的重要因素，更是影響國家競爭力的重要關鍵。由於每個勞動人口在職場參與時間拉長，勞動人口的減少，每個勞動人口的生產力必須提升，是以終身的教育體制必須全面啟動。職前培訓、在職進修、就業知能更新、提升，退休前的教育、退休後的再就業訓練，在在需要推動，技職教育負責技術、專業人力的培育，在終身教育體制中，更要扮演舉足輕重的角色。

伍、結語

臺灣經過長達20餘年的教育改革，加上少子化浪潮的衝擊，若從容納量而言，教育資源確有供過於求的現象，但若從素質而言，有待提升之處頗多。近年來因教育經費拮据，學校設施老舊、教學品質低落、教師薪水偏低、學用落差加劇，各種因教育經費不足所產生的窘態逐漸出現，社會已到處瀰漫著對教育產出不滿的聲浪。第一期、第二期技職教育再造計畫，政府投入大量的經費為技職教育的發展而努力，而第二期技職教育再造計畫將於去年（106年）結束，緊接而來，政府正準備投入更多的經費於人才培育，在前瞻基礎八大建設也將「人才培育促進就業建設」納入，以4年為期程，將投入龐大的特別預算，為技職教育的發展注入新的生機。當少子化、高齡化的浪潮衝擊，勞動人口減少及工作期限展延，以及政府願意挹注更多經費於人才培育之際，技職教育如何因應？如何開闢新的發展方向？如何提振產業的生產力？如何提升國家的競爭力？都是必須面對、努力的方向。

參考文獻

內政部（2017）。內政部人口統計資料庫。**內政部戶政司全球資訊網**。取自：http://www.ris.gov.tw/674

內政部統計處（2017）。**老化指數**。取自：http://www.moi.gov.tw/stat/chart.aspx?ChartID=S0401

國家發展委員會（2016）。**中華民國人口推估（105-150年）**。中華民國105年8月。

行政院主計總處（2017）。**105年人力資源調查統計一年報**。表8_歷年年齡組別勞動力參與率。取自https://www.dgbas.gov.tw/public/data/dgbas04/bc4/year/105/table9.xls張貼日期：2017/3/31；更新日期：2017/5/24

教育部統計處（2017a）。**106～121學年度國民教育階段學生人數預測分析報告**106.6.3。取自http://stats.moe.gov.tw/files/analysis/106basicstudent.pdf

教育部統計處（2017b）。**高級中等教育階段學生人數預測分析報告（106-121學年度）**民國106年版。取自http://stats.moe.gov.tw/files/analysis/106highstudent.pdf

教育部統計處（2017c）。**大專校院大學1年級 學生人數預測分析報告（106-121學年度）**。取自http://stats.moe.gov.tw/files/analysis/106higherstudent.pdf

教育部（2006）。**邁向高齡社會老人教育政策白皮書**。取自http://ws.moe.edu.tw/001/Upload/3/RelFile/6315/6929/95.11%E9%82%81%E5%90%91%E9%AB%98%E9%BD%A1%E7%A4%BE%E6%9C%83%E8%80%81%E4%BA%BA%E6%95%99%E8%82%B2%E6%94%BF%E7%AD%96%E7%99%BD%E7%9A%AE%E6%9B%B8.pdf

衛生福利部（2015）。**長期照顧服務量能提升計畫（104-107年）（核定本）**。取自http://www.ey.gov.tw/Upload/RelFile/26/730958/37bc9015-e3da-4ba8-9a98-cd8c-5384b97a.pdf

教育部統計處（2013）。**第二期技職教育再造計畫（行政院102年8月30日院臺教字第1020052561號函核定）**。取自：http://www.ey.gov.tw/Upload/RelFile/27/702399/ceba3428-e2c6-4507-b505-7ade307963e9.pdf

行政院（2017）。**前瞻基礎建設計畫──「人才培育促進就業建設」**。取自：http://www.ey.gov.tw/News_Content.aspx?n=020191215F08283D&sms=844AD3334AB33

A00&s=140C07ED9FC1E0A8

楊朝祥（2016）。《技術及職業教育法》的實施與展望。中國工業職業教育學會105年度學術論文專輯。

楊朝祥（2011）。技職教育發展與國家考試改革，**國家菁英**，第七卷第三期，頁17-36。

第二章

從技職再造計畫
看技職教改方向

黃政傑

靜宜大學教育研究所終身榮譽教授

壹、前言

　　爲了改進技職教育，培育技職人力，回應產業發展之需要，教育部以邁向大學教學卓越計畫（簡稱教卓計畫），提供科技校院改進教學之外，並自2010年起推動技職教育再造計畫（簡稱再造計畫），第一期自2010至2012年，第二期計畫自2013至2016年，後來行政院核定第三期計畫，預訂於2018年實施（教育部，2017.2.23）。教卓計畫比較是大學教育打底的改革，而再造計畫則完全著眼於技職教育。再造計畫以再造爲名，一期又一期，顯示技職教育沈痾嚴重，需要進行長期大刀闊斧的改革。本文針對技職教育再造計畫的背景和內容加以分析，討論其中的改革模式和成效評估問題，進而討論改革的實質問題，最後試提改進建議。

貳、技職再造計畫的背景與內容

一、計畫背景

　　第一期技職教育再造計畫（簡稱第一期再造計畫或第一期）乃爲解決技職教育問題而規劃，其中指出，技職教育的問題緣自於傳統觀念、教學資源、學生素質、產學落差四方面（教育部，2010.2）。該計畫先分析傳統觀念，認爲社會對技職教育具有錯誤刻板印象，高職教育升學化，四技教育學術化，定位不清，技職教育資源不足，教師實務工作經驗缺乏，教學品質有待提升。其次是學生素質和教學資源，認爲技職學生家庭社經背景、抽象學習能力、學業成就，普遍低於普通教育學生，基礎學科能力包含國文、外語、數學、科學等基本素養有待加強，學生國際化程度不足，技職校院需有較多設備投入，以進行有效教學。再就產學落差言，該計畫指出，技職畢業學生能力不符合產業用人需要，與產業界互動不足；技職教育師資晉用、敘薪、升等、獎勵等機制，與普通教育並無不同，教師缺少實務工作經驗、課程設計業界人士參與少、教學內容不夠重視實務內容、教師升等過於學術化、缺少教師推廣產學合作誘因等，都是影響因素。這些問題希望藉由再造計畫來導

正。

　　第二期技職教育再造計畫（簡稱第二期再造計畫或第二期）分析的焦點類似，惟加強該計畫與2012年6月行政院「黃金十年、國家願景」的優質文教相關策略的聯結，包含「強化實務教學」、「推動產學需求導向跨領域學程」、「加強產學合作，落實學用合一，使學生畢業即具就業能力」等。其次配合同年9月行政院推動的「經濟動能推升方案」，結合產業需求，改進技職教育。另亦參考先進國家作法，提升技職教育競爭力及社會地位（教育部，2013.9.17）。第二期再造計畫所分析的技職教育問題，除了技職教育政策與訓練缺乏統整外，其餘都與第一期類似。

二、計畫內容

　　在問題分析後，再造計畫提出願景，希望藉由經費挹注，讓技職校院有高度發展或特色發展的機會（教育部，2010.2; 2013.9.17）。該計畫的願景為明定技職教育以「務實致用」定位，發揮各級學校功能，培育產業需要的優質專業人才，提升學生就業競爭力。該計畫要求盤點及調整系科設置，活化課程與學制，促進課程銜接、充實與更新設備，提升學生基礎學科能力與人文素養，並進一步暢通技職教育進路。該計畫看到法制和政策的重要性，要結合政府部門、產業及學校資源，建立教、考、訓、用政策一致的技職教育發展策略，及產、學、訓培育機制，也要訂定技職教育相關專法，統整技職教育政策，以利技職校院的特色發展。至於技專校院結合地方政府、學校、周邊產業及社區資源，成為區域創新創業平臺，驅動產業轉型發展，帶動經濟商機，也是該計畫的重點。

　　第一、二期計畫均提出改革的目標和策略，歸納如表1。由表中可見，問題分析和願景之下，兩期再造計畫的目標、面向和策略，對焦於長久存在的技職教育問題，提出對策，推動改革。計畫內容包含政策、制度、特色、招生、課程、教學、實習、師資、設備、產學、就業、創業、證照、評鑑，面面俱到，但都著力於技職教育體系本身。其所運用的策略是技職教育政策統整、系科調整、產學接軌人才培育、專

科菁英班試辦、實務選才、課程彈性和活化、業師協同教學、教師實務教學能力強化、校外實習落實、證能合一、專業證照制度落實、就業及創新創業、特色發展及特色評鑑等。兩期再造計畫有一些差異，原因可能是延續性計畫的訴求需要有所不同，也許是第一期目標已部分達成，在第二期予以排除，或者是第二期必須面對新的需求而新增項目。惟如此滾動式修訂的設計，亦可能造成計畫一開始不夠完善，改革的延續性不足，利害關係人難以閱讀及掌握該計畫的精髓。第二期計畫中對第一期計畫的成果進行質性和量化的分析，說明統計結果及已達成的狀況、未達成的理由，用以彰顯成效卓著，以爭取第二期計畫。第二期計畫也提出其與現有計畫如何區隔和整合的思考，爲該計畫之另一特色。

表1　技職教育再造第一期和第二期的目標、面向與策略

期別	第一期	第二期
改革目標	1. 改善師生教學環境、強化產學實務聯結、培育優質專業人才 2. 規劃優質精進計畫、更新設施 3. 強化技職教育特色 4. 培育實作力、就業力	1. 提升技職教育整體競爭力，畢業生具立即就業之能力 2. 提供產業所需優質技術人力 3. 改變社會對技職教育的觀點
改革面向	1.制度、2.師資、3.課程與教學、4.資源、5.品管	1.制度調整、2.課程活化、3.就業促進
策略項目	1. 試辦五專菁英班紮實人力 2. 強化實務能力選才機制 3. 強化教師實務教學能力 4. 引進產業資源協同教學 5. 擴展產學密合培育模式 6. 落實學生校外實習課程 7. 改善高職設備提升品質 8. 建立技專特色發展領域 9. 建立技專特色評鑑機制 10.落實專業證照制度	1. 政策統整 2. 系科調整 3. 實務選才 4. 課程彈性 5. 設備更新 6. 實務增能 7. 就業接軌 8. 創新創業 9. 證能合一

參、改革模式與績效評估問題

　　隱藏於再造計畫內容內的改革模式，及該計畫所強調的績效評估方式，雖有特色，但其中存在的問題，值得探討。

一、再造計畫的改革模式

　　首先就再造計畫中隱含的改革模式而言。這種模式先有第一期，其執行一定要具備優良效益，才會有第二期、第三期，但其延續與否，尚需要視政策及經費情形而定，只能亦步亦趨，走一步算一步，難以進行長期規劃。其核心精神是逐步漸進、滾動修訂，看起來似乎很穩健，但一開始可能容易妥協於現況，較難顧及改革的周全性；規劃時的思維會是，反正計畫若可延續，即便一開始不完善，幾年後還可以改。受到資源限制，不寄望所有學校都改革，再造計畫採取競爭性計畫模式，把計畫經費分配到選定的技職校院及特定專班上，因而難以全面提升技職教育品質、成就每位學生，也就不易全面提升學生就業力，提供各行各業所需要的人才。再造計畫中，只能採取部分先做的策略，例如：就業促進的面向先做就業接軌、創新創業、證能合一三項。以就業接軌言之，其策略很多，看起來注重的是專班方式，簡單說就是挑著做，包含擴大辦理契合式人才培育專班、補助高職辦理就業導向專班（含建教合作班、產業特殊需求類科、提升實務能力就業導向專班）；技專校院辦理100個「產業學院」學分或學位學程班。按理，這項改革若重要，應該是各校各科系都需要予以加強，而不是挑出幾個學校、幾個院系班組來做，這樣永遠只能停留於試做階段，改革進度緩慢，難以撼動整體技職教育現狀。

二、成效評估機制

　　在計畫成效評估上，第二期再造計畫評估了第一期計畫的成果。先把計畫整體區分為項目，就項目建立指標，又分質性和量化評估兩類，可惜未能回到計畫的整體目標來看，難免會落入不痛不癢的質性描述及零碎片段的量化分析，且質性和量化分析的聯結有待加強，而目標

實現得如何，其分析和討論需要更加充實。

例如：教師實務增能，包含聘任業師協同教學、聘任具業界經驗的新進專業科目教師、鼓勵高職專業科目教師甄試著重實作測驗（術科）、鼓勵技專教師以技術報告或產學研發成果升等及納入教師評鑑指標、落實學生實習等。質性基準為各校系科明確定位，對焦產業人才需求；確保學生實習權益及品質，同時緊密聯結企業所需實務技能等。

接著訂定量化指標，追求逐年成長：包含公民營機構研習服務教師數、聘任業師數、高職或高中附設職業類科學生（實用技能學程）至業界實習人數、高職學生技藝能精進及觀摩學習人數、聘任業師人數、專業科目教師實務經驗者、以技術報告升等通過人數、教師與業師共編教材數、區域模擬實習公司設置數、科技大學協助高職及高中附設職業類科師資課程及實務增能數等。其量化分析舉例如下：

99-101學年度技專校院專任教師數為6萬5,955人次（男教師4萬822人次、女教師2萬5,133人次），參與強化教師實務教學能力受益共6,358人次（男教師3,585人次、女教師2,773人次）。（教育部，2013，15）

原定至101年各校新聘專業科目具實務經驗教師數占所有專業科目新進教師數60%、技專校院具業界經驗教師占所有教師60%以上、技專校院教師以技術報告送審申請數成長150%、擴大辦理高職教師寒假及暑假赴公民營機構研習，參加研習教師錄取人數自98年起逐年成長20%等目標……各項指標成長比率已逐年增長。（教育部，2013，15）

再如，強化教師實務教學能力，其策略為鼓勵技專校院新聘專業科目教師應具一定年限實務經驗，強化現任技專校院教師實務教學能力，建構完善技術報告送審升等機制——修改指標、審查機制，推動高職教師研習活動，提升教學品質。該計畫呈現的分析舉例如下：

經99-101學年度推動後，高職實用技能學程及產業特殊需求類科導入「雙師制度」，參與業師計501位。技專校院99-101學年度聘用之業界專家共2萬270人（男業師1萬4,576人、女業師5,694人），男女業師比例約為7：3。（教育部，2013，16）技專校院學生係採自行參加技能檢定考之方式，99-101學年度技專校院學生共取得77萬3,941張專業證照……此外，補助辦理民間職業能力鑑定證書採認計畫，迄101年合計採認201種證書（照）等，已達技職校院學生取得證照數逐年成長20%之目標。（教育部，2013，26）

又如各界所重視的校外實習落實情形，其量化分析如下：

99學年度核定補助技專校院8,510位學生參與校外實習，然實際參與校外實習之學生數為3萬8,273人，達98學年度畢業生人數之22.4%；100學年度核定補助技專校院8,217位學生參與校外實習，然實際參與校外實習之學生數為4萬2,408人，達99學年度畢業生人數之26.3%；101學年度核定補助技專校院8,368位學生參與校外實習，然實際參與校外實習之學生數為5萬3,774人，達100學年度畢業生人數之32.6%。99-101學年參與實習之男女學生共13萬4,455人次……，比例約為5：5，未有顯著差異。（教育部，2013，17）

由引進產業資源協同教學，聘請業界專家教師共同規劃課程，並指導學生實務專題、校外競賽、證照考試及展演、校外實習等項目，所分析的數字具有何意義，可確認再造目標實現情形嗎？知道有何困難嗎？又如何調整和改進呢？這些策略實施情形如何，成效如何，原因為何？檢討之後，需要重新設定目標和策略。顯然，目前的評估需要再予深化。

肆、改革的實質問題

再造計畫改革的實質問題很多，無法全面討論，以下僅就其中之犖犖大者加以分析。

一、技職教育政策方向問題

該計畫在目標達成的限制中指出，該計畫「需有整體政策與制度面之配套措施，並獲得產業界、政府各部會及地方政府之支持與共識，顯示結合教、考、訓、用資源，建立跨部會、產業界及技職學校合作機制及平臺、建立產業界提供學生校外實習機會之誘因及機制」。該計畫又指出，「需要緊密鏈結產業需求，聚焦產業各層級所需技人力，引導產業主動參與技職人才培育」。這是相當重要的，有賴教育及相關主管機關共同擬訂相應的配套措施。可惜，這類整體政策和制度面的配套，為該計畫實施成敗之所繫，計畫內容著墨有限，實際實施成果亦欠明確。

其次，技職教育政策值得檢討的是，社會需要這麼多的科技校院嗎？這些科技校院都有其應具備的教育品質嗎？如果數量和品質都有問題，是否應該把握時機好好改善呢？目前少子化衝擊技職校院的退場危機，實際上也是一個轉機，若能善加利用，正好可以改善技職教育的數量和品質問題。不少瀕臨退場的科技校院，許多學系招不到學生，缺乏校外資源挹注，難以維持教育品質、保障學生學習權益。更嚴重的是其中之唯利是圖、違法亂紀者，教育部需要依法下令這類學校停辦停招。該退場的技職校院退場之後，剩下的學校在政策上都需要鼓勵及要求他們追求教學卓越，至於研發能量和產學合作，則依各校的特色去發展。目前技職學生大部分就讀私立校院，退場後公私校學生比例會有所調整，教育部對技職教育資源該如何爭取，該如何分配，如何要求公立學校的績效，如何有效監督私校公益化辦學並加以獎勵，私校補助款如何轉向直接補助學生，如何讓學費合理調整，宜併案及早規劃妥善的機制。

尤進者，各項策略隱含的技職教育政策，已經形成共識了嗎？或者

技職教育工作者及其他利害關係人接受嗎？例如：證能合一策略，要盤點高職及技專校院系科與產業需求相對應的專業證照，獎助技職校院依據職能基準，與業界共同規劃課程，協助學生取得職能導向課程品質認證的結業證書。其質性評估基準為：逐步建構跨部會及產業界共同培育技職教育人才機制；證照與能力合一，提升學生就業力及專業證照的效用。但這個策略涉及技職教育和技職訓練的差別需要理清，兩者的權責機關需要合作，在教育政策上要先弄清楚，先規劃好，而不是遽然以資源誘導技職專校院去做。若是方向正確，也要推展到所有學校。

二、私校公益化辦學的落實問題

國內的技職教育實施，主要是以私校為主，在生源不缺的時刻，對辦學者而言具有很大的「利基」。一則學費是公立學校的兩三倍，加上推廣教育，學費收入就是一大筆金額。二則經營私校免稅，政府又發給私校獎補助款，還有機會爭取到競爭性計畫的各項補助。三則產學研發及附屬機構收入，亦有利可圖。私校辦理不善而需要退場時，學校校地、校舍及其他校產，在教育之外還可改辦社會福利、文化事業或其他公益之用。在生源豐沛時代，許多私校早已獲利了結，現在生源短缺，經營不下去，只好賤賣金雞母，有人趁機撿便宜，挹注資金以取得董事會控制權，亦是常事（鏡週刊，2017.10.3）。對學生而言，就讀私立技職校院，學費負擔很重，貸款付學費的比例很高，還需要繳交雜費，負擔生活費，這些都有賴尋找校內外打工賺錢因應。學生不能安心求學，學習成效自然大打折扣。教育部每年提供私立學校獎補助經費，私校也申請教學卓越、技職再造或其他競爭性計畫的經費，這些經費在執行時，常被浪費掉。有的學校收到補助款就把正常預算抽掉，補助款未能發揮真實功效。既然如此，有識者認為，不如將這些補助經費改為補助學生，可以減輕學生的經濟負擔，對其求學的幫助更大，而未來學費調整亦較可能合理化。關鍵點在於，政府對無心辦學、績效不佳或唯利是圖的私校，宜依私校法嚴格監督，必要時要求停辦或退場。若這類學校退場，其他學校得到政府補助增加，教育品質較可能全面帶上來。

三、人才供需與培育的問題

　　人才培育的供需問題，必須正視。近20年來的技職教育，給技職學校很大的彈性去設置科系，安排課程，培育人才。問題是這種鬆綁需要良好的配套，否則各校辦學將會流於盲目。多年來行政院國家發展委員會（簡稱國發會）未能推估社會及產業的人力需求，教育部在校院科系所學程的發展上亦缺乏整體規劃。在此情況下，技職校院設置科系沒有足夠參考資料，常像無頭蒼蠅般追求熱門，加上產業變遷快速，在少子化招生壓力下，不少學校的科系設置常變來變去，人才培育缺乏系統性和持續性，且常用最低成本經營，品質堪慮。招不到學生的科系就停辦，招得到學生的科系留著，老師調來調去，其專長是否適合新設科系，常被懷疑。更常見的是一窩蜂的設置科系，例如：餐旅、休閒、設計等類，人力供給過剩，畢業生找不到工作，或者待遇很低，都是問題。更嚴重的是同科系招生數量大，素質降低，教學上無法精雕細琢，學生學習成效欠佳，畢業找不到工作，產業聘不到所需人才，乃是必然的結果。

　　處理人力供需問題，把各種專班和正規班次合併起來整體規劃，有其必要。長久以來，技職教育透過政策及計畫，一直在創造新班次，大家關注創新班次，對於正規班次視若無睹，更嚴重的是沒有整合正規班次，結果讓技職班次變得很繁雜，也讓大家搞不清楚技職教育的方向及實際。

　　再造計畫指出，十二年國教高職全面免學費，同時受到少子化衝擊，傳統的高職實用技能學程、建教合作班、產業特殊需求類科班等，就讀人數銳減。再造計畫認為各項專班畢業學生，可提供國家基層技術人力，故而仍獎補助高職結合產企業及職訓中心開辦就業導向專班，讓學生畢業後立即就業，兩年後可優先就讀科技校院。此外，再造計畫為增加專科程度人力，推動五專菁英班，在目前少子化的狀況下，一定會衝擊高職學制的招生而遭到反對，實際上該計畫的評估指出另因外界對五專學制刻板印象，招生亦未達成預定目標。此外，再造計畫還推動產學攜手合作專班，以高職＋技專＋廠商（＋職訓中心），

發展3＋2（高職＋二專）、3＋2＋2（高職＋二專＋二技）、3＋4（高職＋四技）或5＋2（五專＋二技）的縱向學制，要兼顧學生升學及就業。這類班次的開辦，要求產學密切合作，要求產業承諾投入於人才培育，各校常說執行起來有其難度。此外，就業導向專班以外的正規班次，是否可以不必以就業為導向？五專菁英班之外的班次，是否就是不菁英？縱向學制能顧到就業嗎？或者只是各個上位學校用來綁住生源而已？

四、技職校院的定位和目標

　　技職教育定位已談了二十幾年，到現在這個問題仍然沒有解決，反而每況愈下，這個問題主要有兩方面。一是高職的升學化，高職原來在培育學生畢業後就業，後來變成就業和升學兼重，到今天實際上執行的卻是以升學為主，就業可有可無，甚致全然放棄。主因在於國人看重學歷及升學的價值，加上高教就學機會擴充，想升學就有大學可以讀，高職畢業生升學比率愈來愈高。高職的教育目標變成升學導向，校際競爭的是誰的升學率高，誰的第一志願強。凡升學考科考的，高職才重視，技術學習及證照考試都成為升學工具。甚至有升學導向強烈的高職，生怕受到外界批評，對外一直強調升學沒有錯，不該是罪過。只是高職不該是高等教育的工具，它本身有自己的教育目標，那就是培養學生就業能力，讓學生畢業有能力進入職場工作，受到業界肯定。如果這個目標不存在，它就不是高職，如果全部的高職都不是高職，這麼一來，廢除高職有什麼錯？不過，事到如今，整個升學風氣已經形成，主管機關想要撥亂反正，改變高職畢業生搭乘直達車進到科技校院求學的現象，並不容易。教育部刻正執行鼓勵高職畢業生先工作再升學的政策，其成效如何值得深入檢視。

　　另一個定位問題是在科技校院上面，科技校院有許多是由專科學校改制改名而來，升格的標準常依據一般大學的學術標準和辦學方式，辦學目標、課程設計、教學實施、師資資格，大都比照一般大學的模式，其辦學品質的評鑑亦復如是，導致科技校院招到辦學學術化的批評。更嚴重的是有些科技校院搶招普通高中學生，爭著和一般大學拚頂

大及世界排名，全然忘記身爲科技校院的責任和方向，連所謂技職教育的龍頭，都傳出要與普通大學合併的規劃。這些狀況顯示，技職教育在政策上不能光喊務實致用，需要更確實探討技職校院的整體和各層面特質應如何才是務實致用，協助各校明確定位，以發揮辦學的功能和特色。

五、技職教育品質問題

技職教育品質最終顯現於學生學到的實力，是否符應業界的需求和標準。所謂實力，包含硬實力和軟實力，前者以技術和實務能力爲主，後者以態度價值、人際互動、自我管理、終身學習、職場倫理等爲主，學生畢業時應符合能力標準及基本素養的要求。技職教育的品質，反映於科系設置、目標訂定、教育標準、學生素質、課程設計、教學實施、實習安排、教師素質、圖儀設備、校園環境、經費支持等等，這些在培育學生實力上都很重要。技職校院的辦學，需要檢視上述要項的優質性，更要確實檢視前述要項個別和整體的運作情況，及最終學生能力表現如何。技職教育改革的推動，需要提升每個學校成爲優質學校，也要針對每一個學生，提供其所需的適性教育安排，讓每位學生都能夠成就自己，若不這麼努力，其成果都是片面零碎的。

教育部政策上把技職教育定位在務實致用，則課程宜以業界工作的能力需求爲導向，以實務、實作、實驗、實習等等爲首要，若能以其爲核心來整合必備的學理知識和探究方法進行教學，包含科系領域內或跨領域聯結，則學生學習目標十分明確。若能同時在指導學生操作性學習之際，將軟實力結合於硬實力的教學之中，學生的學習興趣和學習動機較高，學習成效評鑑兼顧軟硬實力，成果自然易於彰顯。所謂課程活化需要掌握這個精神。由於學生個別需求不同，課程彈性也要足夠，才能配合其個別差異。

再造計畫十分重視學生校外實習的落實。但實習課程不等同於校外實習，其安排不該是只有一門稱爲校外實習的科目，應該循序漸進，由參觀、見習、分項實習而至綜合實習整體安排。實習安排與科系性質及人才培育目標密切相關，多年來政策上已經要求技職校院，逐年提升

學生校外實習比率、鼓勵學生利用課餘時間到校外學習專業知能及職場經驗，甚至鼓勵及補助海外技能實習活動或專業技能及相關課程的修習，但兩期的再造計畫實施結束，校外實習達百分之百的目標仍有不算短的距離，若加上實習品質問題，需要檢討改進之處依然很多。政策上是否需要檢視技職校院所設科系，分析其是否都需要校外實習，其未能實施校外實習的阻力為何，未來目標如何調整設定，如何落實，並與產業和社會形成共識，建立推動的夥伴關係，亟需加強。圖儀設備問題，主要為配合課程綱要全面予以充實，不應侷限於少數實習科目的需要；而建立區域技術教學中心及充實區域產業教學設備搭配確有需要，惟如何落實於各校教學上的分享使用才是核心問題。建立技專特色發展領域，推動「特色典範學校計畫」，以各校在既有優勢領域基礎上，整合地方產業資源，主要問題仍然是如何落實到課程教學和學習，如何推展及分享特色辦學經驗等方面。

技職教育的實施，優良師資至關緊要。目前師資主要問題在於教師的能力素養適合在普通大學任教，他們是普通大學培育出來，比較缺乏產業所需要的技術能力和實務經驗。學校為了提高博士學位師資比例，把博士師資聘進來，他們能教的不是學生想學的，師生不適配，難免兩敗俱傷。為了要改正這個問題，政策上一則推動技職學校教師赴公民營機構參訪學習，但過往的方式和成效仍需要改進。另外一個政策是鼓勵技職學校教師去考證照，但這樣的證照是否代表技術實務能力的精熟和卓越，是頗被懷疑的。技職校院也鼓勵老師以技術報告或專利報告升等，不過，原來以研究論文取得博士學位的老師，在升等的時候一般都還會以研究論文升等。技職校園聘請專業技術人員擔任教師，或者聘請實務人員協同教學，都有助於技術和實務的傳承，但是技術教師或實務人員的教育素養仍需加以培訓，其專業能力也有必要持續進修。

六、產學合作、證照檢定及證照制度的問題

產學合作可分成合作研究及合作教學兩部分，前者在加強技職校院對產業的研發服務，協助產業開發產品或服務，其範圍也可包含政府或公民營機構在內，早就受到重視，但仍需持續加強。後者推動方向是

請產業協助技職校院，擔任課程諮詢、業師協同教學、學生校外實習協助和輔導、捐贈設備、校務評鑑參與等，是再造計畫的重點工作。產學合作一直有很多實施上的困難，主要是教育界一廂情願地想要業界合作，但業界忙著賺錢，可用來協助技職校院的資源有限，自顧不及，有時又要單方付出，不太容易。產學無法互利互助，合作才可能實現，其中學生學習上的利益仍應置於最上位。

技職教育推動證照檢定已經很長久，導致學生以考照為學習目標，學校安排課程和教學協助學生通過考照，科技校院的入學選才也將證照納入錄取的參採項目。副作用是課程教學和學習簡化為證照取得，重量不重質，影響教學正常化，失去學習的深度和廣度，也失去技職教育的本質。學生取得很多證照，不代表他能勝任職場的工作，精熟、創新都需要取得證照後繼續努力。技能證照的種類及分級、檢定機構和檢定方式、證照的法制化等等，需要跨部會合作才能解決，光靠跨部會會議是不足的。

伍、結語

歸納當前技職教育問題，不外技職教育政策、人力供需平衡、定位目標、培育模式、教育品質、產學合作和證照等問題。再造計畫對於各項問題都有所分析，並以務實致用為核心，提出因應策略，計畫的規劃、實施與評鑑能顧及質性和量化指標的分析。只是技職教育沈痾嚴重，幾十年來累積的問題，非短短幾期的計畫就可解決。審視再造計畫的目標內容及成效評估，分析其中的問題，發現仍有多項值得注意的改進方向：

一、技職再造宜以全體技職校院為對象，務期每個學校都成為優質學校，每位技職學生都能學到工作所需的硬實力和軟實力，以符應學生自我發展及業界工作之需求。

二、技職再造宜採取整體性及永續性的模式，由目前的專案計畫型態導向於常態性的技職校院教育經營和改革模式，經費及其他資源的需求宜編列年度預算，特色發展需求始採取競爭或申請方式。

三、技職再造成效勿以指標數據做爲參照，避免學校及主管機關只顧指標的成長，製造一堆假數字；相反地，宜以眞實目標的實現及卓越教育的落實爲焦點。

四、技職教育政策必須進行更審愼的評估和規劃，建立共識，其中有關人力供需之推估及教育計畫的研訂，有必要由各部會妥善分工，訂期完成報告，提供技職學校調整科系所學程班組及招生人數之參考。目前執行的政策已產生爭議者，宜進行檢討，加強溝通，提出解決對策。

五、教育主管機關應保證技職校院及所設科系，在人才培育機制上符合優良教育的基本條件，並監督其精進人才培育的目標和水準，凡未達標準者，應予以輔導協助或必要時加以淘汰。

六、技職再造宜重視技職學校更明確定位，目前普通大學也都在追求務實致用、業師協同教學、教師多元升等及落實實習和產學合作，顯然技職教育不能只講務實致用，而應進一步規劃對應於產業工作的人才培育焦點，課程規劃以實務學習爲主軸，結合必要的領域內或跨領域知識和方法，進行教學，更強調學習歷程中工作和學習的並行或輪替，在課程、教學、實習的安排上要有更大的彈性。

七、技職再造對產學合作進行教育的陳義甚高，要求產業協助的事項很多，但如何提供產業協助教育的誘因，建立有效的溝通協調機制，實爲當務之急。產學合作必須選擇優良產業協助，而產業對於技術改良、工作環境改善、員工待遇福利的提升及教育訓練的辦理也要持續精進，才能做爲技職學生的典範，吸引學生進入技職校院學習，更有助於技職教育的改進。

八、技職再造宜整合勞動部、經濟部、其他部會、職訓機構及公民營機構、民間團體的力量，規劃完備的技能證照類別和等級，建置合格技能檢定機構及檢定方式，並建立各行各業進用適合類級證照及實作經驗的人才，重質不重量，這樣，證照的效用才能充分發揮，也才能引導技職學生的學習。此外，宜訂定專法，要求產業進用具有相關證照的人力，配合實施定期進修規範，以發揮證照的就業功能。

值此技職再造計畫如火如荼推動之際，期望該計畫能夠持續改良，

找到適切的技職教育目標，協助技職校院提升教育品質，強化學生就業力，成為產業所需要的人才。技職教育絕不單是教育部和技職校院的責任，中央和地方政府、產業、公民營機構（含訓練機構）和民間團體，也必須盡其本分，共同參與，才能有效達成人才培育的使命。再造計畫很強調的技職學生基本素養，必須加強國中小教育才能提升，再造計畫在這項上面有必要補強。最後，工作只是人生的一部分，技職學生畢業後要工作也要生活，成為家庭和社會的優秀成員，同時肩負工作、家庭和社會責任，因而技職教育可謂任重道遠，在準備學生工作能力時，也再顧及學生的全人教育需求。

參考文獻

教育部（2010.2）。**技職教育再造方案**。臺北市：教育部。

教育部（2013.9.17）。**「第二期技職教育再造計畫」業奉行政院核定102年至106年落實推動**。取自https://depart.moe.edu.tw/ED2300/News_Content.aspx?n=5D06F8190 A65710E&sms=0DB78B5F69DB38E4&s=017DEA1AAFE8DA9D

教育部（2014.12）。第二期技職再造計畫（行政院102年8月30日院臺教字第1020052561號函核定）。取自http://www.ey.gov.tw/Upload/RelFile/27/702399/ ceba3428-e2c6-4507-b505-7ade307963e9.pdf

教育部（2017.2.23）。**技職教育務實再造產學合作緊密聯結**。取自https://www.edu. tw/News_Content.aspx?n=9E7AC85F1954DDA8&s=31D5E8AAE632E4E8

鏡週刊（2017.10.3a）。【禿鷹噬校產】財團接手害慘亞太前校長劉紹文懊悔引狼入室。奇摩新聞。取自http://www.msn.com/zh-tw/news/national/%E3%80%90%E7% A6%BF%E9%B7%B9%E5%99%AC%E6%A0%A1%E7%94%A2%E3%80%91%E8 %B2%A1%E5%9C%98%E6%8E%A5%E6%89%8B%E5%AE%B3%E6%85%98%E 4%BA%9E%E5%A4%AA-%E5%89%8D%E6%A0%A1%E9%95%B7%E5%8A%89 %E7%B4%B9%E6%96%87%E6%87%8A%E6%82%94%E5%BC%95%E7%8B%B C%E5%85%A5%E5%AE%A4/ar-AAsPX1n?li=BBqiNIb

鏡週刊（2017.10.3b）。大二到大四混班上課　亞太學院學生：該學的都學不到。**ET News新聞雲**。取自https://www.ettoday.net/news/20171003/1024486.htm?t=%E5%A4%A7%E4%BA%8C%E5%88%B0%E5%A4%A7%E5%9B%9B%E6%B7%B7%E7%8F%AD%E4%B8%8A%E8%AA%B2%E3%80%80%E4%BA%9E%E5%A4%AA%E5%AD%B8%E9%99%A2%E5%AD%B8%E7%94%9F%EF%BC%9A%E8%A9%B2%E5%AD%B8%E7%9A%84%E9%83%BD%E5%AD%B8%E4%B8%8D%E5%88%B0

第三章

職業試探扎根技職教育的願景

張國保

銘傳大學教育研究所副教授兼所長

王娜玲

退休教師

巫博瀚

銘傳大學教育研究所助理教授

　　「庖丁解牛，游刃有餘」是莊子的智慧，「族庖月更刀」、「良庖歲更刀」、「庖丁用刀十九年，所解數千牛，則刀刃若新發於硎」，其中「族庖」、「良庖」和「庖丁」生動呈現出動作技能的三個不同層次，寓涵著職業選擇正確，始有練就從容、典雅及高超的藝術技巧。可知二千年前中國的職業教育哲學觀業已萌發，也奠定技術層次高低與專業差異的基本理念。

壹、前言

About the only thing you can't do is ignore them. Because they change things.

$\sim$John Appleseed

　　根據牛津經濟研究機構出版的《全球人才2021》（*Global Talent 2021*）報告指出，在46個評比國家中，2021年臺灣將面臨全球最嚴峻的人才短缺，程度比已經進入人口老化的日本還要更嚴重，臺灣將面臨產業結構變化和產業技能升級所帶動的變革，將來最缺乏的是「管理人才」和「專業人才」。這些人才，都是需要長期的栽培和養成，甚至是「政策」來扶持（Oxford Economics, 2012）。而及早發掘學生性向，了解職涯發展，強調DIY自製、創意精神的浪潮，乃世界各國的趨勢。工程師性格的德國人，其政府高舉「工業4.0」政策，以教育為出發點，並整合企業、工會及研究機構，強調從產品開發、生產、銷售與服務，整個全生命週期的系統管理，讓德國的職業教育傲視全球。美國不遑多讓，前總統歐巴馬（Barack Obama）砸120億元，高喊「未來人才關鍵字：創客（maker）」，強調「動手做」，期培養獨立思考、解決問題能力的「創客大國」，並於2015年12月通過《每位學生成功法案》（Every Student Succeeds Act, ESSA），提供學生公平、成功的教育機會（U.S. Department of Education, 2015）。我國教育部自2015年已積極規劃從技職教育與Maker的聯結、自造場域、學習創新及分享精神等面向，以培養學生具備獨立思考、動手實作、創新創意與解決問題

等能力，及具有美感和工匠精神的未來職人。

　　2021年將是2014年第一屆實施十二年國民基本教育（簡稱十二年國教）的國中畢業生從大學畢業，進入職場成為臺灣新一代的「職場新鮮人」。但2014年全國國中教育會考成績顯示，待加強的人數比例為17.34～33.73%，其中有7.4%國中畢業生五科都落在「待加強」，答對的題數跟全部用猜的結果差不多（國中教育會考推動工作委員會，2014）。換言之，約27萬名國中畢業生中，有2萬多位在國中階段的學習交了白卷可知，不是全部的學生都適合以學術為導向的升學進路；有必要為那些特殊興趣或性向明確的學生考慮兼具「升學」及「務實致用」為導向的「技職教育」第二條國道。

　　再者，臺灣的技術與職業教育（簡稱技職教育），多年來培養眾多不同層次、類型的產業菁英人才，蕞爾小島因而創造出世界經濟奇蹟。惟根深柢固的士大夫思維，始終視技術人才為「黑手」，實不利於臺灣經濟轉型發展。然政府於2015年1月14日訂頒《技術及職業教育法》（簡稱《技職教育法》），其第9條第1項：「高級中等以下學校應開設或採融入式之職業試探、生涯輔導課程，提供學生職業試探機會，建立正確之職業價值觀。」明定國民中小學的《課程綱要》，應納入職業認識與探索相關內容，其目的旨在使中小學生具有職業認知，並能適度地接觸技職教育、職業試探及職業訓練相關內容，堪稱臺灣技職教育翻轉的新里程碑。

　　我國技職教育人才的培育與制度化，已有堅實的法制基礎，且規範技職教育的範圍以職業試探向下扎根至國民中小學。主管教育行政機關當務之急，係國民中小學職業教育試探暨體驗教育之建構與實施，以協助建立正確之職業價值觀，使學生依據個人特質發展性向與多元智能專長，選擇「適性就讀」之升學進路，同時吸引更多具有「技術資賦」或「實務性向」的學生選讀技職教育，落實十二年國教「成就每位孩子」、「提高教育品質」及「厚植國家競爭力」的三大願景。故本文先述職業試探與適性教育意涵，其次說明職業試探的辦理模式，並提出落實推動職業試探暨體驗的策略，最後綜合結論與建議，作為中央與地方政府、國民中小學及家長輔導學生職業試探的參考。

貳、職業試探與適性教育

《禮記·學記篇》有云：「良冶之子，必學為裘；良弓之子，必學為箕。」乃古代技職教育的寫照。在知識經濟時代，重視職業試探與適性教育，才能落實國內人力供需及外界對技職教育的期待。

一、職業試探的意涵

所謂試探（explore），顧名思義即「參與嘗試與興趣探索」之意。國小高年級到國中階段的學生，正處於生涯發展的成長期及甫跨入探索期的階段（Super, 1963, 1976），孩子依「個人喜好」選擇活動，從活動中建立自我概念，漸發展出對世界的正確態度，進而了解工作的意義、未來工作所需的基本條件，個人能力漸形成，並成為未來工作抉擇的條件。這階段的孩子，常會產生諸如「我是個什麼樣的人？」、「我以後想做什麼工作？」、「我能夠做什麼工作？」的好奇與疑惑。因此，《技職教育法》規定國民中小學《課綱》必須納入職業認識及探索課程，以協助國中小學生認識職業，接觸技職教育與職業訓練。學校教育應提供學生職業試探與興趣探索的機會，規劃符應學生身心需求且多樣化的體驗課程，以協助學生自我覺察，並提高學生對職業與工作世界的認識。

至於應從何年級開始實施？依據皮亞傑（Jean William Fritz Piaget）的認知發展理論（cognitive development），國小高年級學生進入形式運作期（引自張春興，2008），學生適合進行知識創思的學習活動。因此，五年級開始到九年級國中小學生，正處於重要的成長與探索階段，學生的自我覺察是興趣與能力發展的基礎，「職業嘗試」和「興趣探索」則是生涯定向的關鍵，需透過學校生涯規劃課程和生涯發展議題融入各領域教學，讓學生做好自我覺察、生涯覺察以及職業興趣探索的歷練，以達成適性選擇、適性準備、適性輔導與適性發展的生涯目標。

二、適性教育的意涵

「適性教育」（adaptive education）就是以學生的個別差異爲基礎，提供與其個人特質、性向和智能相適配的教育，讓每個學習者都能適性成功，亦即孔子所倡導的「因材施教」、「有教無類」和「人盡其才」之教育（教育部教育Wiki，2014a）。因此，教育部自2014年開始啓動的十二年國民基本教育，以「有教無類、因材施教、適性揚才、多元進路、優質銜接」爲核心理念，學校和教師應依據學生不同能力、性向和興趣，提供適切的教育內容和方式，以激發學生潛能和促進學生人格健全發展，以臻「成就每一個孩子～適性揚才、終身學習」之理想。

既然「成就每一個孩子」是十二年國教的重要精神，「適性輔導」（adaptive counseling）益顯重要，學校的生涯教育與輔導則須以多元觀點，將「生涯發展」的概念融入學生學習中，讓學生的視野從學術世界（knowledge learning）延伸到工作世界（career development），一併學習有關學術與職業的基本能力。

進而言之，國民中小學學生身心尚未成熟情形下，除了傳統熟知的升學進路外，需要進一步提供包含職業試探的適性輔導課程，方能產生自我與生涯的覺察與探索，進而了解我國技術型高級中等教育的類、群、科屬性（教育部，2014b），建構完整生涯規劃，並從多元生涯進路中適性就讀或職涯發展，達成適性揚才之目標。

參、職業試探辦理模式

《古樂府》有云：「誰能刻此鏤，公輸與魯班。」中國民間有「三百六十行，無祖不立」的說法，木匠、瓦匠、石匠、漆工、建築業、傢俱商都供奉魯班爲祖師。善於思考，從生活中發現靈感的魯班，可說是古代最早且最著名的發明家，他設計出曲尺、刨子、石磨、雲梯等爲人讚嘆的十大發明，後世尊魯班爲「巧聖先師」，成語「班門弄斧」的典故也源於此。

魯班出生於春秋時代魯國的工匠家庭，年幼時不愛舞文弄墨，對

雕刻藝術等技藝則興趣濃厚，從小就跟隨家人參加過許多土木建築工程。15歲時，他幡然覺悟，拜孔子的門人子夏的學生端木為師，沒想到領悟力高的他，不僅舉一反三且能融會貫通，不出幾個月所設計出的工具就令人驚艷。魯班，可說是中國古代職業試探、適性發展最成功的典範。

工業4.0時代到來，學生須具精益求精的「工匠精神」，因此，基礎教育應透過適性輔導，協助正值生涯發展成長期、認知發展期及探索期的學生，了解自己的能力與性向，並對社會的工作有初步認識，俾利於完成國中小九年義務教育後，適性地生涯抉擇，進入適合個人的學校繼續學習。故，提供國小高年級和國中學生職業試探機會，建立正確之職業價值觀有其必要性。

然而，國民中小學如何進行職業試探呢？在十二年國教《課程總綱》強調學校本位及全面實施彈性多元的原則下，國民中小學的職業試探，可分成融入式、合作式、集中式、委辦式、抽離式等五種模式。

一、融入式職業試探

「融入式」模式係結合學校正式或非正式課程，由授課教師或專任輔導教師，運用綜合活動領域中之輔導課程，提供學生包含職業試探的生涯輔導，或由一般教師融入各相關學習領域，亦可視學校特色、學生性向與社區需求，於彈性課程及校訂課程實施，例如：專題／議題探究、成立社團及結合學校活動等。

二、合作式職業試探

「合作式」模式係採跨學校、跨群科或跨領域教師的縱向或橫向合作。由學校或他校教師共同規劃課程內容，再視課程主題與需求，邀請校外具實務經驗的專業人士（又稱業師）協同教學或指導，並共同進行課程活動，或將學生帶往合作他校或企業實施，例如：專題演講、校外參訪及實作、共同編撰個案式教材、指導學生實務專題、校外競賽、證照考試及展演等，藉由職群的實務學習，加深職業試探並建立正確職業倫理。

三、集中式職業試探

　　「集中式」模式係整合資源，將專業設施集中於同一個定點，藉鼓勵「動手做」的Maker風氣，培養學生具備獨立思考、動手實作、創新創意與解決問題等能力，由政府或學校或與產業共同建置職業試探體驗中心，設計適合國中小學生學習需求的體驗課程，提供多元的職業試探與興趣探索機會，提升學生對職業與工作世界的認識，俾利技職教育向下扎根，奠定正確的職業價值觀。

四、委辦式職業試探

　　「委辦式」模式係由主管教育行政機關或學校，經評估設施及師資等條件適合辦理職業試探的技職校院（含高級中等學校、專科學校、技術學院及科技大學等），規劃及安排參訪、實作或體驗活動，協助社區國民中小學校學生進行體驗活動，以了解不同職群的學習主題及職場特質，提供學生「寓教於實作」及「做中學、學中做」的成就感，找到適合每位學生興趣與性向發展的終生學習理想。

五、抽離式職業試探

　　「抽離式」模式係將參加職業試探上課的學生抽出或合併成立專班上課，或於班級正常上課時間，將參加課程之學生單獨抽出到校內其他地點或校外上課，原班級學生仍依課表上課。提供專班學生職業試探學習。此模式供興趣與性向明確的學生，及早透過彈性學習的多元方式，培養對技職教育的正確認知與涵養。

　　以上五種模式中，「委辦式」可解決人員及設施資源不足問題，惟學生對教學者及場地均生疏，且有興趣的學生較難持續追蹤輔導協助；而「抽離式」雖可解決學校的職場體驗資源不足問題，但不易掌握學生的學習興趣與成效，此二者相對不適合學校現場所需。茲將較適合的另三種模式之要項及優缺點臚列如表1。

表1　職業試探模式彙整表

項目	融入式	合作式	集中式
授課者	1. 專任輔導教師 2. 一般教師	具實務的專業教師	合作機構之專業師資
領域別	1. 綜合活動領域 2. 各學習領域	彈性課程	彈性課程
師資來源	學校編制教師	技職學校或業界	職業試探與體驗中心
上課地點	校園內	校園內或校外	職業試探與體驗中心
優點	1. 適時納入教學活動中進行 2. 配合教學進度及教材 3. 隨機啟發學生學習 4. 掌握學生學習動態 5. 即時了解學生興趣與性向	1. 合作單位支援人員，克服學校教師專業問題 2. 合作單位支援試探暨體驗設施 3. 學校師生教學相長同受益	1. 專業的人員及設施資源 2. 統一的課程與SOP 3. 跨校式的資源共享 4. 教師從旁觀察評核 5. 持續性的學習檢討
缺點	1. 教師專精度不足 2. 教材編撰不易 3. 場地設施與情境差異大 4. 時間管理問題 5. 評量方式與比重	1. 合作單位對學生的了解度 2. 班級經營及常規之掌握 3. 評量方式與比重	1. 學生交通往返問題 2. 場所容納人數有限 3. 學生對教學人員及場地較生疏

資料來源：本文作者自編。

肆、落實推動職業試探暨體驗的策略

　　職業試探左右學生的生涯規劃及十二年國教適性揚才理念的踐履，以下從教育法令、政策、課程規劃、教師與教學等五項，析述策略如次。

一、完善的教育法令

　　《技職教育法》明定技職學校教學、實習、師資、課程等相關規範，而國民中小學課綱應納入「職業認識與探索」，國高中階段學校應

安排學生至相關產業參訪等，均屬創舉。傳統上考試領導教學的「升學至上」觀念，輕視勞動工作，衍生技職教育傾斜學術的現象。《技職教育法》將技職教育分為試探教育、準備教育、繼續教育三階段，對職業試探教育的重點摘述如下。

（一）落實職業試探教育，技職教育向下扎根

《技職教育法》明定國中小應開設或採融入式的職業試探、生涯輔導課程，國中更可以和技職校院、職業訓練機構合作辦理技藝教育；另外，國中小學的課程綱要，應納入職業認識與探索相關內容，國中和高中應安排學生至相關產業參訪，俾利提供學生職業試探機會，建立正確之職業價值觀。

（二）強化職業準備教育，產學協力培育人才

透過立法，讓產業與學校攜手培育所需人才，不僅縮小學用落差、培養學生職業倫理觀，以及對勞動及技術法規的認識，亦落實企業之社會責任。

（三）擴展職業繼續教育，終身學習與時俱進

職業繼續教育係為離開學校投入職場之在職者或轉業者的工作需求而開設之課程，由學校或職業訓練機構辦理，透過終身學習以提升我國技術人員專業水準。

二、正確的教育政策

教育部依《技職教育法》的規定，要求國民中小學開設或採融入式之職業試探、生涯輔導課程之外，為強化技職教育創新向下扎根，於2015年10月宣布兩項重大計畫（教育部，2015）：

（一）創意自造5年計畫

教育部規劃自2016至2020年，逐年增建創客實驗室，以加強創客教育的基礎設施（infrastructure），利用5年的期程，全國各縣市至少有1所高中建置創客實驗室。教育部不僅成立區域自造實驗室中心學校，更鼓勵各校購置3D數位自造設備，規劃分階段繼續補助高中的創課實驗室購買鐳射雕刻機、電腦割字機、3D掃描儀及CNC銑床等相關數位自造機具設備，同時普及補助學校購置3D印表機。

（二）區域職業試探與體驗示範中心計畫

自2016年起，全國各縣市至少有一所國中設置職業試探中心，以五年級到九年級學生為對象，提供國民中小學生職業試探與興趣探索的機會。中心規劃並設計至少包含2-3個職群之體驗課程內容，以增進學生對職業與工作世界的認識，讓技職教育向下扎根。各中心可在學期中及寒暑假期間，辦理國中、國小學生職業試探活動或營隊，以提供國中小學的學生更豐富與多元的職業試探機會。

三、合宜的課程規劃

《技職教育法》明定國小及國中的《課程綱要》，應納入職業認識與探索相關內容；高級中等學校及國民中學應安排學生至相關產業參訪。考量學生學習節數已經趨近飽和，為避免增加學生負擔，十二年國教課程綱要係採「議題融入課程」的方式。就是將材料整合放入，以產生統整（integrate）效果，不僅可在原有學習節數中對議題有所認識，也因跨學門的多元視角，可獲得較寬廣且整全的認識（張芬芬、張嘉育，2015；教育部國民及學前教育署，2016；國家教育研究院，2017）。「職業試探」在十二年國教的課程發展，可分為國家層級之《總綱》和《領域綱要》、學校層級和教師層級，茲說明如下。

（一）國家層級

1. 納入課程總綱

《九年一貫課綱》將職業試探安排於生涯發展教育議題中，《十二年國教課程總綱》（簡稱《課程綱要》、《課綱》或《總綱》）則納入「生涯規劃」議題。「議題」存在眾人的生活情境中，藉由議題教育，可以導引學生從生活經驗中有所覺知，並從不同領域加以探究、分析與思考，不僅學習有其統整性，亦有助於核心素養的涵育，「生涯規劃」議題與個人升學進路、職業選擇及個人生涯發展更息息相關，其重要性不言可喻。

2. 融入領域課程綱要

確定國家層級的課程規劃後，確保此議題的精神與內涵融入各領域的課程綱要（簡稱《領域綱要》或《領綱》）。《領綱》屬行政規則，議題融入《領綱》可提供有效轉化為教材、教科書及教學之法令依據。國家教育研究院（2017）特設置「議題工作圈」，進行議題融入的整體規劃。十二年國教共有19個教育議題，這些議題在《領綱》的處理共分三類：納為核心素養之議題、單獨設立領域之議題，以及由領域納為學習重點，成為《領綱》的學習內容等三類，「生涯規劃」議題屬於第二類「單獨設立領域」，其學習目標有三：養成生涯規劃知能、發展洞察趨勢的敏感度、發展生涯應變的行動力。四大學習主題：含生涯規劃教育之基本概念、生涯教育與自我探索、生涯規劃與工作、教育環境探索及生涯決定與行動計畫。

3. 融入教科書

教科書是《課綱》的具體呈現，攸關教師教學與學生學習，故，確定職業探索課程融入生涯規劃《領綱》後，須確認教科書依《領綱》的議題，確實融入《領綱》的「基本理念」、「核心素養」、「學習重點」、「實施要點」，教科書據此編寫與審查，議題則融入教科書中，自能落實於教學的實現。

（二）學校層級

職業探索課程併入生涯規劃議題實施，在十二年國教採學校本位、全面實施及彈性多元等原則下，由學校課程發展委員會訂定符合五年級到九年級之各年級生涯發展教育活動，其方式如下：

1. 融入正式課程

(1) 規劃融入領域課程時數

由學校的「課程發展委員會」，配合十二年國教課程各領域之內容與進度，安排適當節數將職業試探融入各領域，並將生涯規劃議題「實質內涵」的相關指標納入各領域課程計畫中。

(2) 融入彈性課程及校本課程

議題本身即具備「跨領域」的性質，在《總綱》架構下，學校可將議題規劃為「跨領域」的學習。換言之，可以採「議題試探」的方式，利用4至8小時的彈性課程，規劃全學年的課程與活動，例如：職業試探與體驗示範中心的試探課程、社區高中職的參訪活動，或者加深職業試探的技藝教育課程，亦可透過策略聯盟，整合各校資源及教師專長，進行跨校跨領域的協同教學，一方面整合領域的學習，同時也讓職業試探的教學更直接且完整。

(3) 認識探索群科內涵

高職目前已有92個科別，因此採「職群」的概念加以分類，並規劃該行業所需的基礎科目，共分為機械群、家政群、餐旅群、設計群、食品群、電機與電子群、動力機械群、農業群、土木與建築群、商業與管理群、藝術群、外語群及海事群等15個職群。透過職業試探可強化國中小學生探索技職教育、重視實作能力的培養。

2. 安排非正式課程

(1) 潛在課程

將議題的精神與價值，適切融入學校組織規章、獎懲制度、主題（專題或議題）探究課程、社團活動、技藝課程等相關活動，亦可將「職業」（生涯發展）相關素材布置於校園、教室環境中，產生潛移默

化的境教效果，以形塑校園文化，提升學生學習成果。

(2) 區域職業試探與體驗示範中心職業試探活動

教育部為讓技職教育向下扎根，落實適性揚才與多元試探的理念，鼓勵各縣市設置「區域職業試探與體驗示範中心」，並在學期中和寒暑假辦理職業試探活動或營隊。學校可導引學生將區域職業試探與體驗示範中心納入學習活動，參加中心辦理的職業試探體驗營隊或活動，以期透過趣味實作方式試探不同職業群，有效協助學生了解個人興趣、性向、能力與潛能發展。

四、優秀的師資

創造正向、合作和團隊導向的學校文化，可以提升教學的效能（Laine, 2011）。教師在職業試探的責任，係將議題有系統或隨機的融入教學活動中，包含：正式課程、非正式課程及潛在課程。教師可透過領域內容的聯結、延伸、統整與轉化，進行生涯規劃議題之融入，亦可將人物、典範、習俗或節慶等加入教材，或採隨機教學，並於作業、作品、展演、參觀、社團與團體活動中，以多元方式融入議題，經由討論、對話、批判與反思，導引學生認識不同工作、職業倫理及相關法律概念，進而培養生涯規劃及執行能力。

（一）規劃與設計課程

教師在《總綱》或《領綱》架構下搭配教科書、學校課程計畫，檢視授課領域融入職業試探情形外，亦可設計全學年實施的議題融入活動，或是設計與職業試探相關的競賽活動。另外，教學活動中應營造適切的學習氛圍，導引學生檢視、反思、澄清價值觀，以培育良好工作態度與建立正確職業價值觀之學生。

（二）融入領域教學

教育議題宜適切融入相關科目教學，茲以綜合活動領域、社會領域

及健康與體育領域舉例說明如下。

1. 綜合活動領域

綜合活動課程可邀請學生家長、畢業校友或社區人士現身說法，分享自身職業經驗，或安排生涯探索營活動，使學生得以了解自身職業性向，亦可規劃履歷自傳書寫活動、訪談親友職業活動，或藉由蒐集求職資訊、社區參訪等，融入了解自我特質與工作世界之關係等生涯主題。

2. 社會領域

從社會重大議題、歷史事件及時事中，可以探討不同職業別的性質、工作場域、彼此關係及生涯角色的轉化，亦可探討經濟社會的理財觀與利他等工作價值觀，進而建立無尊卑貴賤的正確職業價值與應有的倫理。

3. 健康與體育領域

以體壇的知名人士為典範，藉由探討成功背後的投入與努力，認識成功者的人格特質，及其辛苦不為人知的一面，並了解在進入工作職場之後，遇到困境須學著藉由溝通、互動來增加與工作夥伴的相互了解與合作。

五、創新的教學

「課程轉化」是職業試探課程扎根國民中小學成功的關鍵。課程轉化時須精準傳達議題精神與內涵，尤其是教材、教學與學習者間的系統聯結與轉化、統整機制，更直接左右職業試探之成效，有效的創新教學轉化方式如下：

（一）職業試探中心動手做

由職業試探中心整合資源，從師資、課程、設備、教材規劃出套裝式課程，將有助於職業試探教育之落實，學生也在「動手做」中開啟真正的學習。

（二）編製學生學習參考繪本

　　繪本可提供視覺線索並建立腦中圖像，讓學生較快地理解新概念，進而產生應用和創造性活動。編製包含文字與鮮明圖畫的學習參考繪本，可讓職業試探活動更容易上手。

（三）藉試探體驗啓發學生興趣

　　具「自造者」精神的職業試探活動，透過「動手做」將職業試探的內涵、人、機具設備、作品及歡樂，融聚成一股新文化生活態度，能引發學生主動學習的動機，激發學生的創意與實作表現，進而強化自我效能及學習興趣。

（四）透過試探體驗教育適性揚才

　　在多元智能理論的基礎上，協助學生找到自己的優勢智能與性向，方能提升學生的自信與適性發展。學校則應引導學生了解自我性向與興趣，以及社會職場和就業結構的基本型態，以選擇最適進路並充分發揮個人潛能。

伍、結語與建議

　　職業價值觀是一個人對各種行（職）業的認知、情意與態度。從小培養正確的職業價值觀，有利於正確的生涯發展。本文以《技職教育法》所訂「職業認識與探索」爲出發點，期提供實施職業試探與生涯輔導的參考，綜合歸納結語與建議如下。

一、結語

　　職業試探的目的，不是要學生立即決定未來的職業選向或類別，相反的，是要讓中小學學生不致過早定向，侷限了發展的可能，而是協

助學生有效地找到優勢能力，從小接受紮實的能力或職能本位教育、訓練，方能奠定穩健的基礎，發展出未來競爭力。我國技職教育從國民中學、高職、專科學校、技術學院及科技大學到研究所碩博士班已有完整的一貫教育體系，學制間注重縱向銜接與橫向的彈性轉軌。國中畢業後的技職教育之路，是打造畢業證照、專門技能證照、就業證照等「三照競爭力」的適性選擇。《技職教育法》明定國小及國中的《課程綱要》應納入職業試探、生涯輔導課程，強調多元學習，鼓勵適性揚才，符應十二年國教「自主行動」、「溝通互動」、「社會參與」為核心素養的價值，可讓每個孩子配合自己的優勢能力，使中小學學生及早具有正確的職業認知，並能適度地接觸技職教育、職業試探及職業訓練相關體驗，找到願意燃燒熱情的方向，所培育出國家經濟發展所需不同層次的多元優質人才，將是臺灣經濟再次翻轉的新希望。

二、建議

　　鑒於《技職教育法》規範中小學實施職業試探事項，依上開論述與結論，提出對國家層級、地方政府層級、學校層級、教師與家長建議如下。

（一）國家層級

1.訂定相關配套，落實職業試探的具體實踐

　　徒法不足以自行，良法美規更需相關配套，十二年國教中小學課程綱要正在訂修，建議教育部依據《技職教育法》第9條2項「國民小學及國民中學之課程綱要，應納入職業認識與探索相關內容；高級中等學校及國民中學應安排學生至相關產業參訪。」之規定，確實督導中小學實踐職業試探、生涯輔導課程，提供學生職業試探機會，建立正確之職業價值觀。另，該法第24條「高級中等以下學校師資職前教育課程應將職業教育與訓練、生涯規劃相關科目列為必修學分。」建議教育部確實培育具正確職業價值觀之中小學師資。

2. 將職業試探列入學生生涯檔案，並納入教育雲建置

各先進國家無不積極地將雲端科技運用於教育，以縮短城鄉數位落差，打造優質的數位學習環境。教育部宜運用教育雲建置學生全歷程的生涯檔案，將職業試探項目納入學習地圖與必修項目，以作為生涯進路規劃之參考。

3. 將職業試探執行成效，納為統合視導訪視加分項目

教育部自2014年起逐年精簡統合視導項目，惟涉及法規及重大政策、重大經費補助及對教育有重大影響者，仍有適法性監督之責。職業試探若能列為統合視導加分項目，將可導引各地方政府重視技職教育，並賦予地方政府彈性空間及多元表現方式，以有效推動職業試探之落實與深化。

（二）地方政府層級

1. 將職業試探納為學校課程計畫之審閱項目

職業試探係2015年始正式入法，由於政策方興未艾，學校總體課程計畫審閱之檢核項目，應納入職業試探之相關內容，同時責成學校總體課程計畫之「生涯規劃」議題，應另行標註「職業試探」部分，以強調政府對技職教育向下扎根，建立正確職業價值觀的決心。

2. 將職業試探列入十二年國教領域教師研習課程

職業試探多年來被臺灣教育體系漠視，中小學師資培育課程納入職業教育與訓練、生涯規劃相關科目正要起步，教師專業成長相關課程與研習更乏此專業。建議地方教育主管機關，將認識技職教育列為「領域教師關鍵能力」研習必修主題，以強化教師具備課程發展相關知能，有效提升教師融入職業試探專業能力。

3. 建置多元的職業試探與體驗示範中心及系統化的體驗活動

地方教育主管機關宜評估中小學分布與資源概況，申請設立「職業試探與體驗示範中心」，如：臺北市在12個行政區打造「英語情境中心」，透過模擬式的逼真環境、中外教師團隊，培養孩子聽、說、

讀、寫各方面的外語能力，同時要求六年級學生畢業前至少到英語情境中心體驗一次，並將體驗情形列入校務評鑑考核，以落實英語情境教學。建議各地方政府可設置各職群的區域職業試探與體驗示範中心，編製《職業指南》、《教師手冊》和《學習手冊》，系統安排學生體驗不同職群工作，有計畫的提供具學習與趣味的實作方式，增加學生更多職業試探的機會，讓技職教育向下扎根，落實適性揚才與多元發展的理念。

（三）學校層級

1.將職業試探列為學校總體課程計畫的重點

依據《十二年國教課程總綱》的規定，學校應訂定《課程發展委員會組織要點》，經校務會議通過後，成立課程發展委員會，掌握學校教育願景，發展學校本位課程，重視不同領域科目間的統整，且應適切融入生涯規劃等教育議題。

2.將職業試探列為教師領域備課的研修主題

國民中小學均設有教師領域備課社群，職業試探議題宜納入研修主題，以協助教師有效掌握學習主題及議題實質內涵，並聯結學生生活經驗，導引學生了解各職群特性及豐富教學內涵。

3.成立教師專業學習社群，深化職業試探課程研習

教師透過社群的參與，可以有助教學的提升。學校可積極設置跨學科領域的「職業試探教學」專業學習社群，透過社群成員的對話省思或案例分析，讓不同領域教師吸收更多資源，從不同專業領域觀點，引導學生學習。

（四）教師層級

1.充實職業試探的專業知能，正確教導職業觀念

《技職教育法》闕漏了「職業試探」授課師資之規劃。Ellis 與 Orchard （2014）指出從經驗中可以獲得學習（experience in learning）。教師須積極透過領域和跨領域的專業社群、校內外研習和學分修讀等在職進修方式，自我精進職業試探教學知能，俾利有效提升學生對職業之認知，並建立正確的職業價值觀。

2. 運用價值澄清法教學，導引正確的職業價值

「萬般皆下品，唯有讀書高」，讓社會咸以升學掛帥。中小學教師教學時，若能運用人物、典範、習俗、節慶等，隨機將職業試探議題結合到領域教材中，經由問題與討論，批判、反思與對話等師生互動，進行價值澄清教學，將可翻轉「輕技職、重學術」的價值觀迷思，建立學生正確的職業倫理與工作價值觀。

3. 適性輔導學生，尊重學生的生涯興趣

學校輔導室依不同年級的學習主題及發展需求，安排心理測驗後，導師和相關任課老師應共同針對學生個別需求提供全面學習輔導網絡。如鼓勵學生參加校內外各項活動、隨時關心學生活動參與過程與認識自我、提供相關學校與職場資訊、正向陪伴與鼓舞，並將生涯發展議題融入教學，增加學生反思與發現自我的機會，進而從多元管道中，找到學生自己的優勢能力與職業傾向。

（五）家長層級

1. 提供小孩多元學習的機會，培養職業興趣

家庭是小孩第一個學習的場所，父母是小孩的第一個老師。父母應扮演孩子的「學習經紀人」，提供適切的環境與機會，鼓勵孩子從事學科之外的多元學習，藉日常生活中正式與非正式的職業探索，以發掘自己的興趣、能力、性向、喜好和價值觀，從而協助孩子建立適當的自我認同，幫助孩子肯定自己，找到自己的人生目標。

2. 尊重小孩興趣與性向，落實行行出狀元的理念

十二年國教重視個別化輔導、差異化教學與多元評量的精神，就是基於學生從小在家庭中已經奠定出屬於小孩特有的個別特色，必須持續輔以最適切的教育方式，協助小孩找到自我的優勢能力與興趣。家長應

該支持與陪伴小孩，肯定、支持與尊重小孩累積優於他人的能力、興趣與性向，勿一窩蜂跟著別人追逐熱門科系，應充分支持小孩選擇自己擅長的領域學習，進而在學校、職場找到自己的一片天。

參考文獻

一、中文部分

技術及職業教育法（2015年1月14日）。教育部主管法規查詢系統。取自http://edu.law.moe.gov.tw/LawContentDetails.aspx?id=GL001405&KeyWordHL=

教育部教育Wiki（2014a）。詞條名稱：適性教育。取自http://pedia.cloud.edu.tw/Entry/Detail/?title=%E9%81%A9%E6%80%A7%E6%95%99%E8%82%B2&search=%E9%81%A9%E6%80%A7%E6%95%99%E8%82%B2

教育部（2014b）。十二年國民基本教育課程綱要總綱。中華民國103年11月28日臺教授國部字第1030135678A號令。

教育部（2015）。推動自造教育策略聯盟簽約與自造者基地揭牌啓用儀式。取自http://www.edu.tw/News_Content.aspx?n=9E7AC85F1954DDA8&s=0C1A81261C425F1D

教育部國民及學前教育署（2016）。教育部國民及學前教育署補助國民中學區域職業試探與體驗示範中心作業要點。臺北市：教育部國民及學前教育署。

國中教育會考推動工作委員會（2014）。103年國中教育會考各科計分與閱卷結果說明。取自http://www.cap.ntnu.edu.tw

國家教育研究院（2017）。《十二年國教課程綱要》議題融入說明手冊。新北市：國家教育研究院。

張芬芬、張嘉育（2015）。十二年國教「議題融入課程」規劃芻議。臺灣教育評論月刊，4(3)，26-33。

張春興（2008）。教育心理學。臺北市：東華。

林幸台、田秀蘭、張德聰（2003）。生涯輔導（再版）。臺北縣，國立空中大學。

二、英文部分

Ellis, V., & Orchard, J. (2014). Learning teaching from experience: Towards a history of the idea. In V. Ellis, & J. Orchard (Ed.), *Learning teaching from experience*. (1-17). London: Bloomsbury Academic.

Laine, Sabrina W. M. (2011). *Improving teacher quality: A guide for education leaders.* San Francisco: Jossey-bass.

Super, D. E. (1963). Self-concepts in vocational development. In D. E. Super & others (Eds.), *Career development: Self-concept theory.* New York: College Entrance Examination Board.

Super, D. E. (1976). *Career education and the meaning of work: Monographs on career education.* Washington, DC: The Office of Career Education, USOE.

Oxford Economics (2012). *Global Talent 2021*. Retrieved from https://www.oxfordeconomics.com/Media/Default/Thought%20Leadership/global-talent-2021.pdf.

U.S. Department of Education (2015). *Every Student Succeeds Act (ESSA).* Retrieved from https://www.ed.gov/essa?src=rn

第四章

暢通技職體系
升學進路之評析

陳德華

中華民國技職教育學會理事長

壹、前言

　　技職教育在國內教育體系中一向扮演極為重要的角色，其在國內經濟發展過程更是有著舉足輕重的影響。但從民國80年代起，高職教育從就業目標導向逐漸變成以升學為目標導向；高等技職教育的專科學校大量升格為技術學院或科技大學，並逐漸朝學術化傾斜。社會普遍質疑技職教育已經偏離了原有「務實致用」之特色，而與產業需求逐漸脫節。有鑑於此，教育部積極推動「技職教育再造」，並制定「技術及職業教育法」，期待對於國內技職教育的發展方向能有所匡正。

　　國內技職教育的轉變都和「暢通技職體系升學進路」的政策有直接的關聯。究竟這項政策形成的背景為何？又如何評估此一政策的效益？本文將對此進行剖析。

貳、國內技職教育之發展

　　國內技職教育從國中技藝教育、技術型高級中等學校（高級職業學校）專業群科、綜合型高級中等學校（綜合高中）的專門學程、專科學校、技術學院到科技大學自成一完整的體系。根據民國65年修正公布的《職業學校法》第1條規定：「職業學校、依中華民國憲法第一百五十八條之規定，以教授青年職業知能，培養職業道德，養成健全之基層技術人員為宗旨」；同年修正公布之《專科學校法》第1條則規定：「專科學校，依憲法第一百五十八條之規定，以教授應用科學技術，養成實用專業人才為宗旨」，顯見過去國內技職教育是以配合國內產業發展需求培養精熟的技術人才為目的。

一、九年國民義務教育實施（民國57年）前國內的技職教育

　　九年國民義務教育實施前，國內職業學校分初職、高職兩階段，前者招收國小畢業生入學，後者招收初中畢業生入學且限定年齡不得超過22歲。40學年度，初職在學學生總計23,541人，占前期中等教育階段（7-9）在學生總數的27.05%，到56學年度初職在學學生數為48,749人，占前期中等教育階段在學生總數的比例已降為5.78%，顯見初職

教育在此一階段呈現逐漸萎縮。至於後期中等教育階段（10-12），40學年度高職在學學生總數為13,075人，占後期中等教育階段在學生總數（不含師範學校學生數）的38.03%；到56學年度高職在學學生總數為94,547人，占後期中等教育階段在學生總數的40.26%，比例變動不大。至於在課程方面，民國42年教育部引進美國工業職業學校單位行業訓練方式，發展單位行業課程，專業課程與實習課程占了一半以上，彰顯此一階段高職教育的特色。

　　至於在高等教育階段，此一時期技職教育只發展到專科教育，當時的專科學制分五專、三專、二專3種，五專招收初中畢業生入學，修業5年；三專招收高中（職）畢業生入學，修業3年；二專招收高職畢業生入學修業2年。40學年度國內專科學校僅有4所，到52學年度時專科學校也僅有15所，其中私立學校4所，但隨後教育部大量核准專科學校之設立，到56學年度專科學校校數已增至57所，其中私立學校39所。（到61學年度更增至76所，其中私立學校56所）。私立專科學校的快速擴充，在品質的管控上也出現了問題。

二、九年國民義務教育實施後技職教育的發展

　　民國57年九年國民義務教育的實施，意味投入職場時間的延後，必然影響國內基層技術人力的供給。因此，配合九年國民義務教育的實施，政府對於技職教育也做了配套的規劃。

　　首先，為增加優質技術人力的供給，強化職業教育在後期中等教育的比重，調整高中、高職學生結構的配置，計畫從六比四改變為五比五，並於10年後改變為四比六。同時，將所有縣（市）立高級中學、職業學校改為省立，落實「省辦高中（職）、縣市辦國中（小）」的政策分工。民國57年並在教育部增設「專科職業教育司」，強化技職教育政策規劃與督導的功能。

　　此外，臺灣省教育廳為滿足工程基層技術人力需求，配合九年國民教育的實施，訂頒「推廣高級職業學校輪調式建教合作班實施要點」，從58學年度開始試辦輪調式建教合作班。選定沙鹿高工試辦機工科建教合作班，採隔日、隔週、或隔月輪調，建立產業與學校共同培

育人才之模式。

　　民國60年獲得世界銀行總額14,477,650美元的教育計畫貸款，更是對國內技職教育的精進發揮巨大的效益。計畫內容包括：培養工業及科學師資、培養各階層技術人才、改進工專及工職教育之設備課程教材教法、設立工業技術學院、建立工專及工職教育專業化督導制度。

　　在該計畫下，教育部於民國61年將「設立國內第一所技術學院以建立技職教育一貫體系」列為施政目標。民國62年成立籌備處積極推動，民國63年8月學校正式成立。首設二年制工業管理技術及電子工程技術2系，招收專科畢業生服畢兵役或無兵役義務且畢業後從事所學相關工作一年以上者；66年增設四年制技術系招收高職畢業生入學，68年設工程技術研究所碩士班，招生限制必須有一年以上相關工作經驗（72年設博士班規定亦然），69年起，四年制技術系改招已服兵役或無兵役義務及具一年以上工作經驗之工職畢業生，顯見在建立技職教育一貫體系時，還是強調技職教育以就業為導向，並不鼓勵職業學校或專科學校應屆畢業生直接升學。

　　在政策的引導下，國內技職教育在民國60年至80年期間快速發展。此20年間，高中在學學生人數僅成長14.29%，相對的高職在學學生人數則成長了1.39倍，專科學校在學學生數也成長了1.79倍。到80學年度高中、高職學生的占比也已調整為接近三比七。

表1　50-80學年度高中職及專科在學學生人數統計表

學年度	高中學生數	高職學生數	專科學生數	高中：高職
50	62,548	46,018	8,366	58：42
60	190,798	198,969	119,146	49：51
70	182,391	374,206	192,901	33：67
80	218,061	475,852	332,127	31：69

註：1.資料來源：教育部教育統計（2017）。
　　2.高中高職學生比不含五專前三年學生。

　　但值得注意的是，此一階段技職教育的擴展，私立學校扮演了重要的角色。50學年度時，高中在學學生就讀私立學校者占16.02%、高職在學學生就讀私立學校者占22.38%，專科學校就讀私立學校者為40.38%，公立學校所占比重均超過半數。但到80學年度私立學校學生所占比重，在高中為27.53%、高職為61.68%，專科學校更是高達84.50%。技職教育無論是高職或專科學校，就讀私立學校都已成為多數。顯示政府在技職教育的投資遠不及在一般教育的投資，這也導致技職教育的發展在先天條件下相對弱勢。

表2　50-80學年度高中職及專科學校私立學校學生所占比重　　　　　　單位：%

學年度	高中	高職	專科
50	16.02	22.38	40.38
60	24.40	52.70	73.30
70	22.35	59.02	76.36
80	27.53	61.68	84.50

資料來源：教育部教育統計（2017）。

　　無論職業學校或專科學校依當時的法規，均規定以分類設立為原則，必要時得並設二類，但以性質相近者為限。當時的技職校院性質較單純，大多為工科，其次是商科。學校的規模也都不大以71學年度專科學校的規模，絕大部分學校學生人數都在4,000人以下。學生數超過4,000人的學校僅有8校。

表3　71學年度專科學校在學學生人數統計表　　　　　　　　　　單位：校數

在學學生數	公立	私立	合計
999人以下	5	1	6
1,000-1,999人	6	19	25
2,000-2,999人	5	14	19
3,000-3,999人	2	15	17
4,000-4,999人	2	1	3

表3 （續）

在學學生數	公立	私立	合計
5,000-5,999人		3	3
6,000-6,999人	1		1
8,000-8,999人		1	1

註：1. 資料來源：第五次中華民國教育年鑑。

2. 有2所學校資料不詳未計入本表。公立學校以臺北工專人數最多，其次是高雄工專及臺中商專；私立學校以銘傳商專人數最多，其次是世界新專及實踐家專。

　　民國72年，教育部試辦「延長以職業教育爲主的國民教育」，針對國中畢業未升學者提供部分時間的職業進修補習教育。期藉此擴充技職教育的能量，充分開發人力資源，並作爲規劃延長國民教育年限的基礎。

　　民國78年教育部「改進技術及職業教育制度研究小組」，鑑於國內專科學制過於複雜，建議廢止三專學制。隨後包括銘傳女子商業專科學校（79年）、實踐家政經濟專科學校（80年）、世界新聞專科學校（80年）、屏東農業專科學校（80年）、臺北工業專科學校（83年）、臺北護理專科學校（83年）、臺灣藝術專科學校（83年）陸續改制爲學院或技術學院。

三、民國80年代之後技職教育的發展

　　民國80年教育部宣布高中、高職學生的比例將逐年調整爲四比六。顯示政府開始關注民眾對升學的期待，技職體系學生升學進路的問題開始浮現。民國83年民間發起「410教改運動」，掀起國內教育改革的浪潮，其強調人民爲教育權的主體，教育不應成爲政治或經濟的附屬工具，政府應充分滿足民眾對教育的需求，因此他們主張「廣設高中、大學」，對於國內技職教育影響甚鉅。

　　民國85年教育部指定16所高中試辦綜合高中，並宣布高中、高職的比例在21世紀前將調整爲五比五，未來高中將以綜合高中爲主流。此外，積極推動專科學校改制技術學院及技術學院改名科技大學之政

策。國內技職教育生態快速轉變。

表4　85-105學年度高級中等學校學生人數統計表

學年度	普通科及綜合高中	專業（職業）科	比重
85	268,066	520,153	34：66
90	370,980	377,731	50：50
95	419,140	335,554	56：44
100	401,958	366,449	52：48
105	361,823	332,202	52：48

註：1.資料來源：教育部教育統計（2017）。
　　2.103年高級中等教育法實施後，高級中等學校的分類名稱調整。

　　到90學年度，後期中等教育普通科（含綜合高中）與專業（職業）科的學生人數所占比重已調整為五比五。（註：若把綜合高中的學生按其所修習的學程分別歸屬普通科或專業科，則比重為四比六。）

　　80學年度高職應屆畢業生的升學率僅有13.68%，自85學年度起升學率快速攀升，到100學年度高職應屆畢業生的升學率已經超過80%，若扣除建教合作班與實用技能學程的學生，高職日間部應屆畢業生的升學率已經與普通高中應屆畢業生的升學率相差無幾。

表5　80-105學年高中職應屆畢業生升學率　　　　　　　　　　單位：%

學年度	高中	高職
80	51.94	13.68
85	58.85	17.71
90	77.13	42.72
95	91.13	69.79
100	94.67	81.91
105	95.80	79.33

資料來源：教育部教育統計（2017）。

　　民國78年爆發高雄國際商專罷課事件，教育部為協助處理該校學生的轉學，發覺國內各地區專科學校類科設置不均的現象，開始鼓勵專科學校設置兩種類科。絕大多數的私立工業專科學校或商業專科學校均改為兼設工業與商業類科的工商專科學校。這項政策也導致專科學校規模的擴張，私立專科學校平均每校的學生人數，從70學年的2,631人，到80學年的4,678人，85學年的6,234人。過去專科學校所彰顯的單一類科及規模精緻的特色逐漸消失。

表6　80-105年大專院校校數之變動

學年度	大學	獨立學院	專科	合計
80	21	29	73	123
85	24	43	70	137
90	57	78	19	154
95	94	53	16	163
100	116	32	15	163
105	126	19	13	158

資料來源：教育部教育統計（2017）。

　　民國85年教育部開始受理專科學校改制技術學院的申請，並於民國86年開始受理技術學院改名科技大學的申請，國內高等教育的結構快速轉變，專科學校校數快速縮減，大學校數則是快速增加。到105學年公立的獨立學院僅有臺灣戲曲學院1校，公立專科亦僅臺南護專及臺東專科2校。雖然允許專科學校改制的技術學院、科技大學仍得附設專科部，但專科教育無可避免地面臨快速萎縮的窘境。

表7　85-105學年度高等教育在學學生人數統計表　　　　　　單位：人

學年度	專科生	學士生	碩士生	博士生	總計
85	412,387	337,837	35,508	8,395	794,127
90	406,841	677,171	87,251	15,962	1,187,225
95	153,978	966,591	163,585	29,839	1,314,266

表7（續）

學年度	專科生	學士生	碩士生	博士生	總計
100	101,300	1,032,985	184,113	33,686	1,352,266
105	95,684	1,015,398	169,538	28,821	1,309,441

資料來源：教育部教育統計（2017）。

參、暢通技職體系升學進路政策之發展

　　76學年度時高中應屆畢業生的升學率為46.3%，同年高職應屆畢業生的升學率則僅有2.8%，技職體系授予學士學位的學校僅臺灣工業技術學院一校。隨臺灣經濟的發展，社會富裕後家長對於子女教育的期待也隨之提高，高職教育已經不再能滿足多數家長的需求。但有70%的孩子被迫在完成國中教育後選擇高職或專科就讀，這些人若想取得大學學位，往往只能透過補習參加大學的轉學考試，即使勉強擠進大學的窄門，所讀科系也都與他在技職學校所學無關。也正因此，暢通技職學生的升學進路逐漸成為政策方向。

　　民國80年教育部所規劃的「發展與改進技術及職業教育中程計畫（80-85年）」，將「調整技職教育完整體系，暢通進修管道」列為首要的目標。重點包括：1.研擬技術及職業校院法。2.依地區均衡發展需求，在雲林、高雄、彰濱各規劃設立一所公立技術學院。3.規劃將臺北工專、臺北護專、國立藝專三所公立三年制專科學校改制為技術學院或藝術學院。4.在屏東、嘉義、高雄及北部地區各設立一所商專、南投設立一所以餐旅觀光為主的商專、臺東設立一所工商專校、北部及中部地區各設一所工專、一所護專、在澎湖設立的高雄海專分部擴大辦理。

　　民國83年教育部為回應民間教育改革的主張，召開了第七次全國教育會議，根據會議的結論，次年公布了「中華民國教育報告書—邁向21世紀的教育遠景」。報告書中也明確揭示暢通技職學生升學進路的方向：

　　1.制定技術職業教育法，建立彈性學制，使績優專科改制技術學

院並保留專科部，使績優高職改制專科並保留高職部，讓專科與大學合辦二年制在職進修班，修業期滿授予學位，提升技職教育水準。

2. 除輔導三專改制技術學院外，擬增設多所專科及技術學院，並讓普通大學附設技術學院或開設技術學程，暢通技職學生進修管道。

隨後除配合三專學制的廢除，將屏東農專、臺北工專、臺北護專改制為技術學院，並附設專科部外，80年增設雲林技術學院、83年增設朝陽技術學院（私立）、84年增設高雄技術學院，至84學年度全國總計已有7所技術學院。

民國84年，為配合暢通技職學生升學進路之目標，教育部修正《專科學校法》增訂第3條之1：「為提升實用專業人才素質，增進技術職業教育品質，教育部得遴選符合大學設立標準之專科學校，改制為技術學院；其遴選程序由教育部定之」，全面開放專科學校申請改制技術學院。

民國85年行政院教育改革審議委員會所提出的「教育改革總諮議報告書」中，也建議研訂《技職校院法》賦予技職教育彈性學制，並擴大技職類科調整彈性；加強教師實務教學，鼓勵聘用具實務經驗教師擔任教學。並主張職業教育與職業訓練應釐清，所謂職業教育應是指訓練學生具備未來學習職業技能、生涯發展、適應社會變遷、工作轉換之能力，而非以熟練某種技藝為主的職業訓練。

同年教育部發布《教育部遴選專科校改制技術學院並核准附設專科部實施辦法》，作為受理專科學校申請改制技術學院之依據。其中對改制學校之數量規定：「除設有三年制之專科學校外，每年核准改制校數以六所為原則，其中公立專科學校不得超過三分之一」以避免對專科教育帶來太大的衝擊。但到民國86年，教育部又修正前項實施辦法，取消每年核准改制校數之限制。專科學校改制技術學院蔚為風潮，從85學年度到91學年度，7年期間總計核准66校由專科改制為學院。國內專科學校校數，從84學年度的74校至91學年度僅剩19校，其中有9校是剛從護理職校改制的專科。這種改變導致原來的專科學校難以與改制的技術學院競爭，除了努力爭取改制為技術學院外已無其他發展可能。到96學年所有早期設立的專科學校已經全數改制為學院。

表8 85-91學年度專科學校改制為學院的校數統計表

學年度	公立	私立	小計
85	2	3	5
86	4	5	9
87	3	4	7
88	3	17	20
89	2	14	16
90	1	4	5
91	0	4	4
總計	15	51	66

資料來源：第七次中華民國教育年鑑。

　　民國87年教育部回應教改總諮議報告書之建議，提出「教育改革行動方案」。在促進技職教育多元化與精緻化方案中，提出：

1. 建立技職教育一貫體系及彈性學制

(1) 制定技術及職業校院法。

(2) 輔導績優專科學校、職業學校改制為社區學院，提供在職進修、第二專長培訓、回流教育等課程。

(3) 輔導績優技術學院增設人文系所，改名科技大學。

(4) 輔導辦學績優專科學校改制技術學院並附設專科部。

(5) 繼續受理大學申請設置二年制技術院系。

(6) 繼續辦理國中技藝教育並推動10年國民技藝教育，使國中畢業生升學率逐年提升至96%。

(7) 研議於技術校院設四年一貫制的碩士學程，及以取得證照為主之學士後一年制技術學程。

2. 擴大辦理綜合高中

(1) 繼續擴大試辦綜合高中。

(2) 研究跨校選修制度及其配合措施。

(3) 檢討綜合高中試辦成效，以為修法與擴大辦理之依據，並藉由

綜合高中之學制，自然調節高中、高職之學生數比例。

（方案中另包括：提升技職教育品質及落實職業證照制度兩項略過）

民國86年教育部開始受理技術學院改名科技大學。第一年核准國立臺灣技術學院、國立雲林技術學院、國立屏東技術學院、國立臺北技術學院、朝陽技術學院等5校改名為科技大學；次年（民國87年）核准國立高雄技術學院改名國立高雄第一科技大學。民國88年教育部訂頒「技術學院改名科技大學作業規定」，再次導引技術學院申改名科技大學的風潮。歷年核准改名科技大學的學校如下：

民國88年：南臺科技大學；民國89年：國立高雄應用科技大學、樹德科技大學、崑山科技大學、嘉南藥理科技大學；民國90年：龍華科技大學；民國91年：明新科技大學、輔英科技大學、弘光科技大學；民國92年：正修科技大學、清雲科技大學（現已改名健行科技大學）；民國93年：國立虎尾科技大學、國立高雄海洋科技大學、明志科技大學、建國科技大學、萬能科技大學；民國94年：國立澎湖科技大學、中臺科技大學、高苑科技大學、嶺東科技大學、大仁科技大學、聖約翰科技大學、中國科技大學；民國95年：臺南科技大學（現已改名臺南應用科技大學）、元培科技大學、遠東科技大學；民國96年：國立勤益科技大學、景文科技大學、中華醫事科技大學、德明財經科技大學、東南科技大學；民國97年：南開科技大學；民國98年：中華科技大學、僑光科技大學、育達科技大學；民國99年：國立臺北護理健康大學、國立高雄餐旅大學、吳鳳科技大學、美和科技大學、環球科技大學；民國100年：國立臺中科技大學（臺中商業技術學院與臺中護專合併）、中州科技大學、修平科技大學、長庚科技大學、臺北城市科技大學；民國101年：醒吾科技大學、大華科技大學；民國102年：南榮科技大學、文藻外語大學；民國103年：國立臺北商業大學、華夏科技大學；民國104年：慈濟科技大學、致理科技大學；民國106年：宏國德霖科技大學、臺北海洋科技大學、崇右影藝科技大學、東方設計大學。至此，技術學院僅剩11所。

肆、政策影響評估

　　民國63年國立臺灣工業技術學院的設立，國內已建構完整的技職教育體系。但在民國80年之前，技職教育顯然以配合產業需求培育所需的技術人力為目標，技職教育以就業需求為導向，無論職業學校或專科學校的畢業生絕大部分都是直接投入職場。國立臺灣工業技術學院設立之初，是為在職者或是曾在職場工作者，提供進修的管道，並不接受應屆畢業生入學。技職體系的畢業生進入職場後，能再進修取得學士學位的機會也不多。隨著臺灣社會的發展，一般民眾期待其子女接受大學教育的需求也隨之提高。無論是民間410教改的主張，或是行政院教育改革審議委員會所提出的「教育改革總諮議報告書」，都充分反映了社會對此的期待。無論是透過調整高中高職的比重，增加國中畢業生進入高中的機會，抑或透過一般大學開設二年制技術學系、新設技術學院、開放專科學校升格改制技術學院，以暢通高職、專科畢業生的升學進路的機會。都逐漸反映在當時的教育施政上，也影響國內技職教育的發展。

一、高職逐漸轉為升學導向是反映社會的需求

　　76學年度國內高職應屆畢業生升學率僅有2.8%，在政府仍未關注技職學生升學進路的狀況下，到80學年度高職應屆畢業生的升學率已提升到13.68%，充分顯示高職學生高度的升學意願，暢通技職體系升學進路政策的形成乃勢之所趨。造成這種趨勢的原因包括：高職的過度擴張，限縮國中畢業生的進路選擇；就業市場對於高職畢業生的吸引力不足；小家庭結構，家長對於子女教育的期待提高……。

　　在暢通技職體系升學進路後，高職必須兼顧升學需求與就業需求的學生，課程如何調整應該是首要之務，這也正是綜合高中形成的背景。另一方面，對於基層技術人力供給所造成的影響如何因應？而在職業教育與職業訓練之間如何接軌，顯然已經不僅是學校教育的問題了。

二、綜合高中無法成爲國內後期中等教育的主流

　　配合暢通技職體系升學進路，必須同時調整高中、高職所占的比率。除了新設高中（包括完全中學）外，就是透過現有學校的調整轉型。在「教育改革總諮議報告書」建議：爲使學制分流與課程分化能滿足未來的需求，高級中等學校應朝綜合高中的方向調整，建立以綜合高中爲主體的高級中等教育制度，擺脫標準化課程課程觀念的束縛，採行學年學分制，妥善規劃綜合高中課程，積極進行綜合高中課程實驗。民國85年教育部指定18所高中（職）試辦綜合高中，並宣示未來國內的高中將以綜合高中爲主流。民國88年《高級中學法》修正公布，將綜合高中列入高級中等學校的型態之一。

　　綜合高中是在一所學校內同時設有學術學程與專門學程，課程的設計採「統整、高一試探、高二分化」的設計，透過延遲分化提供學生適性選擇的機會，另一方面也透過綜合高中促成高中職社區化，讓多數學生都能就近適性入學。

　　在教育部積極的推動及補助經費的誘導下。辦理綜合高中的學校快速擴增，95學年度達到高峰，開辦學校數達157校，占高中（職）總校數的33.12%；開辦總班級數爲2,761班，占高中（職）總班級數的14.89%；學生數爲112,677人，占高中（職）在校生總數的14.93%。隨後即開始萎縮，到105學年度開辦學校數減爲95校，占高級中等學校總校數的18.77%；開辦總班級數減爲1,387班，占高級中等學校總班級數的6.52%；學生數爲50,737人，占高級中等學校在校生總數的6.54%。

　　綜合高中無法成爲國內後期中等教育的主流，主要原因除了升學制度的設計不利於綜合高中的學生，在考試分發入學的管道上，綜合高中學術學程的學生難與一般高中的學生競爭，專門學程的學生也難與職業學校的學生競爭。另一方面，綜合高中是一項課程的重大改革，絕大部分都是學校本位課程，開辦的班級數必須夠多，課程才能更多元。但多數辦理綜高中的學校都只是將少部分班級實施綜合高中制度，以90學年度辦理綜合高中的學校，平均每校每個年級綜合高中的班級數僅4.14班，自然難以發揮綜合高中的優點。

三、暢通技職學生升學進路採取單軌或雙軌的策略

在民國84年教育部公布的「中華民國教育報告書—邁向21世紀的教育願景」以及民國87年的「教育改革行動方案」中，對於暢通技職學生升學進路，都是採雙軌並行。也就是除了增設技術學院（含專科學校升格改制）外，也鼓勵一般大學設置二年制技術學系，提供專科畢業生升學的管道。雙軌並行可以快速擴增技職體系學生的升學機會，但是否不利於技職特色的掌握？主管機關可惜未做實證性的追蹤研究。到民國90年中期，隨著國內高等教育的供過於求，技專校院一再呼籲教育部停止一般大學二年制技術學系的招生，似乎又逐漸步向單軌的升學進路。

四、專科改制技術學院效益的評估

民國70年之前，國內即有一些專科學校改制學院的個案，但並不被歸類為技職體系的學校。民國76年，九所培育國小師資的師範專科學校全數改制為師範學院，同樣也是歸類為一般大學校院，而非技職校院。民國78年教育部基於簡化學制的考量，決定將三年制專科學制逐年廢止，則有部分學校改制為技術學院。民國85年開放辦學績優的專科學校申請改制為技術學院並附設專科部，則對於國內技職教育的結構造成深遠的影響。

開放的第一年教育部還限定每年核准改制校數以6校為原則，且公立學校不得超過三分之一。第一年時核准改制的校數為5校，並未超過所訂校數的上限。或許是因為公立學校普遍條件較優，在相互比較下造成困擾，所以第二年教育部乾脆直接取消核准校數的限制。從表8可以看出86、87兩個學年度核准改制的校數尚能控制在10校之內，到88、89兩個學年度核准改制的校數合計達36校，占了此一政策推動之前（84學年度）全國專科學校總校數的48.6%（36/74）。由於專科改制技術學院，仍可保留專科部，初期教育部似乎也嚴格限制改制的技術學系招生名額，所以從85學年度到90學年度專科生的總數僅減少5,546人。民國91年教育部依照總量管制原則，訂頒「技專校院增減、調整

所系科班招生名額審查原則」，除了特殊管制項目外，賦予學校自主調整的彈性，對於專科部的招生僅限制公立學校專科部停招為特殊管制項目。以致90到95學年度，專科生的總數從406,841人劇減至153,978人，且私立學校所占比重也提升到90.16%，註定國內專科教育的快速崩解。

　　專科學校改制技術學院有一些正面的價值，依照規定申請改制學校必須在評鑑、師資、設備各項條件上符合規定。許多私立學校為爭取改制必須大量擴增校地、校舍、設備，普遍私立技專校院在軟硬體設施及辦學品質上都有明顯的提升。但改制為技術學院並無專屬的法規，學校的組織及運作都必須依循適用於一般大學校院的《大學法》，另配合改制技術學院大量增聘具有博士學位的師資，卻未必具有實務的經驗，也導致專科教育原有務實致用的特色在升格改制技學院後反而逐漸消失。

五、技術學院改名科技大學效益之評估

　　在國內社會評價普遍認為獨立學院不如大學的價值引導下，教育部自86學年度起開放技術學院改名科技大學。依照當時的《大學法施行細則》規定，大學必須有三個以上的學院。在民國87年的「教育改革行動方案」中教育部提出：輔導績優技術學院增設人文系所，改名科技大學的方向。

　　從86學年度國內第一所科技大學（同年教育部核准5所科技大學）之後，改名科技大學幾乎成了所有技術學院辦學的首要目標。90學年度國內有12所科技大學，到100學年度科技大學的總數已達51所，今年（106學年度）科技大學總數更是達63所，全國的技術學院則只剩下11所，公立技術學院更是僅剩1所。至此，私立的技術學院在面對少子女化激烈的招生競爭下，幾乎已無生存空間。

　　技術學院改名科技大學雖然現行《大學法》或《大學法施行細則》中已無大學必須有三個以上學院之規定，但每所技術學院改名科技大學後還是朝向領域擴增的方向發展。再加上教育部總量管制的鬆綁，學校為了招生的考量，大量擴增餐飲及服務業相關領域的科系。過去以製造

業爲主的技職教育逐漸與產業需求脫節，技職體系中科技大學的特色也逐漸模糊。

伍、結語

民國80年代起，在社會的期待與需求下，暢通技職體系升學進路成爲影響國內技職教育發展最重要的關鍵。高職逐漸轉爲以升學爲導向。也導引專科學校的升格改制，專科教育逐漸萎縮，科技大學成爲高等技職教育的主流。

暢通技職體系升學進路的需求是無法阻擋的，重點在於如何做好妥適的規劃，使得技職教育能更爲精進，但顯然有太多值得檢討之處：

一、暢通技職體系升進路是否應更鼓勵採隨進隨出的方式，讓技職體系學生在職場與學校間建立一個通暢的終身學習機制，而非以傳統直達車的方式一路學習到底再進入職場，讓學習更契合職場及個人之需求，而非只是爲了獲取學位文憑。

二、當高職轉向以升學爲導向時，如何調整課程，讓將以升學爲規劃的高職學生，未來進入技術學院或科技大學時，所學的能夠妥適銜接。

三、在推動專科改制技術學院時，如何讓優質的專科繼續存在，顯然透過改制後的技術學院或科技大學附設專科的方式，只會讓專科弱化。政府應該重點選擇保留幾所公立專科學校，並給予更多資源的投入，與產業密切合作，使其成爲專科教育的典範。

四、究竟國內所需要的什麼樣的技術學院和科技大學？民國63年成立的臺灣工業技術學院（現今的臺灣科技大學）是否就是國內所期望的技術學院典範？政府應該有更清楚的圖像，並依此設計學校的組織及運作規範。最可惜的就是，雖然國內早自民國70年代爲因應建立技職教育一貫的體系就倡議訂立技職教育專法，以作爲技職一貫體系學校運作規範，但對於是否要制定「技術職業校院法」技職體系的學校都無法建立共識，遲至民國104年才完成《技術職業教育法》的立法。在民國80年代中期爲暢通技職體系升學進路而大量改制的技術學院與科技大學都只能依循《大學法》作爲組織及運作的規範，自然會逐漸朝學術化

傾斜。

參考文獻

林俊彥、黃萬成（2001）。**臺灣高等教育大眾化趨勢與技職教育人力發展規畫之探討**。2001海峽兩岸高職（技職）教育學術研討會論文集，pp.698-709。深圳：深圳職業技術學院。

郭為藩（2004）。**轉變中的大學：傳統、議題與前景**。臺北市：高等教育出版社。

張一蕃（1995）。**技術學院的模糊觀**。載於國立臺灣工業技術學院（主編），高等技職教育之回顧與前瞻，pp.84-88。臺北市：國立臺灣工業技術學院。

教育部（2014）。**第五次中華民國教育年鑑**（電子書）。臺北市：國家教育研究院。

教育部（2014）。**第六次中華民國教育年鑑**（電子書）。臺北市：國家教育研究院。

教育部（2014）。**第七次中華民國教育年鑑**（電子書）。臺北市：國家教育研究院。

教育部（2017）。**中華民國教育統計**。臺北市：教育部。

黃政傑（2000）。**技職教育的發展與前瞻**。臺北市：師大書苑。

第五章

近三十年來中等教育職業群科課程之評析——以工業類為例

饒達欽

佛光大學資訊應用系講座教授

賴慕回

亞東技術學院通識教育中心兼任助理教授

壹、前言

中等教育階段的職業教育係指高級職業學校及綜合高級中學，民國102年公布之《高級中等教育法》已將高級職業學校改為「技術型高級中等學校」及「綜合型高級中等學校」，故本文間用「職業學校」名稱，以符民國102年前之學校名稱現況。文內先撰述臺灣職業教育課程演變之始末，繼之引介美、日兩國職業教育課程之設計，及對我國職業群科課程評析，末再提出興革建議。

臺灣職業教育之濫觴始於清朝劉銘傳巡撫在臺北創設「電報學堂」，培養電信技術人員（饒達欽，1995）。日本據臺時期，總督府設立「鐵道科」及「電信科」培養此兩類職業人員，1919年成立「臺北工業學校」培養十種類工業技術人才，如下說明：

1. 機械、工作機械、蒸氣機、舶用機、內燃機、精密機械、製造用機械、水力機械、製圖、木模、鑄工、鍛工、兵器、造船。

2. 電力、電機、通訊、鐵路電力、照明。

3. 土木、鐵路、河港、橋梁、水道、水力、測量。

4. 建築、木石、石工、塗工、鉛工。

5. 採礦、採岩、石油、選礦、冶金、製鐵。

6. 應用化學、分析、塗料、製藥、釀造、製革、油脂、製紙。

7. 電力化學、電鑄、電鍍、電解。

8. 窯業、製陶、陶畫、琺瑯、玻璃。

9. 染織、染色、機織、紡紗、織物整飾、製絲。

10. 其他金屬工藝、木材工藝、金雕、鑄金、鍛金、模型、玩具、家俱、漆工、圖案、雕刻、印刷、製版等。

上述科別及行業林林總總，較目前職業教育科別種類為多，足見臺灣的職業教育奠基於日據時期。臺灣光復之後，職業教育課程歷經數次改革與修訂，其中以民國44年工業類之「單位行業」（unit trade）科，改變幅度最大，係因當時為加速經濟發展增加技術人才需要，接受美國賓州大學之建議而採行。

表1為單位行業之教學科目及時數表。專業科別係以機工、板金、

鑄工、木模、汽車、電工、電子、木工、管鉗及印刷爲主，實習爲2天15小時，相關科目爲識圖或製圖以及行業數學。民國53年、58年、63年、70年又陸續修訂，民國70年修訂之課程已發展了38個工科，相較於日據時代之專業，不遑多讓。

表1　單位行業教學科目及時數表

課程類別	學年 時數　　學期 科目	一		二		三	
		一	二	一	二	一	二
普通科目	三民主義					2	2
	公民	1	1	1	1		
	國文	4	4	4	4	4	4
	外國語（英語）	2	2	2	2	2	2
	體育	1	1	1	1	1	1
	軍事訓練	3	3	3	3	3	3
	公民訓練	1	1	1	1	1	1
	週會						
相關科目	包括行業數學、相關科學、識圖或製圖等科目，由各校參酌情形酌予設置	7-9	7-9	7-9	7-9	7-8	7-8
專業科目包括教學及實習	板金工教學及實習 機工教學及實習 鑄工教學及實習 木模教學及實習 汽車修護教學及實習 電工教學及實習 木工教學及實習 電子工教學及實習 管鉗工教學及實習 印刷工教學及實習 上述各科目由各校依照設置之「單位行業科」之類別分別編列	15	15	15	15	15	15
	每週教學總時數	34-36	34-36	34-36	34-35	34-36	35-36

資料來源：饒達欽（1995）。

貳、職業群集課程萌發與演進

民國70年後，正值美國生涯（計）教育（career education）興起，職業群集概念（career cluster）的課程規劃概念被學者引入。教育部乃於「工職教育改進計畫」第十五次會議中決議將類科歸併，調整為機械、電機電子、化工、土木建築及工藝五大類群，此為中等教育職業群科課程之萌發（饒達欽，1995）。

根據民國74年召開的工職課程修訂委員會第三次會議，會中決議：「新修之群集階梯式課程並非純粹之群集式或階梯式課程，傳統單位行業式課程亦非純粹單位行業課程，……不宜再稱為群集式課程或單位行業式課程，以免外界誤解；以後稱甲類課程（偏重群集階梯式）及乙類課程（偏重單位行業式）為宜。」（教育部，1990）故總計完成工業類五群甲類十七科、乙類二十六科之設置，如下說明：

1. 機械群

甲類：機械、鑄造、汽車、板金等四科。

乙類：機工、機械木模、鑄工、機械製圖、汽車修護、板金、配管、模具、工程機械修護等九科。

2. 電機電子群

甲類：資訊、電子、控制、電機、冷凍空調等五科。

乙類：電工、電子設備修護、電器冷凍修護、儀錶修護、電訊等五科。

3. 土木建築群

甲類：土木施工、建築、家具木工、測量、營建配管等五科。

乙類：建築、建築製圖、家木工、土木測量、水電、營建等六科。

4. 化工群

甲類：化工科。

乙類：化工、染整、紡織（分機紡、機織、針織等三組）、礦冶（金屬工業組）等四科。

5. 工藝群

甲類：美工、印刷等二科。

乙類：美工、印刷等二科。

至於商業、農業、水產、家事、護理等類並未有此模式與架構，其課程之修訂亦非以「群集」為導向，故難以有充足文獻可資敘述並佐證「群集」之屬性。日後之課程修訂雖冠以「群」之字眼，實乃張冠李戴之誤！

當時甲類課程指偏重群集階梯式的課程，其中「階梯式」係指部分學校課程，融合西德階梯式學徒訓練課程之特色，例如：三重商工、瑞芳高工等職業學校。此種具「群集」與「階梯」雙重特質的設計卻是缺乏具體架構及其學理論述，形成日後「虛群實科」的「偽」性包裝，與不願意改進的「抱殘守缺」心態。

近40年來，教育行政主管一再以鴕鳥心態（ostrich syndrome）應付課程改革，花了數十億元（粗估）經費做枝節性的修修改改。嚴重缺乏與科技、產業潮流及工作變遷呼應的實質結合，以致中等職業教育畢業生，紛紛以升學為鵠的，學校也以「高升學率」為光榮，形成「專技為升學所用」而「非為產業舉才」之弊端，禍延至今日！

如前所述，甲類課程係加強基礎學科，以培養學生適應變遷及自我發展能力。乙類則偏重專業技術之養成，以培育熟練之行業技術基層人員。實則，二者均逐漸以「升學」為導向，真正較符合就業目的是「建教合作」班及「實用技能班」（延長以職業教育為主的國民教育班）。一般日間部學生均以「升學」為目標，就業者實為少數！

此兩類課程皆強調「先廣後專」之教學，第一年為基礎課程，第二年為專業課程，第三年為實用或特別精實技能課程。又因美國之群集課程採「能力本位」（competence-based）設計，亦將其精神納入。可惜的是，當時我國各行各業均無職業能力（competence）之概念與工作內涵，各類科課程之規劃，對「能力」兩字實係望文生義，由大學學者與職校老師自行研發「能力」，形成「橘逾淮為枳」或「東施效顰」反類犬之現象。

民國70年代，中等教育之職業學校，除工業類外，尚有商業、農

業、海事水產、護理、家事及藝術等類，商業類、水產類、家事類皆聲稱以「先廣後專」的群集理念及「能力本位」精神，以規劃課程及教育教材，然與工業類相同，亦無論述、架構及後續接軌項目，徒留「口號」與「形式」。其間，當時的臺灣省教育廳雖然引入許多美國的職業教育專書並翻譯之，可惜均是「僅供參考」。至於政府官員及學者到美國參訪學校的報告也是酌供上級參考而已，實在可惜！

底下將以工業類之電機電子及機械兩群做評析。

參、工業類「電機電子」及「機械」群科範疇之思辨

由於職群課程以「電機電子」及「機械」兩類之規劃為主體，故本文先探究此兩群科目之安排，並加以評析：

一、電機電子群

茲以民國75公布之電機電子群課程標準之示例做評析（教育部，1986a）：

電機電子群包括電機科、電子科、控制科、冷凍空調科及資訊科等五科，其專業技能方面之課程結構為：

1. 共同專業必修科目

基本電子（3,3）、製圖（3）、機械大意（3）、電子學（一）（二）（2,2）、工業基礎實習（8,8）。（括弧內為學分數）

2. 各科專業必修科目

(1)資訊科：電子學（三）（四）（3,3）、數位電子學（3,3）、資訊技術（一）（二）（三）（3,3,3）、系統技術（一）（二）（3,3）、電工數學（3）、資訊技術實習（一）（二）（三）（四）（8,8,10,10）。

(2)電子科：電子學（三）（四）（3,3）、數位電子學（一）（二）（3,3）、電子儀錶（一）（二）（3,3）、電視原理（3）、感測器（3）、工業電子電路（4）、電工數學（3）、電子實習（一）（二）（三）（四）（8,8,10,10）。

(3) 控制科：電子學（三）（四）（3,3）、數位電子學（一）
　　（二）（3,3）、電工機械（3,3）、控制實習（一）（二）
　　（三）（四）（8,8,10,10）、電子儀錶（一）（3）、電工數學
　　（3）、自動控制（3）、介面電路（3）、數位控制（3）。

(4) 電機科：電工機械（3,3）、電儀錶（3）、電力設備（3）、
　　電子電路（3）、工業電子學（3）、輸配電（3）、自動控制
　　（3）、電工數學（3）、工業配電（3）、電機實習（一）
　　（二）（三）（四）　　（8,8,10,10）。

(5) 冷凍空調科：電工機械（3,3）、工業電子學（3）、機械概論
　　（3）、冷凍工程（3,3）、電工數學（3）、電工製圖（3）、
　　冷凍空調設備製圖（3）、空調工程（3,3）。

　　從上述專業科目之分析，各科專業必修科目之電工數學（3）皆相
同。同理，資訊、電子及控制三科之電子學（三）（四）及數位電子
學（一）（二）（3,3）；電機、冷凍空調二科之工業電子學（3）、電
子電路（3）等均屬相同或類似內容之科目。此說明科與科間相似性頗
高，故課程相疊性自然增多。

　　其他在選修科目中，各科之必修之科目或為他科之選修科目，在課
程大綱標準中均註明採用相同之內容，只不過是「必」、「選」修異
位而已。例如：資訊科之電子儀錶（選修）採用電子科之教學大綱；電
子科之機械概論（選修）採用冷凍空調科之機械概論「必修」；控制科
之感測器（選修）採用電子科感測器（必修）等等。再舉例如下：電子
科與資訊科之選修科目幾乎相同，包括了─數位電視、通訊電子學、微
電腦周邊設備、專題製作、工業英（日）文、機械概論、錄放影機原
理、事務機器原理、自動控制等。其中，工業英（日）文及自動（伺
服）控制均為各科之選修科目，機械概論為冷凍空調科之必修，其他四
個科則列為選修，諸此種種，行政分科獨立教學實屬牽強！

　　基本上，電機電子群之共同必修科目在高中二年級仍有大比例之內
容，「科」之設立可改為分「組」，以共用資源並簡化行政程序。很
可惜當時之思維仍停留在「單位行業」之心態，行政上也不願做整合或
綜合，以致疊床架屋。合理而言，大部分課程相同或雷同，就是一個群

體，在此群體中之課程規劃：高一為共同科目，高二及高三才分組、分專業才對！

二、機械群

民國75公布之機械群課程標準內容做評析（教育部，1986b）：

機械群包括機械科、鑄造科、汽車科及板金科等四科，其專業技能方面之課程結構為：

1. 共同專業必修科目

機械製造（2,2）、機械材料（2,2）、電工大意（1,1）、機械製圖（3,3）、機械基礎實習（8,8）（車鉗8週、板金4週、內燃機3週、鑄造3週）。（括弧內為學分數）

2. 各科專業必修科目

(1) 機械科：機件原理（2,2）、機械製圖（3,3）、工業安全與衛生（1）、氣油壓概論（2）、工業英文（1,1）、熔接學（1,1）、鑄造學（1,1）、精密量測（2）、工模與夾具（1）、機工實習（8,8）。

(2) 鑄造科：機械原理（2,2）、機械製圖（3,3）、工業安全與衛生（1）、工業英文（1,1）、熔接學（1,1）、鑄造學（2,3）、精密量測（1,1）、鑄造實習（4,4）、木模實習（4,4）。

(3) 汽車科：機件原理（2,2）、工業安全與衛生（1）、氣油壓概論（2）、電子學（3）、汽車學（一）（二）（3,3）、工業英文（1,1）、熔接學（1,1）、精密量測（1,1）、汽車實習（8,8）。

(4) 板金科：機件原理（2,2）、機械製圖（3,3）、工業安全與衛生（1）、氣油壓概論（2）、工業英文（1,1）、熔接學（3）、鑄造學（1,1）、精密量測（1,1）、板金實習（8,8）。

從上述專業科目之分析，除工模與夾具為機械科獨有，電子學、汽車學為汽車科獨有，又鑄造學、氣油壓概論為機械、汽車與板金3科所共有；至於機械原理、機械製圖、工業安全與衛生、工業英文、熔接

學、精密量測等6個科目皆為此4科共同科目。

至於選修科目方面：機械力學、自動化概論、工廠管理、工業英文、鍛造學、動力機械、數學、熱處理等為此4科之共同選修科目；機械製圖、數值控制機械為機械、鑄造、板金3科之共同科目，機械設計大意為機械、鑄造2科共同科目，由此足見，機械群之共同及各科必修科目及共同選修科目均大部分雷同，其性質較特殊者，惟汽車科之汽車學（一）（二）（三）（四）、汽車材料、交通法規、汽車空調、汽車駕駛等科目。同理，若以「群」之角度視之，實無分「科」之必要，可以「組」別取代之。因此，高二及高三年級採分組教學即可！

總之，民國70年代課程之修訂，主事者囿於現況，不敢大刀闊斧做整合或採行綜合課程設計，使「單位行業」之格局，年復一年仍框罩在新制上，以致空有「群」之名，實則仍是「科」之分割而分立，太可惜了！

上述兩群課程中，不難發現各教學單位為自立門戶，仍採「單位行業」的行政分科建置，卻減少實習時數，增加「專業科目」：這些專業科目在「科」與「科」間相同或雷同者甚多。況且，在僵化行政體制中，科與科間之「門戶」實難打破，例如：師資應歸「群」，設備應歸「群」，但仍是「科」「科」獨立自主，此致重複建置，浪費資源與公帑，令人長嘆！

肆、民國75至97年間課程修訂脈絡

繼民國75年職群課程修訂後，又於民國90年及96年之89學年度及95學年度，進行課程修訂，如表3所示。89學年度高職課程正式分為7大類70科，95學年度另依專業屬性分成15群。

在此期間，民國75年之群集課程仍能適用，一直到目前為止均定調於此。往後陸續之改革，只是「群」、「科」之微調，並不異動實質之課程架構及學科科目。

表3　高職課程標準暨設備標準修訂沿革

實施學年度	名稱	特點		說明
40	暫行各類職業學校課程標準	初級	以培養各種初級技術人員為主，其課程應注重實際技能訓練	·民國40年教育部陸續公布施行各類職校暫行課程標準。美援教育開始對工職援助 ·陸續推動單位行業課程
		高級	以培養各種中級技術人員為主，其課程應注重實際技能訓練外，並兼顧基本理論之講述	
53	各類職業課程標準	實施單位行業訓練課程教學，用以改善以往偏重理論，忽略技能訓練之教學活動，積極培育經建發展所需基層技術人力		
63	各類職業課程標準	小幅修改		·專科學校改招高職生 ·成立技術學院招收專科生
75	高級職業學校課程標準	工業類單位行業訓練課程改為職業群集教育課程，分甲、乙兩類課程		·分類陸續公布 ·甲類課程強調學生適應變遷及自我發展能力之培養 ·乙類課程強調專業技術之養成，以提升技術水準
89	高職新課程標準	高職分成7大類70科		·工業類採群集精神設計
95	職業學校群科課程暫行綱要暨設備標準	依專業屬性分15群，規劃群核心課程，強化學校本位課程		·定位暫行綱要 ·以「虛群實科」為規劃
99	職業學校群科課程綱要暨設備標準	共同核心課程必修48學分		·以能力本位為課程規劃之核心，強化學生專業技術能力。

資料來源：教育部技職司（2005）；教育部（2012）；曾璧光（2014）。

　　民國97年3月，教育部令修正「職業學校群科課程暫行綱要」為「職業學校群科課程綱要」，民國98年11月職業學校群科課程推動工

作圈第17次會議修正「群」「科」名稱，如表4所示。此表配合《高級中等教育法》，正式定位「群」之行政機制，工業類中新出現「動力機械群」（含5個科），原先的「工藝群」則擴大為「工藝群」之大群（含11個科），新增「外語」群（2個科），及新增「設計」群（含9個科）；「食品」群（含3個科）係由農業群分出；餐旅群（2個科），海事水產分成2個群（海事群、水產群），各群有2個科；商業群則易名為「商業與管理」群（11個科）（教育部，2012）。

　　由此發現有些「群」中含有11個科別，有些「群」卻只有2個科，論其體例與組織實不相配！例如：海事群只有2個科，水產群亦只有2個科，難道不能合組一大群，改稱「海洋」群嗎？或將水產群併入農業群中？

表4　職業學校群科歸屬表

群別	現有科別	96年起核准試辦
機械群	機械科、模具科、製圖科、鑄造科、板金科、配管科、機械木模科、機電科、生物產業機電科	電腦繪圖科【99試辦】
動力機械群	汽車科、重機科、農業機械科、飛機修護科、動力機械科	
電機與電子群	電機科、電子科、資訊科、（電子通信科）、控制科、冷凍空調科、航空電子科	
土木與建築群	土木科、建築科、消防工程科	
化工群	化工科、染整科、紡織科、（環境檢驗科）	
商業與管理群	（文書事務科）、商業經營科、國際貿易科、會計事務科、資料處理科、農產行銷科、航運管理科、流通管理科、（水產經營科）、電子商務科、（不動產事務科）	
外語群	應用外語科（英文組）、應用外語科（日文組）	
設計群	金屬工藝科、室內空間設計科、美工科、（家具木工科）、廣告設計科、室內設計科、圖文傳播科、陶瓷工程科、家具設計科	多媒體設計科【98試辦】

表4（續）

群別	現有科別	96年起核准試辦
農業群	農場經營科、畜產保健科、森林科、園藝科、造園科、野生動物保育科	
食品群	食品科、食品加工科、水產食品科	
家政群	家政科、服裝科、美容科、幼兒保育科、時尚模特兒科、流行服飾科（新設）	照顧服務科【96試辦】
餐旅群	觀光事業科、餐飲管理科	
海事群	航海科、輪機科	
水產群	漁業科、水產養殖科	
藝術群	音樂科、西樂科、國樂科、舞蹈科、美術科、影劇科、電影電視科、表演藝術科、戲劇科、多媒體動畫科、時尚工藝科	

說明：1.電子通信科、環境檢驗科、文書事務科、水產經營科、不動產事務科、家具木工科，目前無學校設置。

2.藝術群中：京劇學系（科）、歌仔戲學系（科）、戲曲音樂學系（科）、客家戲學系（科）、民俗技藝學系（科）、劇場藝術學系（科），目前正申請審核中。

資料來源：教育部（2009）；教育部（2012）。

民國98年課綱，在工、農、商、家、海、藝術六大類中，形成15群83科，陣容過於繁雜龐大，實有枝節繁茂缺乏整合之憂！由於群科課程之法制關係正式成立，故教育部在課程綱要中訂定了：群教育目標及群核心能力。群教育目標為：

1. 培養學生具備該群共同核心能力，並為相關專業領域之學習或高一層級專業知能之進修奠定基礎。

2. 培養健全該群相關產業之初級技術人才，能擔任該群領域有關之各項工作。

群核心能力則分為：一般能力及專業能力，一般能力有3個項目，如下：

1. 生活適應及未來學習之基礎能力。

2. 人文素養及職業道德。

3. 公民資質及社會服務之基本能力。

至於各科教育目標之規範則為：「各校應依據職業學校教育目標、群教育目標、學校特色、產業與學生需求及群核心能力等條件，訂定明確之科教育目標」，此顯示科為群之從屬性及附隨性質。表5顯示動力機械、機械與電機電子群3個群之核心專業能力，仔細檢視3個群之專業能力，似屬共同性質者多，例如：

1. 工具、設備、機具能力。

2. 識圖與製圖能力。

3. 檢查、調查、保養、維修能力。

4. 法令、手冊、工安等能力。

5. 操作與製造、問題解決能力。

6. 產業概況能力。

由此發現，工業類之機械、動力機械、電機電子三大群之核心能力，應有一致性體例與敘述。舉凡工具儀錶、設備等之操作技術、檢修與運用等。實際上，此三群都是各寫各別的群核心能力，章法紊亂，缺乏統整，以致無法顯現「群」之特徵與核心共同能力，故實令人難以苟同其核心內涵。

表5　動力機械、機械與電機電子群之專業核心能力

動力機械群	機械群	電機電子群
1. 具備使用基本工具、量具與設備之能力。	1. 具備機具設備操作之能力。	1. 具備電學觀念與電路裝配、分析、設計及應用之能力。
2. 具備使用專業軟硬體處理資料之能力。	2. 具備機械識圖與製圖之能力。	2. 具備應用計算機解決問題之能力。
3. 具備使用電子檢測儀器之能力。	3. 具備檢驗與量測之能力。	3. 具備使用基本工具、電機與電子儀器及相關設備之能力。
4. 具備機械工作之能力。	4. 具備機械加工與製造之能力。	4. 具備保養、維修電機與電子儀器及相關設備之能力。
5. 具備機電識圖與製圖之能力。	5. 具備機電系統操作及維護之能力。	
6. 具備保養動力機械設備之能力。	6. 培養多元進修之能力。	

表5 （續）

動力機械群	機械群	電機電子群
7. 具備檢查與調整機電之能力。 8. 具備更換機電設備零組件之能力。 9. 具備查閱中英文修護手冊之能力。 10.具備工作安全衛生知識與環保素養。		5. 具備查閱專業使用手冊、認識接線圖或電路圖之能力。 6. 能了解相關專業法令規章。 7. 具備維護工作安全及環境衛生之能力。 8. 能了解產業發展概況。

資料來源：楊朝祥、李大偉（2006）。

　　上述再研修「群」、「科」之定位與分類時，其課程內之教學科目均難有變動，各校常率由舊章運作。

　　民國102年以《高級中等教育法》第6條，既賦予「除單科型高級中等學校外，得設群、科、學程」之法源（教育部，2013），故「群科」課程已非「虛群實科」，應是「實群實科」之格局與運作才對！抑或理想上是「實群」「虛科」並存？耐人尋味？

　　在此之前，楊朝祥與李大偉教授（2006）接受教育部技職司委託，在「職業學校類科整合模式之研究」期末報告中，特別指出：「機械群」、「動力機械群」、「電機群」、「資訊電子群」、「土木與建築群」、「化工群」、「經營管理群」、「資訊管理群」、「設計群」、「農業事務群」、「食品生技群」、「家政群」、「觀光群」、「漁業事務群」、「水產事務群」、「藝術群」等16群為最佳之整合模式，其建議並未獲教育部採納？恐係「群科」範圍異動較大，且涉及四技二專統一入學考科之規劃，諸此原因，使行政單位不敢做有幅度性之修正。

　　繼98課綱之後，106年度剛出爐之「技術型高級中等學校課程綱要發展說明」又將群科加以微調，如表6所示，分成七大類15群及92科別。92科別似乎是囊括重要行職業之技術領域，不禁令人懷疑是職業教育？抑或職業訓練？若科科專精技能愈形重要，則「群」之統合功

能何在？高中階段學生需要被「定位」於「一尊」的狹域中，是否得宜？頗值深思！

表6　技術型高級中等學校群科歸屬表

類別	群別	科別	科數
一、工業	01機械群	機械科、鑄造科、板金科、機械木模科、配管科、模具科、機電科、製圖科、生物產業機電科、電腦機械製圖科	10
	02動力機械群	汽車科、重機科、飛機修護科、動力機械科、農業機械科	6
	03電機與電子群	1.電機類：電機科、控制科、冷凍空調科 2.資電類：電子科、資訊科、航空電子科、電子通信科	8
	04化工群	化工科、紡織科、染整科、環境實驗科	4
	05土木建築群	土木科、建築科、消防工程科、空間測繪科	4
二、商業	06商業管理群	商業經營科、國際貿易科、會計事務科、文書事務科、不動產事務科、流通管理科、資料處理科、電子商務科、農產行銷科、水產經營科、航運管理科	11
	07外語群	應用英文科、應用日語科	2
三、設計	08設計群	家具木工科、美工科、陶瓷工程科、室內空間設計科、圖文傳播科、金屬工藝科、家具設計科、廣告設計科、多媒體設計科、室內設計科、多媒體應用科、美術工藝科	12
四、農業	09農業群	農場經營科、園藝科、森林科、造園科、野生動物保育科、畜產保健科	6
	10食品群	食品加工科、食品科、水產食品科、烘焙科	4
五、家事	11家政群	家政科、幼兒保育科、服裝科、美容科、時尚模特兒科、流行服飾科、時尚造型科	7
	12餐旅群	餐飲管理科、觀光事業科	2

表6 （續）

類別	群別	科別	科數
六、海事水產類	13水產群	漁業科、水產養殖科	2
	14海事群	輪機科、航海科	2
七、藝術類	15藝術群	戲劇科、音樂科、舞蹈科、美術科、影劇科、西樂科、國樂科、電影電視科、表演藝術科、多媒體動畫科、時尚工藝科、劇場藝術科	12
		合計科數	92

資料來源：教育部（2017a）；教育部（2017b）。

伍、十二年國民基本教育技術高級中等學校之群集課程

十二年國民基本教育之高級中等學校分為四種類型：1.普通型、2.技術型、3.綜合型及4.單科型。課程分為「部定」及「校訂」兩大類型，「部訂」課程與國家統一規劃，校訂課程係與部定課程配合而發展學校本位特色。十二年國民基本教育課程總綱之特色為：「適性揚才」成就每一個學生，「素養導向」的通識與全人教育，「自發、互動、共好」的理念，課程架構注重「多元彈性」，主張「高一統整、試探」、「高二試探、分化」、「高三分化、專精」且不刻意強調分化階段。

圖1為技術型高級中學課程架構（洪詠善、范信賢，2015），在部定一般科目之說明中，指出「可研擬跨科之統整型、探究性或實作型課程內容」；在部定專業及實習科目之說明中，亦指出「新增技能領域實習課程，擷取群中數科共通基礎技能，培育學生跨科別之基礎實作能力」；在校訂專業及實習科目中，特別指出「規劃就業導向之學校本位課程，奠定學生基本就業能力」；另有校訂必修之「專題實作」科目以加強學生統整及創新或解決問題能力。

圖2又補充技術型高中課程架構之特色，在連貫統整特色中指出，「奠定學生銜接技專校院之學習基礎」及「落實群科專業與一般科目之聯結」；在彈性活力的特色中指出，「強化學校本位特色課程」並

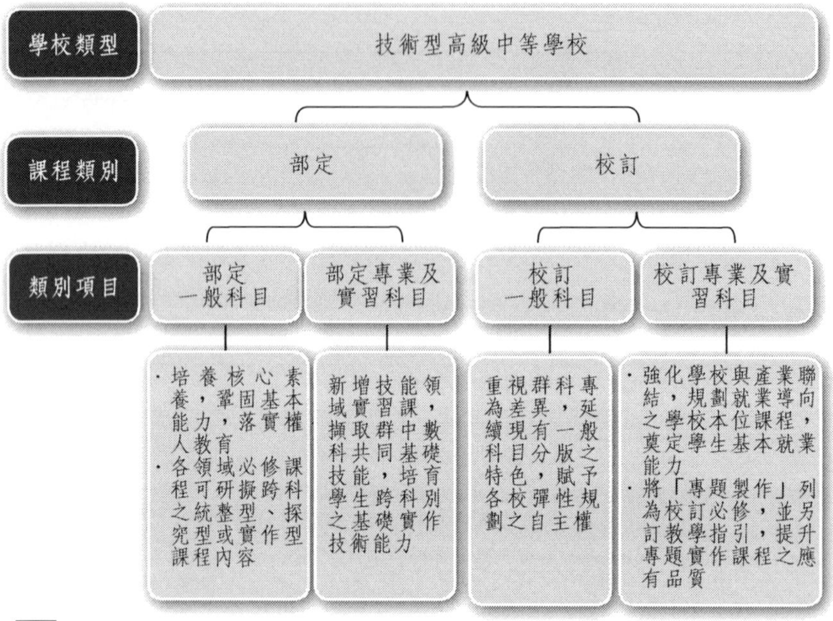

學校類型	技術型高級中等學校			
課程類別	部定		校訂	
類別項目	部定一般科目	部定專業及實習科目	校訂一般科目	校訂專業及實習科目

部定一般科目
- 培養核心素養，鞏固基本能力，落實全人教育
- 各領域必修課程可研擬跨型、探究型或實作型課程之統整內容

部定專業及實習科目
- 領域，數礎育別作能課中基科技術能力，科跨礎群擷取群同增訓增實新域技學之技能力科

校訂一般科目
- 專業延伸一般科目，規劃有版之予各校特性賦彈性差現分目特重視群科異為為續科規劃之自主權

校訂專業及實習科目
- 強化學校與產業聯結，規劃就業導向之學校本位課程，奠定學生基本就業能力
- 將「專題製作」列為校訂必修，並另訂教學指引，提升專題實作課程之應有品質

圖1　技術型高級中等學校課程架構（圖修改自：洪詠善、洪信賢，2015）

全人教育
1. 注重五育均衡發展
2. 以學生為主體，充分發展個體潛能

素養導向
1. 深化三面九項之核心素養培育
2. 聯結十二年國教領域核心素養課程

連貫統整
1. 落實群科專業與一般科目之聯結
2. 奠定學生銜接專技校院之學習基礎

十二年國民基本教育
技術型高級中等學校
課綱發展方向

配套整合
1. 法規研修
2. 宣導說明
3. 課程與教材
4. 教師研習
5. 設備需求
6. 考試與招生

多元適性
1. 鼓勵群科技能領域課程之建構
2. 導入產業實務情境之課程內涵
3. 導引學生產業體驗及職場實習
4. 完備學生畢業就業之能力培養

彈性活力
1. 強化學校本位特色課程之發展
2. 推動學校本位課程與產業對應

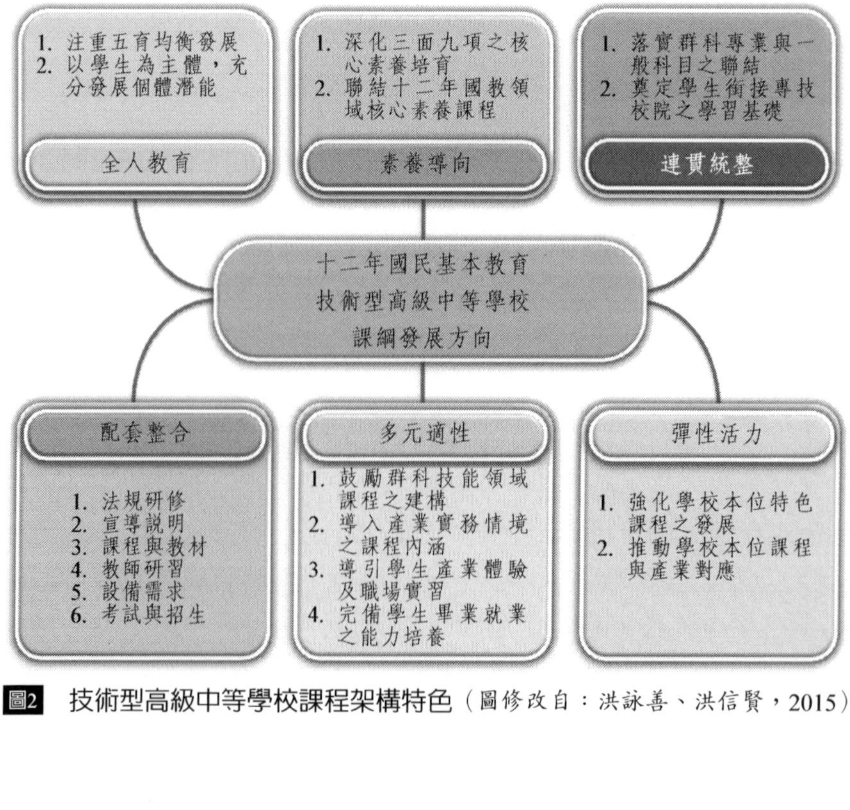

圖2　技術型高級中等學校課程架構特色（圖修改自：洪詠善、洪信賢，2015）

與「產業對應」。揆諸特色皆用心良苦，但與事實脫節。例如：目前技術型高中以「升學」為鵠的，所以與技專校院之銜接非常重要，一旦「升學掛帥」，「升學考試」以學科知能為主之測驗，必定削弱學校與產業之聯結，則如何奠定學生基本就業能力，以及更上一層樓的導引學生「產業體驗及職場實習」將落空！無法做到「完備學生專業就業之能力培養」，此「多元適性」特色，將易變成空中樓閣。況且，回溯民國75年公布之群集階梯式課程規劃，其精神與理念與十二年國教並無差異！30年後之課程修訂仍是「口號」時，將不免重蹈覆轍，委實可惜！

　　反觀，若從美國與日本在職業教育課程之規劃與設計，必可讓我們反思改進，而非閉門造車。

陸、美、日兩國中等教育職業群集課程之示例

一、美國

　　美國是職業群集最早倡議與實施的國家，2001年6月1日啟動了全國性的「職業生涯群（Career Cluster）計畫」，投入500萬美金，由各州職業生涯與技術教育主管聯盟的全國性協會（The National Association of State Directors for Career and Technical Education Consortium, NASDCTEC）主司其事。每一個職業生涯群（簡稱職權）由一個州或研究單位來負責，如表7所示，例如：賓州負責建築與營建職群，猶他州負責健康科學職群，印地安那州負責製造職群。每一職群有一州指導委員會，整個16個職群，又有一個全國性的指導委員會，二者共同合作發展每一職群之架構、進路與共同性的基礎知識與技能，以及其他支援性材料。歷經兩年多，終於在2003年6月30日公諸全美各界，讓教育界、企業界及其他相關人士使用（饒達欽、饒嫚琳，2006）。

表7　16個職業生涯群及負責發展之各州對照表

州名	職群名稱
愛達荷州及愛阿華州（Idaho & Iowa）	農業、食品與自然資源職群（agriculture, food & na-tural resources）
賓州（Pennsylvania）	建築與營建職群（architecture & construction）
俄亥俄州（Ohio）	行銷、販售與服務職群（marketing, sales & service）
北達科達州（North Dakota）	財務職群（finance）
西維吉尼亞州（West Virginia）	觀光與旅遊職群）（hospitality & tourism）
南卡羅萊納州（South Carolina）	企業、管理與行政職群（business, management & administration）
肯塔基州（Kentucky）	人類服務職群（human services）
阿肯色州（Arkansas）	法律、公共安全與保安職群（law, public safety & security）
北卡羅萊納州（North Carolina）	科學、科技、工程與數學職群（science, technology, engineering & mathematics）
密西根州（Michigan）	教育與訓練職群（education and training）
奧克拉荷馬州及華盛頓州（Oklahoma & Washington）	政府與公共行政職群（government & public administration）
猶他州（Utah）	健康科學職群（health sciences）
印地安那州（Indiana）	製造職群（manufacturing）
伊利諾州（Illinois）	運輸、配送與物流職群（transportation, distribu- tion & logistics）
V-TECS聯合委員會（Consortium）	藝術、影音科技與傳播職群（arts, a/v technology & communications）
教育研究中心（Ed- ucational Research Center）	資訊科技職群（information technology）

資料來源：饒達欽、饒嫚琳（2006）。

　　由表7發現，美國並不以工、農、商、海事水產、土木建築、家政、設計、藝術等來分類，例如：

　　1.農業職群是以「農業、食品與自然資源資源」為職群，將水產、食品化工等融入，範圍較廣義。

　　2.土木建築職群是以「建築與營建」為職群，範圍亦較廣義因與實際場域相符。

　　3.電機、電子、機械、動力機械、汽車、板金、鑄造、模具、化工等等，統合在「製造」職群；另配合資訊趨勢發展出「資訊科技」職群，以及「科學、科技、工程與數學」職群，且若以「運輸、配送與運籌」職群與臺灣的「動力機械」群比較之，臺灣的動力機械群實在太狹隘了。

　　4.美國的「財務」職群、「企業、管理與行政」、「行銷、販售與服務」三個職群與臺灣的「商業與管理」群相似，但三個職群的綜合範圍是更廣更大！

　　5.美國的「觀光與旅遊」職群與臺灣的「餐旅」群（只有觀光事業、餐飲管理二個科）的範圍更大。

　　6.美國的「藝術、影音科技與傳播」職群比起臺灣的「藝術」群（以表演為主），範圍又寬廣很多。

　　上述說法，何以認為美國之職業群範圍較廣，特再舉數例仔細說明如下：

　　1.農業、食品與自然資源職群泛指與農產品、農業資源有關的生產、處理、行銷、配送、財務及其發展相關之工作，分為七大進路之專域，如圖3所示，舉例說明各專域之職業如下：

　　(1)食品及其處理系統：食品科學家、細菌學家、食品及藥品檢驗員、毒物專家、生化專家、肉類專家等。

　　(2)植物系統：植栽及遺傳專家、土壤及水利專家、植物學家、樹醫、教育及推廣專家、溫室專家、森林及遺傳專家等。

　　(3)動物系統：動物遺傳專家、動物飼養專家、動物科學家、水族專家、獸醫等。

　　(4)動力、結構與技術系統：遙測專家、全球定位系統技術員、

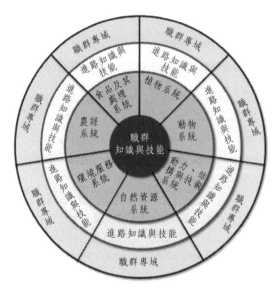

圖3　農業、食品與自然資源職群之架構

電子系統技術員、農業工程師、機械師、焊接員等。

(5)自然資源系統：野生生物管理員／技術員、水資源技術員、自然歷史解說員、漁業人士、森林管理員或技術員等。

(6)環境服務系統：汙染防治管理員、環境抽樣技術員、健康與安衛管理員、災難處理員等。

由此發現，美國的農業職群是以自然資源、食品為基礎，結合GPS定位科技、電機電子機械工程技術，以及環境系統之管理與災難處理為範圍，其整體涵蓋面相當廣大，臺灣則是侷限在農業領域，範圍狹隘；食品又另立食品群，只有5個科。

臺灣過去工廠林立，中小企業眾多，有部分功歸於職業教育的發達與良好的技術及商務人力，因此，工業類、商業類、人力及人才的需才殷切，故機械、電機、電子、化工等人力人才之培育眾多。然均侷限於單位「行業」（unit trade）或太專門之技術且以熟練性（skillful）操作技能為主，圖4係美國職業群之「製造群」內涵。

2.製造職群泛指將物料轉變成半成品、成品過程中之規劃、管

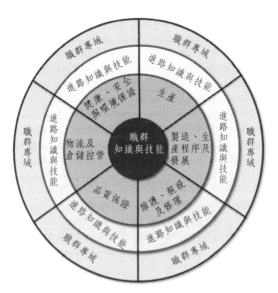

圖4　製造職群之架構

理、執行等工作，以及與其相關之專業與專門技術支援的活動，例如：生產規劃與控制、維護及製造／程序工程等，又分為生產、製造生產與程序發展、維護裝設與修理、品質保證、物流與倉儲控管、健康安全與環境保護等六個專門領域（簡稱專域）。每一專門領域皆包含各式各樣的職業，舉例說明如下：

(1)生產之專域：裝配員、自動化製造技術員、裝訂工、校準技術員、電機設備裝配員、機械工、醫療器材製作者、工具及模具製作者等。

(2)製造、生產與程序發展之專域：設計工程師、精密檢驗師、工業工程師、勞資關係經理、製造工程師、生產管理師等。

(3)維護、裝設與修護之專域：生醫設備技術員、通訊系統裝設／維修員、電腦裝設／維修員、儀錶控支術員、雷射系統技術員、保全系統裝設／維修員等。

(4)品質保證之專域：校準技術員、檢查員、實驗室技術員、程序控制技術員、品質控制技術員、品管工程師等。

(5)物流及倉儲控管之專域：車輛調度員、運輸人員、工業卡車及拖拉機操作員、物流工程師、後勤員、交通管理師、品質控制技術員等。

(6)健康、安全與環境保護之專域：環境工程師、環境專家、安全協調員、安全工程師、安全技術員等。

由此可以發現美國的製造群係統合機械、電機、電子、生醫、工業工程、儀錶、品保、運籌等相關行業技能之應用與運作，其幅度與廣度自然相當龐大。

至於我們的動力機械群與美國的「運輸、配送與物流」職群相比，恐是小巫見大巫，如下說明：

美國製造職群內容龐大，將電機、電子、機械、冷凍空調、控制等工程領域相互納入，我國卻將原本放在機械群的汽車科獨立，另立「動力機械群」，此群62個學校中，95%以上是汽車科，間或有學校另設置「飛機修護科」（4校）、「重機科」（1校）、「農機科」（4校）、「動力機械」（1校）等四科。委實有「拼裝車」之感覺，既無「大器」之觀，又陷於「自我膨脹」之虞。

因其課程除汽車科能與大專校院之車輛工程學系接軌外；若與大專校院「動力機械系」，偏重微機電、奈米科技、流體力學工程、自動控制之屬性，仍有很大之落差！可參見清華大學及虎尾科技大學之動力機械學系之課程（汽車工程並非主要內涵）。

更何況，吳建達（2017）在技術型及綜合高中分組課程審議時報告：「103.9.10動力機械群教學綱要撰寫第四次小組會議中，……擬建議『農業機械科及飛機修護科退出動力機械技能領域』……。」此印證了該群之「拼裝組湊」性質，值得反思！

反觀美國之運輸配送與物流職群，雖與汽車工業相關，但其職群之廣度與發展性更大，如下說明於第3點中。

3. 運輸、配送與物流職群泛指應用各種運輸方式以規劃、管理與

人、物相關之移動，具技術性與專業性，亦與運輸基本設施及物流等相關之工作。分爲七個專域，如圖5所示，舉例說明各專域之職業如下：

(1)運輸作業：飛行員、駕駛、運輸主管、鐵路作業人員、船長、水手等。

(2)物流規劃與管理服務：物流員、工程師、經理、分析師等。

(3)庫存及配送中心作業：庫房經理、工業工程師、勞力工、第一線監督員、卸貨人員等。

(4)設施及移動設備保養：設施保養主管／工程師、工業電氣人員、電子技術員、移動設備保養主管／工程師、電氣／電子裝設人員等。

(5)運輸系統／基礎設施規劃、管理及法規：都市及區域規劃人員、土木工程師、工程技術員、環境檢查員、火車檢查員、公共運輸檢查員等。

(6)健康、安全與環境管理：健康與安全工程師／主管、環境科學與保護技術員／主管等。

圖5　運輸、配送與物流職群之架構

(7)販賣及其服務：行銷經理、販賣經理、出納員、客服人員等。（饒達欽、饒嫚琳，2006）

上述這些專域概括了陸、海、空之作業，以及物流倉儲之配送及後勤管理，並對設備設施硬體人才之維修保養也一一注意。更重要的是，對運輸系統人才之培育及健康安全、商業服務等皆包含納入，體系完整，令人欽佩。

上述之分析得知美國之「職業群」之內涵，係教育部與勞動部的合作孕育而成，反觀臺灣之「群」，只是教育部自身獨立作業所做之象徵性的集合名稱。

（二）日本

日本職業教育的課程設計並非以「群」做規劃，而是採「類」做為範圍，諸如：工業類、情報類、商業類、農業類、福祉類、水產類、家庭類及看護類，共八大類，另有總合學科（與臺灣之綜合高中類組）及普通科（普通高中）。普通科類則為：理數、體育、音樂、美術及英語，這些類別通稱為「教科」，各「教科」中有多元之教學科目，說明如下（饒達欽，2005；日本文科學部省，2017）：

例如：工業類有61個科目，涵蓋了：機械、電子電機、汽車、資訊、建築、土木、材料、化工、設計（含室內設計）及紡織等十個專業技能，其學科科目名稱為：工業技術基礎、課題研究、實習、製圖、工業數理基礎、情報技術基礎、材料技術基礎、生產技術、工業技術英語、工業管理技術、機械工作、機械設計、原動機、電子機械、電子機械應用、自動車工學、自動車整備、電氣基礎、電氣機器、電力技術、電子技術、電子迴路、電子計測控制、通信技術、電子情報技術、程式設計技術、硬體技術、軟體技術、多媒體應用、建築構造、建築施工、建築構造設計、建築計圖、建築法規、設備計畫、空氣調和設備、衛生、防災設備、測量、土木施工、土木基礎力學、土木構造設計、社會基盤工學、工業化學、化學工學、地球環境化學、材料製造技術、工業材料、材料加工、陶瓷化學、陶瓷技術、陶瓷工業、纖維製

品、纖維、染色技術、染織設計、室內設計計畫、室內設計裝備、室內設計生產、設計史、設計技術、設計材料。

　　平均而言，每一專業技能科目只有4至6個左右，約是臺灣的三分之一。到底是我們學太多？還是日本學習太少？但是，日本學生的專業技能又相當紮實，此現象值得再深入探討。

　　至於商業方面的學科科目更少，其名稱為商業基礎、課題研究、綜合實踐、商業溝通、市場學、商品開發、廣告與販售促進、商業經濟I、商業經濟II、經濟活動與法律、簿記、財務會計I、財務會計II、原價計算、管理會計、資訊處理、商業資訊、電子商買賣、企劃、商務資訊管理（施秀青、張素惠、饒達欽，2009：曾明山、李懿芳，2014）。

　　由上述觀之，日本的各教科的專業教學科目甚少，大部是3-5門教學科目，但工業類中之「工業技術基礎」、「課題研究」、「實習」、「製圖」、「工業數理基礎」、「情報技術基礎」為各專業技能之必修，形成一個工業職群的共同學程，與群集之概念不謀而合，商業類亦是！因此，日本雖無「職群之名」卻有「職群之實」，值得我們思考學習！

　　另外，日本新增「資訊」類1999年版有11學群，2009年版改為13學群。除資訊產業與社會、課題研究、網路系統3門學科不變外，「資訊與表現」更名為「資訊表現與管理」，「資訊演習」改為「資訊系統演習」與「資訊問題解決」，「流程圖」改為「流程圖計畫」，「電腦設計」改為「資訊設計」。另以「資訊科技」、「資訊媒體」、「資料庫」、「表現媒體的編輯與表現」及「資訊服務演習」，取代原有的「資訊系統開發」、「模型化與模擬」、「圖形與圖畫處理」及「多媒體表現」等學科。日本在資訊科技課程的建制及架構亦可做為我國之參考。

　　同理，美國的職業群集中亦設有「資訊科技」（information technology）職群，分成四個職涯路徑（pathways）：網路系統（network system）、資訊支持與服務系統（information support and services）、互動媒體（interactive media）及程式設計與軟體發展（programming and software development）。諸此亦均值得我們學習與轉化建構新課程。

　　日本《讀賣新聞》亦報導，2020年日本文部科學省將電腦程式設計納入小學、2021年納入中學、2022年成為高等學校的必修課程。不只日本，以色列在2000年就將程式設計列為高等學校的必修科目，英國自2014年即開始教育5歲以上的孩童寫程式，美國2014年歐巴馬總統提出3年40億美元的「Computer Science for All」專案，讓所有幼兒園到高中的美國學生都能學習電腦（陳曉莉，2016）。

　　因此，「資訊職群」設置之必要性有目共睹，各科教學內容應用資訊科技為核心或輔助，勢在必行。未來新課程之修訂，應及早將其列入重要工作！

柒、課程及其科目設計之評析

　　了解美、日兩國職群之真正內涵後，再反思民國75年職群科目之內涵，可以做評析與比較。

一、由技能領域探討

　　課程及其科目之設計必須與時俱進，因勢制宜，不宜率由舊章，老是陷入學分增減、科目調整、教學內容編修與必選修框架之組立。若能從大格局、大視野的產業與工作遞嬗分析，才能痛下針砭。表8顯示機械群之10個科，有六大技能領域，每一技能領域分屬2-3個科，例如：數值控制技能領域係分屬於機械、模具、機電三個科，可是以今天物聯網（智聯網）之無所不在，「模擬」之重要，已非此3科獨有，其他配管、板金、製圖、電腦機械製圖、機械木模、鑄造等科，亦應有數值控制學習之機會。同理，電腦輔助機械設計亦可分置於此十大科中，視其應用程度將技能內涵做適度分配。

　　表9動力機械群之6個科，有四大技能領域，其中液氣壓技能為軌道車輛、重機、動力機械、農業機械及飛機修護5科所共有，唯獨「汽車科」不列入技能領域中，著實奇怪？至於車輛技能領域只有汽車及軌

道車輛兩科獨有？其他4科都不需要？怪哉！類此，表10及表11中，對土木與建築群、電機與電子群也深入分析，發現也有此通病！因此，各群是否需再分科而教，分科設立各自課程及科目，已是畫蛇添足！「實群、虛科、分組」設計課程才屬恰當！

表8 機械群各科之技能領域一覽表

設置情形＼科別　　技能領域	機械科	模具科	機電科	生物機電科	鑄造科	機械木模科	製圖科	電腦機械製圖科	板金科	配管科
數值控制（6）	V	V	V							
精密機械製造（6）	V	V								
模型設計與鑄造（11）					V	V				
自動化整合（11）			V	V						
電腦輔助機械設計（12）							V	V		
金屬圖形與管線									V	V

資料來源：教育部（1986b）；研究者自行繪製。

表9 動力機械群各科之技能領域一覽表

設置情形＼科別　　技能領域	汽車科	軌道車輛科	重機科	動力機械科	農業機械科	飛機修護科
車輛（11）	V	V				
機器腳踏車（6）	V		V		V	
液氣壓（6）		V	V	V	V	V
動力機械（6）				V	V	V

資料來源：教育部（1986b）；研究者自行繪製。

表10　土木與建築群各科之技能領域一覽表

設置情形 科別 技能領域	建築科	土木科	空間測繪科	消防工程科
基本製圖	V	V	V	V
測量技能		V	V	
專業製圖	V			V

資料來源：教育部（1986b）；研究者自行繪製。

表11　電機電子群各科之技能領域一覽表

設置情形 科別 技能領域	資訊科	電子科	航空電子科	電子通訊科	控制科	電機科	冷凍空調科	電機空調科
晶片設計（12）	V	V	V	V				
微電腦應用（12）	V	V	V	V				
自動控制（9）					V	V		
電機工程（15）					V	V	V	V
冷凍空調（15）							V	V

資料來源：教育部（1986a）；研究者自行繪製。

二、由各科之科目探討

　　表12為電機電子群各科必修科目對照表，「電子學（三）（四）」，「數位電子學」為控制、資訊、電子等3科之必修，難道冷凍空調、電機2科都不需要嗎？同樣道理，「工業電子學」為電子、冷凍空調、電機此3科之必修，難道控制、資訊兩科都不需要嗎？「電工數學」則是此群所屬5個科共同必修；然「電子電路」、「工業電子學」、「數位電子學」、「電子學（三）（四）」此4個學科內容多所重複交疊，可否縱橫相比對，融合成一「科目」（例如：應用電子電路）？表中右端之其他特色科目才是各科之獨設學科。由此再度證明

「虛科」之必要，而行實際「分組」之需求，才能達到「群」之統合性與廣義性！

表12　電機電子群各科必修專業科目對照表

開設情形　科目別　　科別	電子學（三）（四）	數位電子學	電工數學	電工機械	工業電子學	電子電路	自動控制	電子儀錶	其他
控制科	V	V	V	V			V	V	控制實習 介面電路 數位控制
資訊科	V	V	V					V（選）	資訊技術 資訊技術實習 系統技術
電子科	V	V	V			V	V	V	電視原理 電子實習 感測器
冷凍空調科			V	V	V				機械概論 冷凍工程 空調工程 冷凍應用設備製圖
電機科			V	V	V	V	V		輸配電 工業配電 電機實習

＊電子科之機械概論（選修）與冷凍空調科雷同。
＊控制科之感測器（選修）與電子科雷同。
資料來源：教育部（1986a）；表格由研究者自行整理繪製。

　　同理，表13為機械群各科必修及選修科目對照表，在4個科所屬8個必修科目中，其交叉矩陣中只有鑄造科不必修「氣油壓概論」，汽車科不必修「機械製圖」及「鑄造學」，在32個細格中，只有3個細格被

打「X」（不需要），表示四個科中90%之科目均屬共同必修！在共同選修科目中：有4個科之8個科目為共同選修，有2個科目為3科共同選修，唯一例外，只有汽車科專屬之學科獨立存在。

表13　機械群各科必修及選修專業科目對照表

開設情形＼科目別＼科別	必修								共同選修			其他
	機件原理	機械製圖	工業安全與衛生	工業英文	氣油壓概論	熔接學	鑄造學	精密量測	機械力學、工廠管理、鍛造學、熱處理／自動化概論、工業英文、動力機械、數學	機械製圖、數值控制機械	機械設計大意	汽車學、汽車材料、交通法規、汽車空調、汽車駕駛（汽車科）
機械科	V	V	V	V	V	V	V	V			V	
鑄造科	V	V	V	V		V	V	V	四科共選		V	
汽車科	V		V	V	V	V		V				汽車科
板金科	V	V	V	V	V	V	V	V		三科共選		

資料來源：教育部（1986b）；研究者自行繪製。

　　由此兩群之必選修科目中分析，亦得知「虛科」之必要性，群中之實際「分組」即可處理教學及師資等問題。

捌、結語與建議

一、結語

　　總體而言，由縱貫面觀之，無論是日據時代之職業教育設科培訓人才，或近30年時期的「群科」課程規劃，仍是堅守在「科」本位的立場做課程的修正。「群」不過是當做一個「集合名稱」，泛指一堆「科」別的組合。因為勞動部（過去稱為勞委會）從未正式參與教育部的課程規劃，也未在各別職種真正建立能力本位（competency-based）的技能內涵，其中各技能所需之相關知識、技術、態度與配對的技能檢測制度均缺乏，其最大癥結：是產業界從未認真建立技能標準、技能資料庫及其制度。歐美各國的產界及行業長久以來耕耘此重要制度，故其行職業公會真正主導了技能標準的建立、檢測及證書審核發放的相關機制。反觀，臺灣則是靠一群熱血教師及學者，以「瞎子摸象」或「模仿」他國之方式定義「群」及「科」別，易有「橘逾淮為枳」之現象。同時，教育行政機關既便宜行事，也疏於「立法」來做這些基礎工作。因此，學分數的調整、必修選修科目的異動、學科名稱的更迭，以及教學目標、教學方式的改進，均屬必然的應有程序與現象，真正缺乏的是產業源頭的技能內涵。因此，缺乏產業界合作與能提供的技能內涵，何能規劃出確合需要的課程？30年來，課程改革是否一場「黃粱美夢」？再以下列二個角度做探討，道理將是愈來愈明！

（一）科技與職業變遷中的課程改革

　　人工智能（artificial intelligence）、大數據（big data）、物聯網（IoT）、機器人、無人載具（自動車、無人機）、奈米科技及生物科技等正來勢洶洶，影響人類的工作、生活與生存。史蒂夫‧凱斯（Case, 2017）在《第三波數位革命》指出：全聯網（Internet of E-verything）興起，其無所不在的連線將促使實體產業開始轉型，例如：重新構思醫療系統、改組教育體制、創造新產品與服務等等，企業

家必須建立跨領域的夥伴團體與社群經營才能生存。他預測學生會有一位「虛擬私人教師」，「平版電腦」也將取代「課本」，老師將以「短暫」和「目標性」的介入學習，使「標準化的教育文化」，轉換為「個人化的教學模式」，學習會是量身打造，因材施教的教學情境將一一實現！（廖桓偉，2016）

李開復、王詠剛（2017）亦指出：「人工智慧時代，50%工作將被取代」，他說明人工智慧時代最核心、最有效的學習方法，包括：(1)主動挑戰極限；(2)做中學；(3)關注啟發式教育，培養創造力和獨立解決問題的能力；(4)互動式的線上學習愈來愈重要；(5)既學習「人－人」協作，也要學習「人－機」協作等。因此，他體認到教育的設計必須更早、更充分，更須考慮社會整體的公平性，其意味深長矣！

有鑑於此，新規劃的職業教育群集課程，若仍拘泥於學科（disciplinary）本位，則試問必須教多少知識才足夠？同樣，若又困於行業本位，套入老舊的技術領域範疇而無力自拔時，則必須保有多少行業技術才能足夠？若不給予學生職業性向認知、試探與成長的機會，則學生可以勝任多少職業工作？此均不無疑問？

昔日，林清江前教育部長說：「我們用過去的經驗，教現在的孩子去適應未來的社會是危險的」（何蓓茹，2015），誠哉斯言！克勞斯‧施瓦布（Klaus Schwab）指出蒸汽機驅動了第一次工業革命，電力帶來了第二次工業革命，數位科技使人類進入第三次工業革命，但第四次工業革命正悄悄到來，它透過「智慧工廠」的發展，在全球實現虛擬與實體生產的靈活協作，將對工作產生系統性、顛覆性的極大變革！（世界經濟論壇北京代表處譯，2017）。因此，教育的變革就變得非常重要且不能等待！

(二)由學科統整探討

無論是高中或技術高中（高職）的課程設計，向來採取學科的分立，並注重知識的完備與精熟，因此物理、化學、生物、地球科學皆是分立而缺乏統整。故現況中，技術高中各類各群所開設的物理、化

學、生物等科目，是否採取融合式（fusion）或廣域（broad field）性質的課程設計？例如：生命科學、自然科學、科普概論或藝術概論等具有基礎性、試探性、廣域性等特質，才比較合乎知識的統整及交互融合作用。舉例說明：

香港中學設有「綜合科學」（integrated science），它打破高中只著重分科的框框，以跨學科主題為主體，引領學生探究14個主要科學概念，如圖6所示（李揚津、林從敏、楊友源，2010）。此綜合科學將14個主要科學理念融匯於11個學習單元（8個必修單元：生命之泉24HR，體內平衡24HR，輻射與我24HR，基因與生命24HR），3個選修單元（能量、天氣與空氣質素32HR，持守健康32HR，化學為民32HR），以「生命之泉」為例，如圖7所示，以水為主題闡釋其與自然環境、生命、食水問題與用途、食水分布與社會文明發展之相關，符應科學、科技、社會（science, technology, society）之相關，令人讚賞！歐美各國亦有此類型之綜合科學教科書及教具、活動等。

圖6　香港中學綜合科學的課程架構

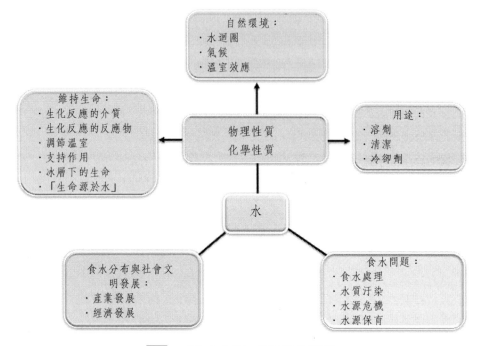

圖7　「生命之泉」單元的組織圖

圖修改自：李揚津、林俊敏、楊友源，2010。

美國中學職業教育課程中，亦有由CORD（the Center for Occu-pational Researoh and Development）開發之科技導論（Principles of Technology）為一綜合物理、化學、機電之課程（CORD, 2017），在網路上即可模擬、實驗各種科技現象、其他諸如：《*Introduction to Technology*》、《*Technology: Today & Tomorrow*》這一類的書刊亦甚多，此皆可做為課程規劃之參考。總之，「分科」與「綜合」、「融合」之教學科目係需要長時間研究、試作、探究與定模者，主事者不能老是將「大專」校院教學科目及教科書，照著抄來，造成「學必躐等」，致學生苦其所學，師者苦其所教之弊端！

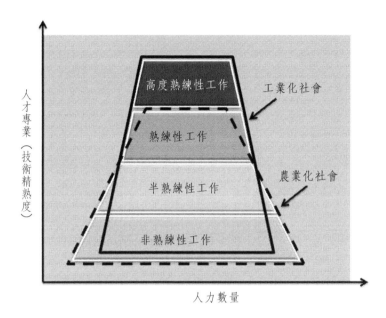

圖8　農業化與工業化社會之人才專業之質量示意圖

（三）由技術性質的演變探討

　　圖8顯示在農業至工業化的社會中，基層的非熟練性（unskillful）及半熟練性（semi-skillful）工作將逐漸減少，工業化社會較農業化社會需要高度熟練性（highly skillful）的工作者。因此，大專校院開設各種專門、專精課程，學士、碩士、博士學制培養高級人才處處可見。可是由工業化至資訊化社會中，電腦自動控制化的結果，資訊科技的普及運用，使人才之質量產生變化，高熟練性工作變得愈來愈重要，因為人與機器互動的模式，已由一對一之單機，變成多單機與複合機共同操作的模式。特別是在人工智能、物聯網、大數據、雲端運算普及時的智能化社會，人們更須要「智能化的整合性」工作技能（intelligent integrated skill），而非狹隘的單位行業技術，如圖9所示。

　　此說明人類由農業至工業化時，技術築積與蓄累，由非技術（unskill）蛻變至技術（skill）、技能（technique）的時代。但是工業化的

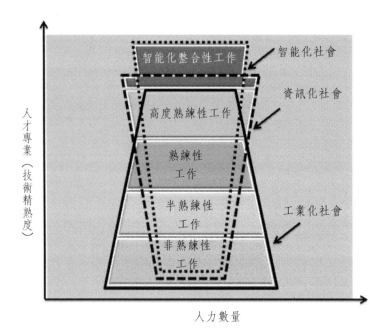

圖9　工業化、資訊化與智能化社會之人才專業質量示意圖

大量標準化、自動化程序以及資訊科技的嵌入，某些制式（routine）工作、工序又被技術解化（deskilling），形成技術消失（deskilled）的汰換現象，因此，人們再具備技術（reskill）的需要性日增，能夠再技術化的能力必須有廣博、厚實的素養與共同核心能力，此先備條件（pre-requisite）係嵌植於學校、學習的廣度、彈性與適度性。若此，狹隘的單位行業衍生之分「科」行政獨立教學方式必須改變，及早確立好「職群」課程之規劃，才能賦予學生廣博之能力。

二、建議

是故，職業群集課程之規劃必須重起爐灶，由產業界與教育部、勞動部及相關單位等共同合作開發！

三十年來，藉著「職業群集」的虛名所做的「職業學校」及「技術高中」的課程改革，其實是在做總學分數、必選修「學分增減」的調整，及「科目名稱、內容」及「科目數量增減」的易動，缺乏符應

產業結構變動的鉅觀因應，以及瞻見未來的引導性規劃。因此，微觀（micro）、中觀（meso）及鉅觀（macro）三個層面的變革，須一體共現，一條龍協力合作，說明如下：

（一）鉅觀面的課程職群架構訂定改革

　　鉅觀面的課程職群架構的訂定，須由勞動部、內政部、科技部、衛福部、農業部等相關部會協力合作先行制定其機制，由行政院大政務委員來領導運作。其次，國家教育研究院應擬具中長程課程發展計畫，大力支持職業教育、技術高中及十二年國教課程的綜體研究，每次課程之新修訂及新實施後，必須劍及履及做下一次課程發展的基盤革新工作，不能每次匆促成軍，臨時組合成員粉墨登場的程序中，只好又重唱舊戲！

（二）中觀面的教育制度改革

　　目前技術高中課程的專業科目繁多，內容係大專校院教科書的縮本，且短短二年間（高二、高三）實難以專精。不若將技術高中改為五年制的技術專科學校，長時間培訓專業技能，且易與產業界做實務實習配合。專科一、二年級採普通高中的廣博性、基礎性及試探性原則做課程規劃，儘量降低必修學分及科目數量；專二以上年級擴增選修的學分量，使升學與就業、特色發展（音樂、美術、體育等）的分組課程更加多元化。

　　五專後，更可設計「後二技與碩士班」結合的專技碩士學位，其入學條件是學生必須有產業實習二年以上或一年以上的實際工作經驗才能就讀。一方面強化學生的專技能力，一方面使學生在業界的實際經驗與學術發展相結合。

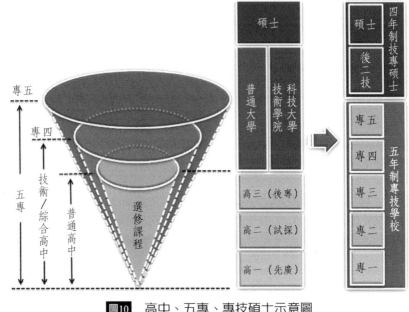

圖10　高中、五專、專技碩士示意圖

（三）微觀面的教學內涵調整

微觀面的教育目標、教學目標、科目與科目內容的調整例如：物理、化學、生物等學科可融合爲「概論性」課程，例如：科技概論、博物學、生化、理化、自然科學等包容性廣義的學科，其它類科亦比照辦理。

其實，臺灣各大學在通識課程中，開設不少廣域課程，例如：自然科學概論、科技概論、科技文明史或生活科技概論等均可作爲參考。

（四）應用大數據（big data）協助課程規劃與設計

運用大數據（big data）蒐集各科目教學資料及教師反饋訊息，做爲課綱修改之佐證資料，各學科科目均應採行此措施，且將資料證據作課程改革的決策分析。

圖11　資訊科與各學科之融貫、統合示意圖

（五）落實資訊科技融入各學科教學

及早將資訊科技融入各學科之教材並紮實各科數位平臺及學習軟體，使其成為生活必備技能，如圖11所示。資訊科技與各學科相融貫，也互相統合，資訊是連繫各學科的主軸心，以發揮並充分應用資訊科技的特質。以資訊與通信科技（Information and Communication Technology，簡稱ICT）強化知識汲取、習作練習、模擬與控制，將成為學習的主流，臺灣自需迎頭趕上。

（六）建立適性評量題庫及作業練習

建立各教學科目之適性評量題庫及作業練習，使學生在any time, any place, any IT device都能自我學習，將學習成果匯為自己的學習履歷。同時，軟體也自動將各別成績、群體成績提供老師做試題分析及教學回饋改進。更進一步，設置全國性各科標準化測驗，讓各校師長及教育局處、教育部等單位，做區域性、全國性教學成效分析，做為教學科目內容改進及課程總體規劃之佐參。

　　總之，課程的改革必須因應大趨勢、大挑戰，大建設地做上、中、下游的一條龍改革，才能「畢其功於一役」。否則，重蹈窠臼的調變，只是新瓶裝舊酒，將難以符應時代需要，更無法培育產業所需的真正人才！職業教育課程的新突破、新改變，將引領產業新契機與新能量，值得拭目以待！

參考文獻

一、中文部分

日本文部科學省（2017）。高等學校指導要領：教育基本法。取自www.mext.go.jp/a_menu/shotou/new-cs/youryou/kou/kou.pdf

世界經濟論壇北京代表處（譯）（2017）。K. Schwab 著。第四次工業革命（The Fourth Industrial Revolution）。臺北：天下文化。

何蓓茹（2015，1月）。活化讀報，動手做的閱讀課。圖書教師電子報，38。取自http://teacherlibrarian.lib.ntnu.edu.tw/index.php?id=235

吳建達（2017）。技術型高級中等學校課程綱要：動力機械群—重點報告。2017年9月16日，23頁。

李揚津、林從敏、楊有源（2010，6月）。從學制的變革到課程的革新；論香港新高中課程。亞太科學教育論壇，11(1)，文章十三。取自http://www.eduhk.hk/apfslt/chinese/index.htm

李開復、王詠剛（2017）。人工智慧來了。臺北：天下文化。

施秀青、張素惠、饒達欽（2009）。日本高等學校技職教育課程改革。教育資料集刊，43，143-165。

洪詠善、范信賢（主編）（2015）。同行——走進十二年國民基本教育課程綱要總綱。臺北：國家教育研究院。

教育部（1986a）。工業職業學校電機電子群課程標準暨設備標準。臺北：正中書局。

教育部（1986b）。工業職業學校機械群課程標準暨設備標準。臺北：正中書局。

教育部（1990）。第六次中華民國教育年鑑。臺北：正中書局。

教育部（2009）。職業學校群科課程綱要宣導手冊。臺北：教育部。

教育部（2012）。第七次中華民國教育年鑑。取自http://ebook.ylsh.chc.edu.tw/%E6%9
　　5%99%E8%82%B2%E5%B9%B4%E9%91%91/

教育部（2013）。高級中等教育法。取自edu.law.moe.gov.tw/LawContent.
　　aspx?id=GL001143

教育部（2017a）。技術型高級中等學校課程綱要說明。

教育部（2017b）。106學年度技術型高級中等學校群科課程綱要總體課程計畫。

教育部技職司（2005）。修訂職業學校課程暫行綱要、設備標準及配套措施報告。臺
　　北：教育部。

陳曉莉（2016）。日本小學自2020年起將增設程式設計科目。iThome，取自http://
　　www.ithome.com.tw/news/106150

曾明山、李懿芳（2014）。日本專門高校現況與發展課題之探討。技術及職業教育學
　　報，5（3），55-76。

曾璧光（2014）。職業學校群科課程之變革與特色。取自ba.tchcvs.tc.edu.tw/re-
　　search/103/1030926/99課程綱要簡介.pdf

楊朝祥、李大偉（2016）。職業學校類科整合模式之研究期末報告。臺北：淡江大
　　學。

廖桓偉譯（2016）。第三波數位革命。臺北：大是文化。

饒達欽（1995）。技術職業學校教育課程教學與資訊研究。臺北：文景書局。

饒達欽（2005）。技術職業教育及新詮與取向。中國工業職業教育學會94年論文集。

饒達欽、饒嫚琳（2006）。美國職業教育之「職業生涯群」（career cluster）分析。
　　中等教育，57(5)，197-217。

二、英文部分

Case, S. (2017). *The Third Wave: An Entrepreneur's Vision of the Future*. NY: Simon &
　　Schuster.

CORD (2017). Principles of Technology. CORD Communications. Retrieve from http://
　　www.cordcommunications.com/principles-technology.php

附錄　科技與產業變遷中之中等教育工業類課程再造取向

饒達欽[1]、賴慕回[2]、聶華明[3]

[1]佛光大學資訊應用系講座教授
[2]亞東技術學院通識教育兼任助理教授
[3]明新科技大學服務事業管理研究所副教授

一、緒論

　　課程是教育活動的指南針，也是教學的寶典，它關係著千萬學子的知識、既能、態度與價值、文化的培養；更蘊蓄其日後在社會生存、工作職涯順利發展，以及終身學習等自立自強、自助助人的根底，課程之良窳不惟影響每個人的生存生活，也影響產業、社會與經濟之發展騰達，故課程之再造實是一項滾動式的縱貫性與整合性工作，重要至極！

　　由於課程之再造受到大環境的影響，諸如：政治、社會、經濟、科技、環境、法律、科學、環保議題等等因素之交互作用，常是牽一髮而動全身：有時或又存有擔千斤負重擔之難，利害相關人士及團體之強烈主張，常使主事者在抉擇時，常有一動不如一靜之思。但是，科技變遷如排山倒海來臨時，只有及時興革才能力求進步而永續發展。本文乃以科技與產業之變遷為促動因子，呼籲中等教育工業類課程之再造，以新取向承擔新任務來培育人才。

（一）科技與產業之變遷

1. 科技變遷對產業之影響

自從谷歌人工智慧（AI）系統Alpha Go打敗韓國李世乭九段職

業棋士，戰勝世界排名第一的大陸棋士柯潔九段後，又累計網路60連勝時（林良齊，2017）。人們不禁好奇：人工智慧時代來臨了！不可否認的是，不可否認的是，AI與自動化生產正掀起一場前所未有的職場革命，但這場革命，並非人類與機器的對決，更像是適者生存的淘汰賽，而最終勝出的，將是最能適應科技、善用工具的那群人（鄭閔聲、楊竣傑，2017）。足見人工智慧之影響，將是與日俱增！

　　未來學家托佛勒（Alvin Toffler）1970年代出版的《未來衝擊》（*Future Shock*）中，他指出人們改行換業的頻繁及再學習的需求；他1980年代的《第三波》（*The Third Wave*）指出人類三個文明階段：第一波的農業、第二波的工業及第三波的資訊文明，他認為第四波文明可能是生物方面。第三波文明社會中以電腦、資訊、電子、網路、通訊及生化等新科技，將「大量化」生產、行銷與消費等大眾模式，嵌入了「顧客化」的小眾模式與緊密聯繫關係。垂直分工階層式龐大的金字塔組織，也轉變為水平式、分包式的協力合作（collaborative）模式。產業工作也因電腦自動化及系統化關係取代人力，以資料、資訊流做人、機、組織與產品的媒介。因此，職業的替代及工作內容的更迭產生了急劇變化，進入文明躍進期，此種現象愈趨頻繁。

　　人工智慧影響之下，人工智慧在未來的生活與工作中，將扮演產業更迭與工作變遷的主要角色。2011年德國政府訂出「工業4.0」的高科技戰略計畫後，將「自動化」推進入「智能化」的第四次工業革命，此後，智能製造、精準醫療、無人載具及智慧交通、智慧城市新科技及新發展出籠。我國行政院也於2015年提出「臺灣生產力4.0」方案（Taiwan Productivity 4.0 Initiative），以力求在科技與產業變遷中，迎頭趕上人力、生產及經濟、社會之所需。很可惜的是，技術職業教育在這一波的改革創新中仍躊躇不前，課程的改革既拘泥於常規，又無創新與前瞻，誠為憾事！

2. 產業變遷中之工作變化

　　根據世界經濟論壇（World Economic Forum）2016在瑞士公布的研究報告：《*The Future of Jobs*》指出，機器人及生物科技的發展，將

會造成「第四次工業革命」，其帶來之人力精簡，將消失710萬個工作機會，但新增210萬個新工作，故未來5年內（至2020年）將會有500萬個工作消失。因此，各國政府必須致力於勞動力轉型，為避免人才短缺及大規模失業，可先從投資教育及成人再學習做起；報告中也指出，目前就讀之小學生，有65%將從事目前還不存在的工作，顯見未來的教育培育相當重要（林薏茹，2016）！此報告雖然非常聳聽，令人難以置信？但確實提出必須注意之警訊，也點出「教育」的關鍵角色。

同樣，日本野村綜合研究所（Nomura Research Institute, NRI）也提出，機器人最快10年後取代日本49%勞動人口，與英、美兩國預測的未來20年內取代五成勞動力，有相同的憂心悚悚，NRI指出作業知識或技能要求較低，偏制式作業模式的工作，將遭到取代（楊安琪，2015）。英、美、日未來10-20年內將有勞動力替代及大量失業情況發生！臺灣雖然中小企業居多，但未來數年後，亦將不可避免受到衝擊，未雨綢繆及前瞻規劃，應及早而行！故而，影響人才素質及人力培育的課程，就得與時俱變成彈性寬廣應變！

3. 教育與科技變遷關係

英國作家H.‧G.‧威爾斯（Herbert George Wells/H. G. Wells, 1866-1946）曾說：「人類歷史是教育與大困境間競逐而產生者」（IZ-QUOTES, 2017）。意即在大困境的危機中，教育扮演旋乾轉坤的軸心，故教育的變革可提升文明。是以，科技的急遽變遷對產業及工作是危機也是轉機，能轉機成功就得視「教育」與「科技」的相互配合而互蒙其利，圖1顯示科技與教育的競合關係，當教育落後科技發展時，人類因無法及時適應變化而難以勝任工作時，社會的痛苦（social pain）現象，必然叢生，失業、低度就業、收入降減、生活壓力、社會不安等不平等現象將日益增升。反之，各教育領先科技發展，則社會的繁榮（social prosperity）必然可期（Fadel, Bialik, & Trilling, 2015）！

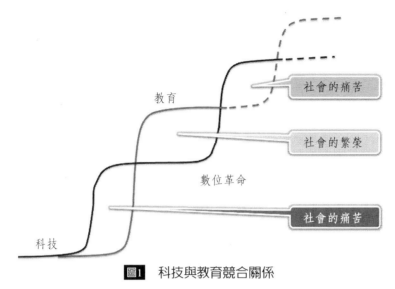

圖1　科技與教育競合關係

資料來源：圖修改自Fadel, Bialik, & Trilling, 2015.

　　因此，教育不惟須訂領科技的發展，更必須提供良方，預為因應科技變遷產生的問題，特別是在人才培育與養成的面向。

（二）未來需要的工作能力

1. 硬實力、軟實力與巧實力

　　90年代初，哈佛大學約瑟夫・奈伊（Joseph Samuel Nye）首創硬實力（hard power）、軟實力（soft power）觀念，後又提出能將硬實力與軟實力整合以發生綜效（synergy）的巧實力（smart power）。若將其引伸至個人能力時，硬實力可代表專業知識與技能，軟實力則是，思維、溝通、表達、性格、態度、格局、反省與激勵、領導力等，而巧實力意指能結合硬實力與軟實力的致勝策略能力。其實，巧實力根源於智慧、經驗、格局與掌握並運用情境脈絡的整合力，如圖2所示，三者本身有其相關聯與其整合後力量向外擴張之形式，以彰顯其效益的擴增與延伸。

2. 未來需要的能力

　　為了達到軟、硬、巧三種實力的結合與整合，就必須先瞭解在科

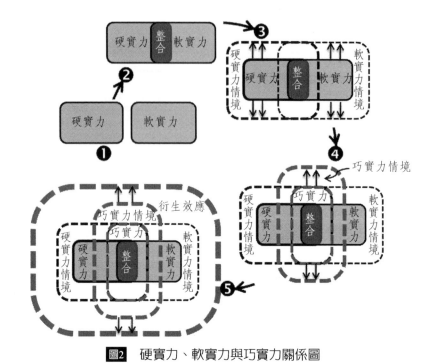

圖2　硬實力、軟實力與巧實力關係圖

註：研究者自創。

技與產業變遷中，職場工作者需要具備哪些能力。Gray（2017）在世界經濟論壇一篇報告《*The 10 skills you need to thrive in the Fourth Industrial Revolution*》中指出，在2020年時之10 Top Skills為：

(1) 複雜問題解決能力（complex problem solving）（2015年）

(2) 批判思考力（critical thinking）（2015年）

(3) 創造力（creativity）（2015年）

(4) 人員管理力（people management）（2015年）

(5) 與他人協調能力（coordinating with others）（2015年）

(6) 情緒智商力（emotional in intelligence）（2020年新增）

(7) 判斷與決策力（judgement and decision making）（2015年）

(8) 服務導向力（service orientation）（2015年）

(9) 溝通協調力（negotiation）（2015年）

(10)認知彈性力（cognitive flexibility）（2020年新增）

　　上述10 Top Skills有八項是指2015年時應具備的，2020年時將原先的quality control（品管能力）與active listening（主動傾聽力）予以剔除，另以emotional intelligence（情緒智商力）及cognitive flexibility（認知彈性力）取代。由此顯示，軟實力「情緒智商」與硬實力「認知」的重要性！揆諸此10 Top Skills幾乎都與軟硬實力相關，且最後的綜合成效是由巧實力整合並增強而成。

　　或謂這些10 Top Skills所涉及之認知、技能、情意較為高階，須由經驗累眾及長期淬鍊而得。經濟合作發展組織（Organization for Economic Co-operation and Development, OECD）於2015年發表《*Four-Dimensional Education*》，指出四個面向的教育：「知識」、「技能」、「人品特質」及「後設學習」之融合教育，才能使學生勝任21世紀的生活與工作，如圖3所示（黃啓菱、王惠英，2017）。

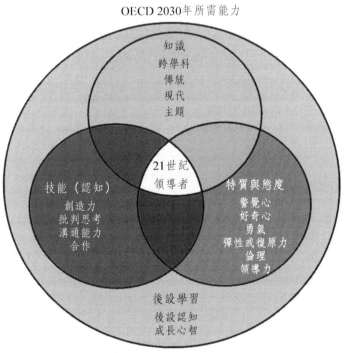

圖3　OECD四個面向的教育

資料來源：圖修改自黃啓菱、王惠英，2017。

在知識面向：係指「已知及了解」之範疇，包括跨領域學科（interdisciplinary）、傳統學科（例如：數學等）、現代趨勢創業（entrepreneurship）、及各種議題（例如：全球化素養global literacy）。

在技能面向：係如何應用已知之作為，包括四種能力：創造力（creativity）、批判思考（critical thinking）、溝通（communication）及協同合作（collaboration）等4C能力的培育。

在人品特質（character）面向：係指「在社會生活的行為及應對進退，包括心理正念（mindfulness）、好奇心（curiosity）、勇氣（courage）、堅韌力（resilience）、倫理（ethics）及領導力（leadership）」的培育。

至於後設學習（meta-learning）面向：係指對所學所為的反思（reflect）及適應（adapt）情形的自我回饋改進，屬於事後認知且能促進成長的心向（mindset）舉措。

上述說明，表示過去的3R（reading, writing, arithmetic）能力，已不足以應付日趨多元複雜的環境、產業工作與生活生存，未來工作與生活世界強調的是如何學習？如何反思？如何成長改善？如何整合資源？如何有效率及有效能解決問題？並能創出新境界；而且人際之互動，變成人、事、物、境、情勢、後續反應及多元需求的平衡處理。因此，面對如此多元複雜的情境，教育的內容就必須與時俱進，才能符應需要。

3. 全球化能力

人類文明演進中，科技變遷扮演了促動的激力，例如：動力機械取代獸力與人才，電腦與資訊取代了部分腦力（brain power），通訊與傳播取代了空間距離（distance in space）等。「天涯若彼鄰」早已取代了「雞犬相聞，老死不相往來」的現象；地球村（a global village）、全球化（globalization）已是沸沸揚揚，無論是貿易、金融、經濟、政治、文化、學術，以及人類的生活與工作等各層面均受到其影響。因此，全球化議題認識、多元文化體認，以及良好的適應與創新皆構成了「全球化能力」（global competency）的必要性！教育學者乃紛

紛倡議培養此種能力以適應21世紀的生活。

美國國家教育協會（The National Education Association, NEA）認為由托兒所（preschool）至大學（from K-12 to graduate school）均應培養此種能力，它不是21世紀學習的奢侈品（luxury）而是必需品（necessity），協會對其定義為：「能掌握並了解有深度的國際問題，能賞析且能與不同語言文化背景的人生活及相互學習，精通外語且能在唇齒相依的世界經濟體中運用自如。」依此定義必須表現出四種特質：國際覺知（international awareness）、賞析文化的多樣性（appreciation of cultured diversity）、精通外語及具有全球視野的競爭技能（competitive skills）（Roekel, 2010）。美國威斯康辛大學（University of Wisconsin, UW）認為在全球化社群（global community）中，成為全球化良好準備公民（global prepared citizen），必須具有下列各種特質：（University of Wisconsin-Madison, 2015）

(1) 批判性思考與行動（critical thinking and action）。

(2) 跨文化能力與敏感度（intercultural and sensibility）。

(3) 經濟競爭力與旺盛力（economic competitiveness and ability to thrive）。

(4) 了解全球與地方社群；並具體運作。

(5) 具倫理及社會責任（ethical and socially responsible）。

(6) 能敞開胸襟且適應改變（open and adaptive to change）。

(7) 能珍惜及引導永續資源的使用。

(8) 可信賴的人格特質、品質及行為（solid foundation of personal characteristics, qualities and behaviors）。

除了美國之外，經濟合作發展組織（OECD）亦相當重視全球化能力，在《包容性世界中的全球化能力》（*Global Competehcy for An Inclusive World*）一書中指出，「全球化能力是多面向批判分析全球和跨文化議題之能力，且能了解差異性（differences）會在自我及他人間產生覺知、判斷、理念之不同；更能以人類尊嚴的角度，對不同背景之人事物做適當且有效的公開互動」（Ramos & Schleicher, 2016）。

4.經濟合作發展組織對全球化能力的倡議

國際經濟合作發展組織（OECD）一向主張：良好政策造就良好生活（better policy for better lives），為因應21世紀全球化能力的培養，也提出「教育與技能的未來取向：2030年OECD教育框架」（the Future of Education and Skills: OECD Education 2030 Framework），如圖4所示（Ramos & Schleicher, 2016；陳佩英等人，2016）。圖中顯示三個軸向；第一軸向為知識，第二軸向為技能，第三軸向為態度與價值，三個軸向內容互相交轉匯合，才能產生能力並付諸行動。

圖4　OECD全球化能力框架

資料來源：圖修改自Ramos & Schleicher, 2016；陳佩英等人，2016。

知識方面除原有學科知識為基石外，跨領域學科知識及實用性（practical）知識亦是鼎足而三；在技能方面，特別提出後設認知技能（meta-cognitive skills）、社會及情緒技能（social and emotional skills），以及物質與家用技能（physical and practical skills），這些技能每一項均是複合（compound）技能；態度及價值第三軸向將前述兩個軸向一起交接融匯聚合，以形成全球化能力並付諸行動！此圖第二、第三軸向闡釋了「軟實力」的重要性，這是過去在做課程規劃，教材設計及教學所忽視者。至於實用性技能亦強調在「物質」方面相互為用的重要性！OECD亦在其國際間學生評測計畫（Programme for International Student Assessment, PISA）中，提出培養全球化能力的架構，如圖5所示（Ramos & Schleicher, 2016；陳佩英，2016）。

　　由此足見，全球化能力已是21世紀各國培育學生各種能力中，具有不可替代且具有前瞻性的必備能力。

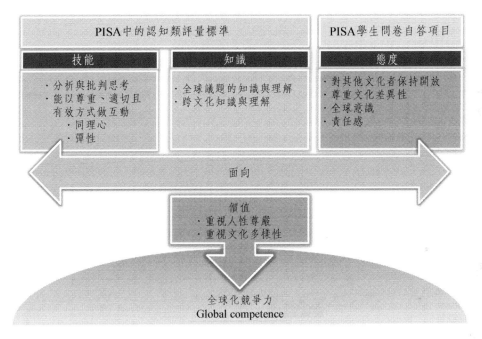

圖5　OECD倡議PISA中之全球化能力架構

資料來源：圖修改自Ramos & Schleicher, 2016；陳佩英等人，2016。

二、課程再造之新模式—他山之石可以攻錯

（一）21世紀學習框架倡議

　　有鑑於科技變遷的迅速及全球化（globalization）之影響，本世紀初，有一群教育人士及領導者結合企業社群及政策制定者（policymaker），共同倡議21世紀學習技能與夥伴關係（Partnership for 21st Century Learning），亟力主張各級學校學生皆須精通21世紀技能（21st Century Skills），如圖6所示：生活與生涯技能（life and career skills），

學習與創新技能（learning and innovation skills），資訊、媒體與科技技能（information, media and technology skills），而要具備此三種技能則需培養核心學科知識（core subjects）與21世紀議題探究與運作能力（key subjects-3Rs and 21st century themes）。支撐此學習領域與成果的平臺，係築基於：標準與評測（standard and assessment），課程與教學（curriculum and instruction）、專業發展（professional development）及學習環境（learning environment），由此四個面向平臺的構建、實施、支持及回饋運用才能提供教育學習的場域，對各種資源與資料倉儲進行大數據研究，並將成果與成效做反思，以借鑑及扎根效益為園地。因此，完整體系的再造非常重要！

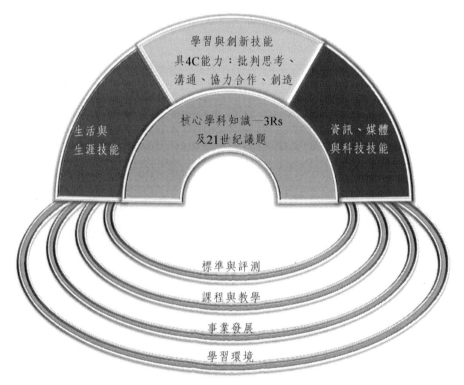

圖6　21世紀學習框架

資料來源：圖修改自Partnership for 21st Century Learning, 2017.

　　這個框架可以提供臺灣中等教育課程改革之參考，其所倡議的核心學科知識與關注之21世紀議題為何？如下說明：（Partnership for 21st Century Learning, 2017）

‧核心學科知識係指：英文、閱讀與語言藝術（language arts），世界語言、藝術、數學、經濟、地理、歷史及政府與公民（government and civics）。

‧21世紀議題係指：全球化覺知（global awareness）、財務及經濟及企業、創業的素養（financial, economic, business and entrepreneurial literacy）、公民素養及健康素養（health literacy）。

而其所揭櫫的三大技能內涵則為：

‧學習與創新技能方面係指：創造與創新、批判思考與問題解決、溝通與協力合作的技能。

‧資訊、媒體與科技技能方面係指：資訊素養、媒體素養、資訊與通訊等科技素養（information and communications technology）。

‧生活與生涯技能方面係指：彈性力與適應力（flexibility and adaptability），主動萌發與自我導向（initiative and self-direction）、社會及跨文化技能（social and cross-cultural skills）、生產力及績效課責力（productivity and accountability）、領導力及責任力（leadership and responsibility）。

　　此三大技能與1990年代末期，美國勞動部（Department of Labor）所倡議的SCANS（The Secretary's Commission on Achieving Necessary Skills and Competencies）有所不同，1990年代將技能分為基礎性（Basic）技能、思考（Thinking）技能及個人素質（Personal Qualities）三方面，以及五種工作能力（work competencies），係屬於「個人小我」及其與組織互動之內涵。例如：資源運用、人際關係、資訊蒐集運用、系統了解及處理，科技選取與運用等作業能力。21世紀新學習技能已走出自我及其工作職務的窄域：由自我而社群，由社群而全球的寬領域；由單純的工作責任引申至團體與社群責任，由區域責任而至全球關懷；由個人薪資性生活展闊至生涯全程與多面性的共存互用鏈帶關

係；由例行性職務執行演繹至創意、創新、創業的突破銳變；由使用電腦與資訊爲工作而行的範疇，變成整合媒體通訊與其他新科技以產生更有文化意義的聯結等等。特別是在軟實力與巧實力的培養，架構了重要的元素。由此足見，21世紀的課程再造亟須新取向共同創革！

（二）職能模式參照的課程規劃

爲配合今日及未來工作，美國勞動部（Department of Labor, DOL）就業與訓練局（Employment and Training Administration, ETA）於2014年及2017年，更新精進其與產業界共同訂定的職能模式（competency model），以肆應產業職場人才之需求。圖7爲甚至產業界共同研發的職能模式架構，共分成九層（tier），說明如下：第一至第三層爲基礎能力（foundational competencies），第四及第五層爲產業相關（industry-related）能力。

- 第一層（tier 1）爲個人效能（personal effectiveness competencies），內含人際技能、誠信正直、敬業精神、主動性、可靠性、適應性及彈性、終身學習。
- 第二層（tier 2）爲學識能力（academic competencies），內含讀、寫、數學、科學及科技、溝通傳播、批判與分析思維、基礎電腦技能。
- 第三層（tier 3）爲職場能力（workplace competencies），內含團隊合作，顧客關注、規劃及組織、創造性思考、問題解決及決策、運用工具及科技、排程及協調、檢查審核及記錄、企業基礎力、永續實務力、健康及安全。
- 第四層（tier 4）爲產業寬域專門技術能力（industrial-wide technical competencies），係由各產業自行訂定。
- 第五層（tier 5）爲產業各部門專門技術能力（industrial-sector technical competencies），係由各產業自行訂定。

至於最上端的二個梯形方塊，分屬於管理及職業特定需求的能力，由各職場依需求訂定，可分爲第六層至第九層。第六層爲特定知識能

力，第七層為特定專門技術，第八層為特定需求，第九層則為管理能力，所以圖7之左上方，列出了一大堆的管理職能項目。

　　基礎能力的第一至第三層是所有產業與職業共通的能力，第一層個人效能能力是個人在生活，學校、家庭、社群及產業工作所必須具備者，且終其一身均非常重要的，屬於「軟實力」的領域。第二層的學識能力大部分在學校教育習得，做為產業特定職能的基礎及再精進的原力。第三層的職場能力是大部分產業及其所屬職業的共通性知識

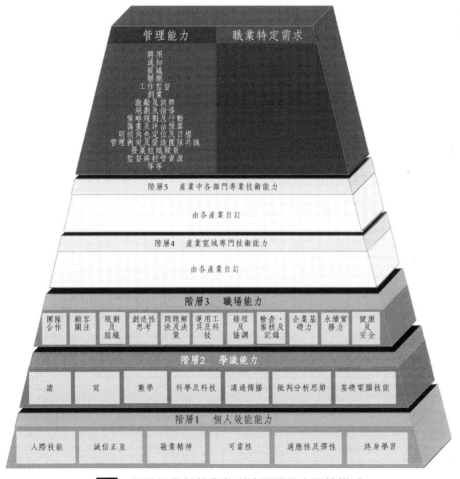

圖7　美國勞動部就業與訓練局開發之職能模式

資料來源：圖修改自Competency Model Clearinghouse, 2017.

及技術能力，可使個人在職場中接軌工作，有時又稱爲「工作準備職能」（work readiness competencies）。第二、三層兼具軟、硬實力之範疇。

至於第四及第五層的產業相關能力，係指實際從事技術工作所需之知識、技能及行爲能力，以先進製造產業（Advanced Manufacturing Industry）爲例，訂定下列寬域專門技術職能作爲此產業共適者，如圖8所示，例如：(1)生產；(2)保養與裝置與修護；(3)製造程序發展／設

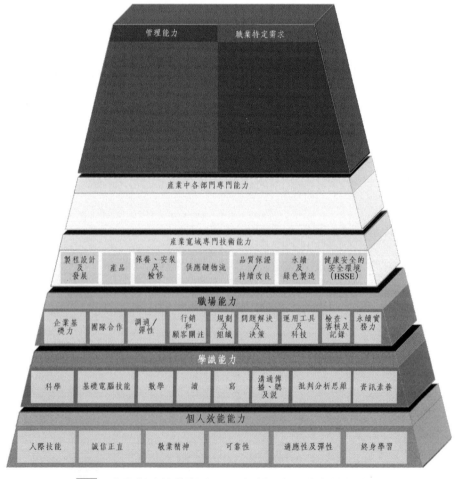

圖8　先進製造協會製造工程之寬域專門技術能力範例

資料來源：圖修改自Competency Model Clearinghouse, 2017.

計：(4)供應鏈；(5)品質保證／持續改善；(6)永續及綠色製造；(7)健康與安全。第五層之職能屬於產業中各行業之特定專門技術，例如：化工製程、製藥製程、紡織製程或車輛製程等均是，亦由產業之人士共同決定；圖9為資訊科技第四層之寬域專門技術職能，第六至第九層級之內容由各行各業參照美國勞動部頒佈的職業資訊網路（Occupational Information Network, ONET）所頒訂之內涵訂定。

上述職能模式架構中，亦顯示軟實力、硬實力之分合與統合之重

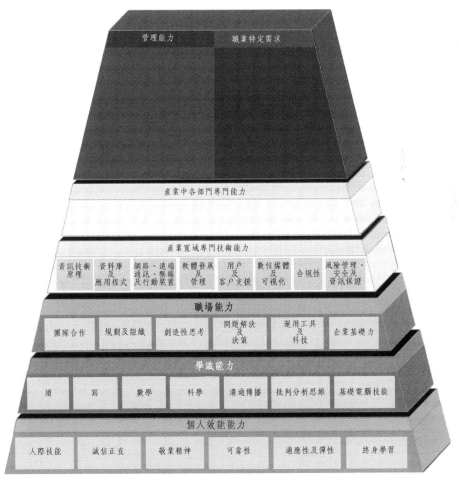

圖9　資訊科技之寬域專門技術能力範例

資料來源：圖修改自Competency Model Clearinghouse, 2017.

要，特別是第四及第五層能力較屬於硬實力範疇。故此模式均可作為學校培養人才規劃課程之參考！

（三）總整課程（Capstone Course）之規劃

　　學生學習成果素為教學後檢視學習成效的重要指標，美國高等教育早在1970年代，在卡內基高等教育政策研究委員會（The Carnegie Council on Policy Studies in Higher Education）支持下做總整課程（capstone course）研究。之後，又有其他研究陸續肯定此課程之重要性。1998年的「更新大學教育：美國研究大學之藍圖（Reinventing Undergraduate Education: A Blue Print for America's Research Universities）報告也強調積極推動此課程工作（黃淑玲，2014）。各著名大學例如：史丹佛大學、加州大學洛杉磯分校、華盛頓大學西雅圖校區等紛紛採用總整課程。」

　　總整課程係指大學教育最後，最顛峰的學習總驗，使學生能夠統整與深化大學所學，讓學習穩固完成（國立臺灣大學教學發展中心，2012）。此學習經驗包括經驗及知能之整合（integration）、成果之收尾（closure）、學習之反思（reflection）及能與職涯做過渡（transition）之銜接。邱于真（2014）認為：在整合階段中，學生可將過去片斷、獨立的學習做有意義的總體聯結；收尾階段可為學習成果做一階段性的展現；其次，反思期間，學生了解所學之有用與不足；最後，具體化的學習成果可讓學生順利銜接畢業後的生涯，為未來工作做準備。她認為總整課程有下列實施方式：

　　(1)專題計畫；(2)大學論文；(3)專題討論；(4)實習；(5)綜合考試；(6)學習歷程檔案等。由於在中等教育並無學位論文，可以「專題報告」代替之。目前中等教育已經規劃「專題」課程，可將其列為總整課程的核心，再與其他相關課程做縱貫性銜接，同時，也能做水平方面的橫向整合。美國加州大學洛杉磯分校實施總整課程之規劃，如圖10所示（UCLA, 2009；黃淑玲，2014）。

　　這些課程規劃均可提供借鑑及佐參。

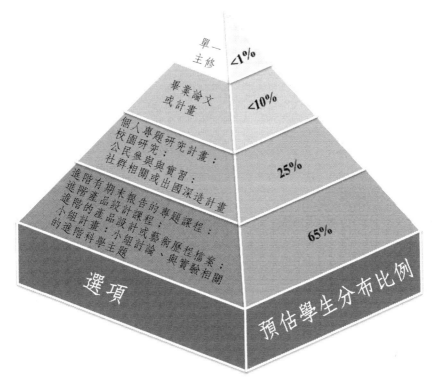

圖10 總整課程種類（capstone options）與修讀人數預估

資料來源：圖修改自UCLA, 2009；黃淑玲，2014。

（四）成果導向的專業教育認證機制

中華工程教育學會（Institute of Engineering Education Taiwan, IEET）推動大專院校以學生學習成果為導向（outcomes-based）的教育品質認證：「工程及科技教育認證」係針對大專校院授予學士學程（degree-granting program）之檢視認可。概含工程教育、資訊教育、技術教育、建築教育及設計教育等五大領域，其機制如圖11所示（中華工程教育學會，2017）。

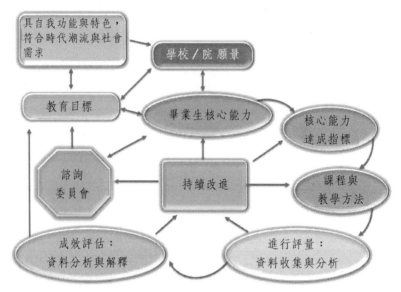

圖11　中華工程教育學會之 專業教育認證

資料來源：圖修改自中華工程教育學會，2017。

　　由圖11得知，認證以畢業生之核心能力為基石，這些核心能力是以學生學習能達成的適用性廣域專業能力為鵠的。此模式亦可作為中等教育工業教育類課程規劃及修訂時之參考。

　　除工程類外，尚有商業類的專業教育認證，因與本文相關不大，予以從略。工程及技術認證，亦非常重視前述總整課程之規劃與實踐。

三、結論與建議

（一）結論

1. 能力取向規劃為課程再造奠基

　　課程是教育活動授業的主體，也是做為施教學習的總藍圖。理論上，許多教育學者將其定義為目標、計畫、學科、經驗等，特別是教育當局所欲掌握的正式課程（formal curriculum）為其定義之綜匯。我國國民教育課程是由中央的教育部主導規劃、制定、頒布與監督實施，相

關的大學、中學入學考試，亦須遵守課程總綱、領綱之規範與內容，學生才能順利升學。長久以來，我國中等教育技術（職業）高中課程之訂定，常強調學科及教材本位，以教師知識傳授為核心，以致常侷限在學校內部學習，忽略了生活經驗、校外學習及與產業的互動及需求！特別是，中等教育階段的自然科學普通課程，例如：物理、化學、生物、地球科學、數學等科目之內容常為大學用書的精簡版；工程科系的教科書更是技術（職業）高中課本的奎臬，中等教育階段學科之內容是將大學教科書採簡明化約（reduction）的方式編輯。如此，大學及中學之學科類似，教材內容兼又重複，老師常可能苦其所教，學生也易怠其所學。

　　因此，課程再造之取向宜師法美國（英國、澳洲、歐洲各國等）先建構未來及產業需求之人才通用能力後，再由產業界訂定各職場工作能力及標準等，以為與學科對接規劃課程之佐參。圖12說明此重大工程應有之作法：

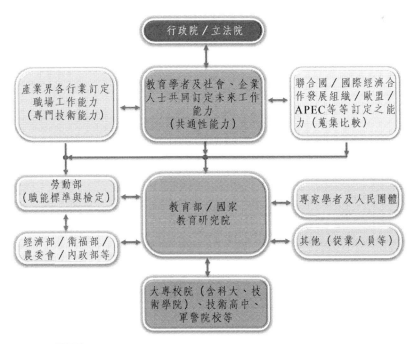

圖12　多管道的產業人才能力與職場工作能力發展途徑

資料來源：研究者自繪。

　　此巨大且重要之工程的發展途徑，必須由行政院及立法院啓動，行政院由政務委員召集相關部會，共商人才培育機制及要項，其中對產業人才所需之能力，須劍及履及，共同研議具本土（local）也具國際性視野的能力，這些能力是統合軟實力、硬實力與巧實力的不同面向，教育部是其間最重要的樞紐機關，承上啓下，整合跨部會及產業界之意見，行務實而致用之道，爲學科知識與技能做引領；產業界及勞動部則負責職能標準及專門技術能力機制之建立。

　　其次，教育部在課程總綱及各領域學科課綱的議定中，必須考慮實力、能力、整體課程三者，其與各學科科目間之相關性，以便對接及匹配，形成綿密網絡關係而互動。如表1課程再造的多維度關係。各領域課程及各學科亦須再檢視教學單元內與各種能力的配對及呼應關係。如前所述，能力之架構含有：共通能力及專業能力、產業廣域能力及特定專門技術能力、技術能力及管理能力、理論知識能力及實務能力所組成。產業及學校必須各取所需，各行其適宜之教學與訓練。因此，二者之緊密溝通與合作非常重要！

表1　課程再造多維度之能力／實力、課程／科目及學科關係表

能力分類　實力分類 ＼ 課程／學科／科目	普通課程		專業課程		總整課程
	獨立學科	跨學科（領域類）	獨立學科	跨學科（領域類）	
核心能力（教育部規定）　軟實力	科目名稱	科目名稱	科目名稱	科目名稱	科目名稱
硬實力	科目名稱	科目名稱	科目名稱	科目名稱	
巧實力	科目名稱	科目名稱	科目名稱	科目名稱	

表1（續）

能力分類 ＼ 實力分類		普通課程		專業課程		總整課程
		獨立學科	跨學科（領域類）	獨立學科	跨學科（領域類）	
非核心能力（各校自訂）	軟實力	科目名稱	科目名稱	科目名稱	科目名稱	
	硬實力	科目名稱	科目名稱	科目名稱	科目名稱	
	巧實力	科目名稱	科目名稱	科目名稱	科目名稱	

資料來源：研究者自行整理。

2. 課程再造的配套機制取向

　　課程的實踐並非課堂上的講授即可，要避免「蔣光超」（邊講邊抄）、「貝多芬」（只憑背誦拿高分）的現象，就必須有各種有效的支持資源系統。以21世紀學習框架的機制而言，學習環境中包括：教材、情境學習、問題導向學習、翻轉教學、專題計畫、實習實驗場所、建築及室內環境、學習工具設備、科技種類及資源等；專業發展中包括：教師的生涯專業發展、教師應用工具及教學策略與媒介、如何增強批判思考及解決問題之精湛能力、教師社群之開發與協助、因材施教及輔導學生能力、如何應用工具及資源診斷學習困難等；至於標準與評測，包括了多元標準與評量的眞實性、有效性與預測性；對知識的深度了解與實際應用於複雜問題的探究及解決；形成性、總結性、預置性與診斷性評量的適用時機與因勢利導等等（AACTE, 2010）。因此，課程再造絕非單一的課程問題，它與教學、環境、工具與設備設施、資源分配、多元標準與評測等等皆息息相關，必須有一平臺機制來 廣納這些需求，否則，獨木（課程）難撐大廈！課程再造雖是「教育一隅」，其涉及的面向甚廣、所影響之產出甚眾，只有眾擎才能易舉！

　　總之，教育部需及早因應規劃「課程再造」的支援機制，關於課程再造配套機制之理念，如圖13所示爲課程、教學及標準／評量呈一三角關係，互相影響，其又與外部的資訊科技、教師專業發展及教學環境息息相關。因此，課程之再造需築基於這些相關因素的配合。

圖13　課程再造機制之概念圖

資料來源：研究者自創。

（二）建議

　　課程的規劃、建制與發展、實踐，實際上是一重大工程與艱鉅任務，非一個機關（例如：教育部）或一社群或任一教育團體所能精確有效完成。故建議如下：

　　1.民間教育團體（例如：財團法人黃昆輝教授教育基金會、中國工業職業教育學會等）應聯合遊說立法院並向行政院反應：「課程規

劃、制定及發展、實踐」為國家人才培育的重大核心工作！兩院應連袂共同負責處理。

2. 教育部與勞動部應依其職責，糾合具有人力資源專長及課程發展的實務專家（practitioner），長期確實研究產業人才職能與工作需求，並依科技及工業發展趨勢彈性調整課程及滾動式修訂。

3. 大專校院（特別是科大及技術學院）入學考試以普通科目及基礎專業科目為主；高中階段之專業科目成績可思考採計學校名次（或PR值），其分數權重占總分之10～25%（依不同專業做調整）為宜。

4. 教育部只訂定「部定課程及必修科目」，授權學校自訂職業類專業科目。

5. 教育部挹注資金籌設「課程與資訊教育平臺」，提供聯結課程、教學、教材、媒體、評量等，並可將大數據分析各種教育議題的成果公開（open source）。其次，協助教師與學生運用此平臺，俾利教與學，並蒐集資訊做為課程滾動式修訂之參考。如圖14所示為本文所研擬之中等教育課程與教學資訊平臺示意圖，21世紀軟體平臺稱王、阿里巴巴、Amazon、Facebook、YouTube等等，即為例證。及早投資建設好教育大平臺，即是課程再造的人才培育王道。

6. 教育部、科技部、勞動部與經濟部等主要部會，平日應多與產業界互動，不惟加強產學合作，更需要建立技術能力之標準與評測的資料倉儲（data warehouse），以利各界應用。

7. 提升教師專業知能與職涯精進機會，補助教師至企業界（例如：免稅為誘因）研修，以及學生赴企業界實習。儘速在這方面建立全國性之規範與制度，勿令各級學校單打獨鬥，而失去團隊合作之效益。

8. 教育部及產業界應協助學校更新實習實驗設備，以符合產業界需求及未來發展。

9. 教育部協助各校教師資訊通訊科技（ICT）做為教學的工具，應特別老量開發「精準教學」、「精準學習」的智慧教學可能性。

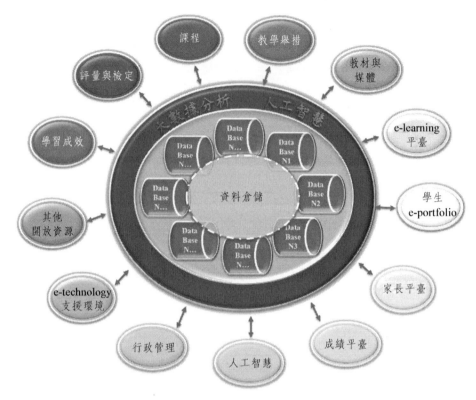

圖14　中等教育課程與教學資訊平臺示意圖

資料來源：研究者自創。

　　10.課程再造並非一蹴可幾，需要一長期性且廣泛性之研究支持，教育部應建置課程研究與發展機制，才能扎根此重要工作並累聚成果及成效。

　　2017年11月18日，由財團法人黃昆輝教授教育基金會主辦之技職研討會中，林聰明校長（2017）大聲疾呼：「技職教育出現五大警訊：學生語言力、創意發想力、實作力、資訊應用力及證照力都極需改革」。此皆根源於課程之再造，故本文提出上述分析及建議，希望大家群策群力，則國家人才之良質培育才有光明前途，產業及經濟才得以振興，國泰民安也才能再度實現。

參考文獻

一、中文部分

中華工程教育學會（2017）。何謂認證。**中華工程教育學會資訊網**。2017年11月25日，取自https://www.ieet.org.tw/Info.aspx?n=whatisac

林良齊（2017，11月10日）。AlphaGo幕後推手分享成功之道。**聯合晚報**，A5版。

林聰明（2017，11月19日）。技職教育大學校長提五大警訊。**自由時報**，A3版。

林薏茹（2016，1月22日）。WEF：第四次工業革命來臨，2020年前將有500萬個工作機會消失。**TechNews科技新報**，頁17。

邱于眞（2014）。教與學的合頂石——總整課程（Capstone Course）。**評鑑雙月刊**，49。取自http://epaper.heeact.edu.tw/archive/2014/05/01/6154.aspx

國立臺灣大學教學發展中心（2012）。**教與學的合頂石——總整課程**。國立臺灣大學教學發展中心。2017年11月25日，取自http://ctld.ntu.edu.tw/doc/Capstone_presentation.pdf

陳佩英等（2016）。教育部高中優質化輔助方案前導學校甄選申請說明會簡報——高中優質化前導學校規劃說明。**教育部高中職優質化輔助方案資訊網**。2017年11月25日，取自http://sap.cere.ntnu.edu.tw

黃啓菱、王惠英（2017）。**看見未來教育21種教室新樣貌**。遠見。2017年11月18日，取自https://gfamily.cwgv.com.tw/content/index/7804

黃淑玲（2014）。深化學生學習：總結性課程的規劃、設計、實施、評估與評鑑。**評鑑雙月刊**，49。取自http://epaper.heeact.edu.tw/archive/2014/05/01/6154.aspx

楊安琪（2015，12月02日）。日本NRI：機器人最快十年後取代日本49%勞動人口。TechNews科技新報，頁26。

鄭閔聲、楊竣傑（2017）。**AI學不會就是你的機會**。Cheers，205期，頁41。

二、英文部分

AACTE (2010). 21st Century Knowledge and Skills in Educator Preparation. American Association of Colleges for Teacher Education. Retrieved November 20, 2017, from http://www.p21.org/storage/documents/aacte_p21_whitepaper2010.pdf

Competency Model Clearinghouse (2017). *Competency Models*. Retrieved November 20, 2017, from https://www.careeronestop.org/competencymodel/userguide_competency.aspx

Fadel C., Bialik, M., & Trilling, B. (2015). *Four Dimensional Education, the Competencies Learners Need To Succeed*. Boston, MA: Center for Curriculum Redesign.

Gray, A. (2017). *The 10 skills you need to thrive in the Fourth Industrial Revolution*. World Economic Forum. Retrieved November 25, 2017, from https://www.weforum.org/agenda/2016/01/the-10-skills-you-need-to-thrive-in-the-fourth-industrial-revolution/

Izquotes (2017). H. G. Wells Quotes. Retrieved November 18, 2017, from http://www.az-quotes.com/author/15487-H_G_Wells

Partnership for 21st Century Learning (2017). *Framework for 21st Century Learning*. Retrieved November 20, 2017, from http://www.p21.org/about-us/p21-framework

Ramos, G., & Schleicher, A. (2016). *Global competency for an inclusive world*. Paris, France: Organization for Economic Co-operation and Development (OECD).

Roekel, D. V. (2010). Global Competence Is a 21st Century Imperative-- An NEA policy brief. National Education Association (NEA). Retrieved November 20, 2017, from http://www.nea.org/assets/docs/HE/PB28A_Global_Competence11.pdf

UCLA (2009). *Educational Effectiveness Review Report*. Los Angeles, CA: UCLA.

University of Wisconsin-Madison (2015). *Global Competence: Necessary Skills for a Connected World*. University of Wisconsin-Madison. Retrieved November 20, 2017, from https://parent.wisc.edu/newsletter-story/global-competence-necessary-skills-for-a-connected-world/

註：本文曾於中國工業職業教育學會106年度學術論文專輯中發表——饒達欽、賴慕回、晶華明（2017）。科技與產業變遷中之中等教育工業類課程再造取向。中國工業職業教育學會學術論文專輯，106年度，19-42。

第六章

技術型高級中等學校課堂的教學檢視

吳雅玲
國立屏東科技大學技術及職業教育研究所教授

壹、前言

在我國教育改革過程中，教學理念與實務的創新多元一直是眾所訴求的重要議題。愈來愈多的國小國中及普通型高級中等學校教師嘗試並致力於教學方法的改變，以提升學生的學習動機與參與興致。反觀技術型高級中等學校，其強調手腦並用之技職教育，然專業群科之理論課裡教師的講授教學仍是主流，而實作課大多是教師講解示範，後學生操作。縱使實施多年之相關教育計畫訴求課程與教學的革新，如高中職優質化計畫等，但在技術型高中課堂裡，教學實務仍鮮少變化。

教學是學校的核心活動之一，攸關學生學習成效。在合宜目標的引導下，教師運用適當的教材，透過多元教學方法與教學媒體，提升學生學習動機，引領學生投入學習，則能產生優良學習成效（吳清山，2005）。再者，技職教育是國家教育核心，與國家的經濟發展息息相關。目前產業追求跨領域與高科技發展，相對亦需求具跨領域專業知能之技職人才。也唯有創新多元之技職教育教學才能引導技職人才的創新改變，進而促進個人生涯與國家經濟發展。因此，技術型高中專業群科之教學的改革值得重視與深入探究。

貳、技術型高中教學之困境

比起普通型高中，技術型高中之課程教學與進路總未得社會較多的青睞、討論與重視。也許這是受到傳統「文雅教育較技職教育重要」之社會價值觀所影響。統計指出，105學年度就讀技術型高中學生占整體後期中等教育人數之51.64%（教育部，2017a），較普通型高中學生人數略多，這群學生之教學品質理應受到相對的重視。茲從教材、教學方法、評量等三面向檢視目前技型高中的教學困境。

一、教材

教材，如教科書是引介學習內容與增強學習的關鍵媒介。儘管科技發達，教學資源分享平臺逐漸普遍，教科書仍是學生首要的學習資源。而在技術型高中裡，教科書仍是教師規劃學生學習之重要依據。

（一）部分專業類科教科書多年未更新

108學年度十二年國教課綱實施在即，新課綱強調發展跨科之以群為單位的專業課程或其他特色課程。然課程首重教材之編撰，而目前我國技術型高中裡，部分類科，如水產養殖科、園藝科、森林科等較稀有之冷門類科的專業教科書已有數十年未更新。部分教師在技術型高中教授的教科書仍是他們當年在高職就讀時的教科書，這些教科書並未隨著產業的研究及發展而有所更新。

因為部分類科之學生人數少，導致教科書廠商投資開發新版教材之意願低。另外，技術型高中教師時間有限且有時因專業自信不足，亦未能投入教科書之編撰。致使教師須一面使用十分陳舊的教科書，一分更正其不合時宜內容，且須一面補充最新資訊。老舊內容的教科書可能呈現不合時宜的內容，誤導學生學習，增加教師授課困難，較難提升學生之學習成效，顯然適時更新教科書之專業資訊對部分技術型高中類科之課程教學的實施是當務之急。

（二）部分專業類科教科書內容貌似參考書

目前我國技術型高中共有15個職群約93科（教育部，2017c），由於科別繁多，要求每一類科每一本教科書的優質出版實屬不易。目前部分類科之教科書內容與坊間教科書相似，內容條列呈現，類似知識性概念的羅列，缺乏情境脈絡及內容之實真實應用。如此內容無法使學生對內容融會貫通且易限制學生的學習遷移。

二、教學方法

不論是知識或是技能，技術型高中學生的學習十分仰賴老師的指導。老師於課堂上教學方法的運用，深遠影響技術型高中對學習內容的理解、吸收與運用。

（一）運用傳統單一教學方法

　　為因應國中免升學高中及十二年國教的推行，為促進現場教師之課程設計、教材教法及評量方式的改變，以實踐有教無類、因材施教及適性揚才等十二年國民基本教育理念，教育部自103年規劃與實施專屬於國中、高中職的十二年國民基本教育中等學校教師專業能力五堂課，以教學為主軸，包括教學策略、差異化教學策略、多元評量理念等。期待能加強教師差異化教學專業知能，落實教師教學專業及教學品質、提升教師多元評量的專業與技能，增益學生學習內涵，以培育學生多元能力（教育部，2017b）。再者，許多技職教育政策與計畫鼓勵教師組成專業社群，規劃教師教學輔導機制，進行多元差異化教學及實施教師創新模式。雖然有上述種種計畫、政策與活動，但目前多數的技術型高中專業類科的教學仍採傳統單一的教學方法。

　　技術型高中專業類科的理論課多採取講述教學法。而在時間與資源有限的情境下，實習課程主要是教師講解、示範操作後，學生再練習實作與呈現。此時教師在一旁協助與檢核，後再綜合講評。講述法精簡省時，可以有系統呈現教學內容，教師毋需花費太多心思準備許多課堂活動，課堂秩序亦容易掌握。但如此的教學情境實在難引起學生之學習動機與注意力及培養真實應用的能力，致使學生面臨學習困難。此外，一成不變的教學方法，對於培養跨領域之具彈性與適應力之技職人才似乎是緣木求魚。再者，此亦會造成學用落差，學生在課堂習得之知識與技能無法靈活運用於實際職場（張國保、李寶琳，2014）。

（二）強調技術士證照取得，要求學生強記並反覆操作練習

　　技術型高中強調學生專業技術士證照之取得，學生在反覆操作檢定固定題型及將學科題目背得滾瓜爛熟的過程中，雖然能順利取得證照，然卻鮮少能真正理解其內涵概念、未能予以融會貫通、旁觸類通，或真正實際解決問題（吳盈潔，2013；蔡瓊徵，2015）。

（三）缺乏意願、需求與精力，導致教師未能改變傳統保守的教法

　　目前技術型高中教師在職業專業類科上較常採用傳統保守的教法。仔細觀察，教師鮮少嘗試創新教學方法主要原因如下：1.教師缺乏改變的意願：教師平時忙於指導學生使其通過專業技能考試，而目前最常運用的方法則是反覆練習，使其自動化。若如此重複操作與背誦的學習法能使學生取得證照比例符合學校要求，則教師未能意識須嘗試創新。再者，教師亦擔心教學方法的改變可能會花費更多的課堂時間，目前教學時間已捉襟見肘，實在不能隨意浪費。其次，因創新的教學法效果並無於確知，面對學生考取證照比例之壓力，教師亦不敢輕舉妄動。2.教師未有改變的需求：許多職業類科教師曾於高職學習，而其高職教師亦運用傳統教學法，使得其成為教師之後亦視此類教學為理所當然，根深柢固的教學習慣導致教師未有改變教學方法的需求。3.教師缺乏改變的精力：技術型高中專業類科教師除了日常的教學、輔導外，亦需輔導學生為專業技能檢定而準備、指導學生參加科展、專題製作比賽、小論文比賽、技能競賽、技藝競賽……等。而目前許多技術型高中之職業類科通常是一個年級一班，同科教師人數極少，但需推動之活動與業務亦逐年增加與複雜，故輔導學生日常學習並指導學生參與上述這些活動花費技術型高中教師許多時間與力氣，使得教師於教法之創新上力有未逮。

三、教學評量

　　評量是教學的重要一環。評量不僅是學生學習過程與成果的展現，亦是教學教學成效的檢視。

（一）重視形成性評量，輕忽總結性評量

　　技術型高中課程重視形成性評量，強調每個單元的個別認知或實作成果，輕忽期末之總結性評量，如此學生的知能建立較零碎，未能培養對此課程內容之融會貫通與整體概念。如飲料調製課程，每次上課重視每個不同飲料調製法的實作，如這週進行直接注入法、下週進行攪

拌法、下下週進行注入法……等。學生可能熟練每種單一的飲料調製法，但整體上，其對各種飲料調製法的融會貫通、創新與自我想法卻十分缺乏。

（二）紙筆測驗內容與實作評量的脫節

技術型高中專業類科之評量於學科部分較多採用紙筆測驗，而實作部分則主要採取實作評量。但目前之評量卻未能強化紙筆測驗內容與實作之聯結，致使學生缺乏理論與實務之鏈結。

參、技術型高中教學改變的可能

當代及未來產業需求具備能運用於多元情境之高階技能的人才，其亦需具備跨領域及創新的知能，而這些知能皆需要個人具有高層次思考能力。而許多技職教育學生畢業後亦將投入產業，當然亦需具備此能力，才能符合產業需求。教師教導學生不僅思考，學生亦須能進行創意思考、做決定、解決問題、推理、分析、解釋及持續學習。具批判思考能力者則能運用各類資源解決問題，以標準表現為基準點，尋求相互協助與倚靠（Lynch, 2000）。另外，每位從業人員都須具備藉由個體自發學習之持續改善與提升的職業行動力（vocational actionability）（Göhlich & Schöpf, 2011），以因應產業快速變遷。而這些素養與能力的養成都不是傳統教材、單一講述教學方法與評量所能培養，須藉由差異化與創新之教學才能達到適性揚才之目標。茲提供以下作法，以供技術型高中教學時的參考（Bulgarelli, Lettmyr, & Kreiml, 2010）：

一、教材

所謂盡信書不如無書，教師可以針對目前使用之教科書，或於自編教材內進行些許改變，使其更符應學生的多元需求。

（一）教材宜提供學生反思個人學習的機會，並鼓勵學生於教材內找尋　　與辨識有助解決問題的資訊

每個單元末的練習區，除了認知與技能的題目練習外，亦可設計相關題目，鼓勵學生個別或小組討論與思考此單元學習內容與未來實作情境之關聯、意義與功能。

（二）教材內容宜具統整性，教材內容宜能聯結不同主題、情境、統整　　不同知識技能，並能將知識與技能轉化至新情境

技術型高中專業類科知能首重應用，故教材內容宜能統整核心知識與技能於不同情境之運用，引導學生明瞭此學習重點於各式脈絡上的運用變化。再者，為使學生能融會貫通，教材宜能融入與主題相關之知能，引導學生明瞭其關係。

（三）教材的知識與技術內容對學生而言應具有意義

具體作法則是讓教材內容與學生未來將會運用這些知識與技能之專業社會與個人生活情境相聯結。因此，教材內容宜說明這些核心知識與技能於實作生活脈絡之運用與功能，如此有助學生之理解與學習遷移。

（四）改變教材內容的呈現結構，以歸納法代替演繹法

傳統的教材內容通常是依循演繹邏輯，即以理論知識破題，將其運用於具體問題中。教師也許可以將現有教材內容予以變化，而改採歸納推理方式，即以學習者經驗及具體問題為起點，後才進入一般抽象的知識。下表為不同呈現模式之教材結構的比較。

表1　不同呈現模式之教材結構比較表

模式	演繹法	歸納法
重點	教學	主動學習
結構	1. 理論知識 2. 問題―評量學生對理論知識的理解 3. 習題―運用理論知識	1. 溫故區―提示學生針對此單元應該已具備之知能 2. 探索活動―要求學生完成特定活動或發現許事物 3. 應用習題―運用新知識的活動 4. 綜合活動或統整

資料來源：引自Bulgarelli, A., Lettmyr, D. C., & Kreiml, P. (2010). Learning Outcomes Approaches in Curricula (p.118). Luxemburg: Publications Offices of the European Union.

二、教法

教學方法影響教學內容之傳遞、學生學習動機的引起及重要態度之培養，教師宜開放心胸多方嘗試與運用。

（一）以原有的教學方法為基礎，逐步嘗試融入多元教學方式

其實目前教育部大力推動許多差異化之教學方法，期盼教師嘗試運用，因應學生特性，提升其學習成效。教師不妨以目前慣用之教學方法為基礎，進行微型改變。如每週選擇一堂課的部分時段嘗試不同教學方法，且可選擇較易操作的基本款入門，如學生小組成就區分法（Student teams-achievement divisions, STAD）、學思達等。確實，學生的能力有班級、校別及城鄉差距，教師可依據學生程度加以調整來實施，如此較易有成效。

（二）理論知識的情境化學習（contextual learning）

職業專業知能的學習是根基於連貫一致之應用理論知識的運用

（Clarke & Winch, 2006）。就職業專業知識而言，其理解有其特殊性與實務性，職業專業知識的意義來自運用而非外在理論邏輯。理論與實務是不分離的，且是包含於實務中。簡而言之，教導職業專業知識必須始於脈絡化的「實務」（practices），並運用多元與集體經驗來幫助學生進行必要之聯結與洞察。而這種有用的學習類型是學生主動的，且教師能提供具體化可操作的活動，如此才能引導學生理論知識的理解（Canning, 2011）。

（三）提供學生自主學習機會

學習過程中，學生儘可能能主動地計畫、執行、檢核、修正與評量自己的學習活動。在臺灣，學生的自主學習似乎很難實踐，但有行動才有改變的可能。

（四）運用行動取向的學習模式

課堂的教學不再只是老師講解、示範、學習模仿與練習等四步驟。教師可以採取類似專題製作課程的實施形式，以行動取向學習（action-oriented learning）模式進行。學生以小組方式完成學習任務：1.賦予學生一項任務，教師提供基本解釋，學生努力搜尋各種必要資訊。2.學生計畫與組織完成任務的必要步驟與資源。3.學生與教師討論預定的計畫並協助作決定。4.學生以個人或團隊方式執行計畫。5.學生控制、討論與評估最後成果。6.學生展現成果，並討論遇到的困難（Bulgarelli, Lettmyr, & Kreiml, 2010）。

（五）教學過程強調學生多元能力與態度的學習與應用

教育改革過程中，大眾殷殷期盼教師運用多元教學方法，其實就是希望藉由綜合創新的教學方法而培養學生統整多元的知能與態度。故待教師更熟悉融入不同教學方法時，宜考量多元教學方法的運用應能在過

程中鼓勵學生應用所習得之知識技能、發展個人責任、獨立、反省、自信與合作等能力。

三、運用多元評量

評量的運用不只是考量評量方式的多元性，亦應強調評量的品質與效度。

（一）以迷你專題統整該科各單元之學習

有鑑於目前專業類科之教學強調形成性評量而輕忽總結性評量，而使同學喪失了於期末統整該科目知能及聯結其他科目學習成效的機會，故建議教師可調整平時與期末學習的比重，稍加重視統整評量。教師可以迷你專題形式來彙整整個學期該科目之各單元的學習。即使是技能檢定相關學習內容，教師亦可於學生熟練各個操作題型後，鼓勵學生以此特定技能檢定內容為範圍，進行形式與內容之稍加變化的個人或分組創作。透過此期末迷你專題，同學可將整個學期之個別單元甚至其他相關科目的學習予以統合，進而能融會貫通。例如：飲料調製課程，於每個不同調製法教學後，可鼓勵學生在此基礎上，以分組或個人形式，調製有別於現有教學內容且具特色的飲料。

（二）運用「學生任務」形式的評量

目前在歐洲有部分國家之義務教育階段，嘗試運用學生任務（student tasks）的評量方式，使教師更了解學生的學習成果且更能展現形成性評量之了解學生學習過程的特質。「學生任務」實為一個實務活動或思考過程，透過這個活動或過程，學生能統整與運用各種學習經驗。學生任務可以是產出特定產品、調查特定議題、展現特定行動、提供特定服務、策畫特定活動、個人省思等。「學生任務」評量方式主要是幫助學生統整習得之知識、技能，並發展重要能力，如團體合作、創新等，此有跨領域的特色（Bulgarelli, Lettmyr, & Kreiml, 2010）。而

此評量方式與上述之迷你專題亦有異曲同工之妙。

（三）發揮評量的多元功能

評量不只是評量，以往總認為評量僅為了解學生之學習成果與過程，但探究教師之課程教學設計與實施的合宜性及學生將學習成效運用於實際情境的可能性亦是評量的重要目的（Dirksen, 2015）。近年來，教育界愈來愈重視評量的多元化功能，包括：1.評量乃支持學習（assessment for learning）：運用評量以支援課室教學。2.評量即學習（assessment as learning）：運用評量提升學生的學習自主性。3.對學習的評量（assessment of learning）：運用評量結果來確定學生的學習成效（Bryce & Humes, 2008）。

（四）鼓勵學生自我評量及參與同儕評量

其實學生需學習為自己的學習負責並能自主學習，故鼓勵學生於學習過程中進行自我評量且引導學生為自己的學習做計畫、自主執行並時時檢核是十分重要的。再者，與同儕分享學習結果，進行經驗交流與對話並檢核同伴的學習成果之同儕評量亦是可使用的評量方式之一。而在同儕評量的過程中，宜引導學生提供建設性的回饋以提升彼此未來的學習，如此可使學生為自己學習負責，亦可觀摩他人的學習經驗，促進個人思考與學習（Bryce & Humes, 2008）。然為使學生之自我評量與同儕評量有所依據，且能有改善的參考，教師宜提供檢核表、評量指標供同學使用。

肆、結語

教學是學校教育的核心，教師透過教學傳遞學習內容、培養學生的多元素養。然，可能緣於各種因素，技術型高中教師未能改變其傳統單一的教學方法，但在鼓勵學生應培養與時俱進的自主、共好、行動

力、適應力與創新知能的同時，技術型高中教師亦應以身作則。不必從高深複雜的層次進入，技術型高中教師可從個人能力所及的範圍開始，因應學校特性及學生程度而有所調整，畢竟教學的自信感才是課程改革的關鍵。另外，同儕間的相互經驗分享及鼓勵亦是技術型高中教師教學精進的關鍵因素之一。

參考文獻

一、中文部分

吳盈潔（2013）。**職餐飲科C-STEM烘焙創意教學之研究**。國立屏東科技大學技術及職業教育研究所碩士論文，未出版，屏東縣。

吳清山（2005）。優質學校中課程發展，教師教學與專業發展之指標內涵及實踐策略分析。**教師天地**，134，21-31。

張國保、李寶琳（2014）。我國技職教育人才培育的問題與前瞻。**教育資料與研究**，112，53-76。

教育部（2017a）。各級學校概況表（80-105學年度）。取自http://depart.moe.edu.tw/ed4500/cp.aspx?n=1B58E0B736635285&s=D04C74553DB60CAD

教育部（2017b）。十二年國教五堂課專區。取自http://vtedu.mt.ntnu.edu.tw/vtedu/node/117

教育部（2017c）。105職業學校群科歸屬表。取自https://drive.google.com/file/d/0B4iN9aa_SUTWVzRlRE9ERDhZX0U/view

蔡瓊徵（2015）。**地方特色融入餐飲科中式點心課程之創意教學研究——以臺東關山米及池上米為例**。國立屏東科技大學技術及職業教育研究所碩士論文，未出版，屏東縣。

二、英文部分

Bryce, T. G. K., & Humes, W. M. (2008). *The distinctiveness of Scottish education. Scottish education: beyond devolution*. England, Edinburg: Edinburgh University Press.

Bulgarelli, A., Lettmyr, D. C., & Kreiml, P. (2010). *Learning Outcomes Approaches in VET Curricula* . Luxemburg: Publications Offices of the European Union.

Canning, R. (2011). Vocational education pedagogy and the situated practices of teaching core skills. In R. Catts, I. Falk., & R. Wallace (Eds.), *Vocational Learning* (pp. 179-190). New York, NY: Springer.

Clarke, L., & Winch, C. (2006). A European skills framework?—but what are skills? Anglo Saxon versus German concepts. *Journal of Education and Work, 19*(3), 255-269.

Dirksen, J. (2015). *Design for how people learn*. Berkeley, CA: New Riders.

Göhlich, M., & Schöpf, N. (2011). New forms of learning in German TVET–Theoretical remarks and empirical results. In R. Catts, I. Falk., & R. Wallace (Eds.), *Vocational Learning* (pp. 145-164). New York, NY: Springer.

Lynch, M. (2000). Against reflexivity as an academic virtue and source of privileged knowledge. *Theory, Culture & Society, 17*(3), 26-54.

第七章

臺灣現階段技術型高級中等學校工業類科教師培育質與量提升之我見

湯誌龍

內思高級工業職業學校校長

壹、前言

　　近年來學齡人口逐年減少，各級學校面臨少子化衝擊，尤其是技職體系技專校院、技術型高中。2016年以來，學校經營或學校教育所關心的議題都聚焦於：南向發展招收東南亞學生以提高或補足學校入學人數、私立學校因生源驟減之下的退場機制、公立學校是否再降班級數與班級人數、教育部核定給予各校的獎補助款能否填補因生源不足造成的經費短缺，甚至關注在教育部對於退場學校所給予的補救與補助措施。然而，學生的學習環境、學生的學習成就、教師的教學成果、師資的條件與專業成長等，相對被沖淡或忽略了。學校及社會大眾真正應關心的是科技時代來臨，學生面臨著：在有限的在校時間，需學習大量的知識技能，如何透過師資的培育、現職教師之專業成長，以提升教師對於學生核心知識學習之課程與教學規劃，當屬最優先的議題，如此方是面對生源的困境之下，化危機為轉機，培育我國優質人力的重點教育工作。

　　師資培育的範圍相當廣泛，尤其是技術型高中，包含了：工業類、農業類、家事類、商業類、海事水產類、藝術類等，各類再下分為不同群，以工業類為例，可分為：機械群、電機電子群、動力機械群、土木建築群、化工等五群，再從各群細分不同科別，工業類五大群共為26科。各類群均面臨不同教學與管理，個別均有其獨特性以及待解決之問題，本文以技術型高中工業類科為主要探討對象，從師資培育過程以及教學現況，探討與分析目前工業類科專業教師培育之質與量之現況並提出參考建議方案，至於其餘類群的師資培育相關議題，仍待專家先進深入分析。

貳、臺灣的中等教育師資培育現況

　　大學生或研究生得經過各大專校院設置之師培中心招生委員會，採筆試、術科、或其他特別方式甄選錄取，以2-4年的時間選修足夠的「教育專業學分」外，還須備有未來認證教學類科必備及選備之「專業課程學分」，106學年度以前入學或取得師資培育選讀資格者（稱為

舊制），經審查後方具資格在師培中心合作的高中職進行半年教育實習，成績及格得參加一年一次的教師資格檢定考試。106學年度入學或取得師資培育選讀資格者（稱爲新制），選修學分大致相同，惟教育實習改爲通過教師資格檢定考試後，才進行半年之教育實習。目前工業類科師資培育人數相當稀少，從師資培育與藝術教育司所提供的師資培育大學一覽表中（師資培育與藝術教育司，2017），由筆者自行檢視計算出：自民國90年至103年共有17所師資培育中心停辦中等教育師資招生，目前大學（含科大）尙有26所大學（含科大）仍招收中等教育師資生。

上述有關我國現階段的師資培育的過程與先進國家大致雷同，以德國爲例（European Agency, 2017），中等教育師資培育在大學進行，約需3.5至4.5年的大學專業含教育理論課程，另外加1.5至2.5年的師資訓練學校含實習課程。比較我們的師培過程，似乎與新制培育流程接近。德國師培在進入學校實習之前，須通過邦師資培育考試委員會負責的邦測驗（First Staatspruefung），這些測驗包含了：論文、學科的寫作與口語測驗、教學法、教育科技等，此測驗可稱之爲第一階段（First Staatpruefung）測驗，包含了：學科與口試考試。

比較第一階段的測驗，我們少了口試部分，我們的師資培育在大量開放的情況之下，每年教師檢定報名人數約在9,000人，如須進行口試，實務上確實相當困難。如同我們107學年度起實施的師培新制，第一階段測驗通過後才能進入第二階段，而完成第二階段學校教學實習仍有測驗（Second State Examination），包括：教育學相關理論、選定專業學科試教、教育法規與教育行政等。通過第二階段考試仍不代表獲得正式教師的職位。我國各大專校院師培中心雖訂定了半年教育實習成績考查辦法，實際上採自由心證方式，並無統一的基準。而德國在此部分仍以各邦訂定的統一測驗爲標準，雖無法證明這種測驗方式可以提升師資能力，但是在認證程序上，可見德國對師資培育的重視。

我國師資培育的現行制度，無論是新制或舊制，依據「高級中等以下學校及幼兒園教師資格檢定辦法」規定，考試共四科，包括：國語文能力測驗、教育原理與制度、青少年發展與輔導、中等學校課程

與教學（教育部2017），及格者需符合「總成績平均達60分以上，應試科目不得有2科成績均未滿50分，且不得有1科成績爲0分」。檢定之通過率大多在五成左右，以教育部師資培育及藝術教育司提供105學年度之數據（大紀元，2017）顯示，民國106年高級中等以下學校及幼兒園教師資格檢定考試應考人數9,278人，實際到考人數8,872人，到考率爲95.62%。教師資格檢定考試今年成績符合及格條件者共4,843人，及格率54.587%，去年及格率50.77%，總及格率似乎我國師培有一定的水平，然而，其教學實務上是否達到篩選的功能，仍有待評估檢討。

　　筆者雖無法透過網頁資料查出德國中等教育師資培育獲得證照的通過率，但是德國師培如此繁複的測驗，應可了解師資培育在量的規劃與管理上應有一定的規準。更值得我們列爲重要參考的是，德國各邦都重視實務培訓（In-service training, IST），且這些實務培訓（或稱爲服務訓練）機構State-run in-service teacher training（ISTT）均由各邦的教育文化局直接負責（有許多不同名稱：state academy academic institute for ISTT），亦可由各邦指定設置於訓練學校內，同時也兼顧教師專業成長各種課程培訓之規劃與執行工作任務。而我國在教育實習的規劃部分，完全授權給各大專校院師培中心自行負責，難免在師資培育的成果上會有差異性存在。

參、技術型中學工業類科專業師資培育「量」的需求

　　在設有師資培育中心的大專校院中，技術型高級中學工業類科的師資培育無論是量與質都已面臨困境。在量方面，此類師資培育管道主要來自：國立臺灣師範大學工業教育系、國立彰化師範大學工業教育系、以及國立高雄師範大學工業科技系，其餘師資則由各大學（含科技大學）設有師資培育中心，且有工業類群對應的系所者培育而得。前段資料顯示（師資培育與藝術教育司，2017）：目前大學（含科大）尚有26所大學（含科大）仍招收中等教育師資，其中並非每一所都有培育工業類科師資；各師培中心在招生方面，均以考試成績高低按序錄取，無法兼顧類科師資需求，進行錄取類科之分配或限制，因此工業類

師資人才培育在量的方面，更是雪上加霜。

　　工業類科教師培育之需求，長期發展應與國家教育政策息息相關；短期因應則可從現有學校及班級數評估。全國高中105學年度班級數爲（教育部統計處，2017）：25,986班（公立約14,200班、私立約11,800班），學生總數爲934,115人（公立約480,000學生、私立約450,000學生），其中工業類爲3,846班（占全國的14.8%），學生有138,185位（占全國的14.79%）。工業類學生各群的比例爲：機械群894班31,496人、電機電子群594班62,863人、動力機械群820班30,939人、化工群155班5,279人、土木建築群217班7,304人。生源逐年減少之下，如各類科比例不調整，高級中等學校仍約有15%的班級數爲工業類科，師資培育之需求比例仍屬比較高的一群。

　　工業類科儲備教師是否足夠，並無較明確的數據可參考，筆者以職業類科師資在每年的聯合教師徵選報名之數據顯示，預估工業類師資似乎有很充沛之師資數量，以103與104年度爲例（師資培育與藝術教育司，2017）：這兩年度報考教師甄試的總人數約爲9,000人，其中職業類科報考者分別約爲3,700人至4,400人，占總人數之半，如以普通高中校數及班級數均高於職業類科現況而言，表示職業類科教師需求比一般科目的教師需求高。職業類科這兩年甄試的錄取率在4.6%-5.5%之間（每年僅錄取約200人）。此資料顯示：具合格教師證書之職業類科儲備教師仍相當充足，雖目前師培數量上已經驟減，其儲備師資應足以提供職業類科教師之需。然而，實際報考人數中，不乏選讀師培中心並取得資格之儲備師資，可能是尚未有機會擔任教職、甚至其中有很高比例爲目前服務於私立學校，希望能透過甄選考上公立學校者，我們並無較正確的職業類科儲備師資總數量，以及各類科現有具合格師資但未從事教職的確切統計資料。但是，從上述統計資料、及報章雜誌所呈現之表面訊息：誇大的教師聯合甄選低錄取率、低就業機會，讓現就讀各大專校院有志從事教師志業的大學生，對加入師資培育行列卻步。更何況這是職業類科之報考總人數，而職業類科中尚有其他各類群教師，工業類在職業類科中所占的比例可能更低，教育主管機關應深入分析需求並鼓勵各大專校院師培中心提高工業類科教師培育人數之比例。

肆、技術型中學工業類科專業師資培育「質」的提升

　　在工業類科師資培育「質」的方面，本文第一段談及我國新制的師資培育與德國師資培育的進程十分接近，先選修教育專業學分，成績及格獲得教師資格檢定考試資格後，先行參加檢定考試，及格後才安排在校之教育實習。兩國都需經過檢定考試，方能實習。重點是上述檢定考試科目，聚焦在一般的教學知能，也就是教育學科知識（pedagogical content knowledge, PCK）為主，對於技術型高中教師所需的技術或實習科目之教育學科知識，幾乎沒有在考試範圍內，如何檢測各師資培育中心培育之職業類科教師是否有職業類科教學法？

　　筆者在民國70年代接受技職體系師資培育過程，尚未有教師檢定制度，中等教育師資培育以三所師範大學（臺灣師範大學、彰化師大之前身省立教育學院、高雄師範大學）為主，三所師大均設有職業教育系、工業教育系、商業教育系、家政教育系、藝術教育系、工藝科技系等培育相關職業類科師資，各系並依據專長分組，計有：製圖、室內設計、工業設計、圖文、機械、電機、電子、冷凍空調、汽車、鑄造、商業、家事（含餐飲、美容、美髮）等。各系各組之師資、除了具備大學講師（碩博士學歷）以上資格，幾乎都具備職業學校教師教學經歷、或是美國工業教育進修、或德國師徒制度師資研習（彰化師大）；大學四年學分修畢後，還有第五年的一年學校教學與行政實習（稱之為大五），如此紮實的儲備師資培訓，不但是具有高職教學經驗、國外特別專業培訓的師資、還有一整年的實習制度，雖然沒有國家檢定考試，卻能培育出具有實務經驗的職業教育專業理論與實務實習操作的教師。上述三所師資培育大學中，省立教育學院（彰化師大前身）更引進當時（1980年代）德國的師徒制，校外教學（含企業實務）實習列入第四年課程，四年即可畢業獲得教師資格，但是職（工）業教育系的學生，除了第三年內須獲得至少一張中華民國的乙級技術士證照，或通過等同於乙級技術士證照標準以上的技術能力測驗外，在第四年至少有六個月的企業界現場實習，以培育實務技能操作能力，如企業與學校雙方所評定的表現成績不及格，或者是未能通過技術能力測驗，就無法畢

業。我國70年代對於職業類科教師培訓的嚴謹制度之下，所培育的師資在各職業學校教學，各職業學校培育的學生在各業界的表現相當優秀，更是帶動臺灣經濟奇蹟最重要的基石。

　　當然時代背景不同，科技日新月異、知識倍數成長、教學的目標與方式更須迎頭趕上新潮流，我們的課程與師資必須與世界先進國家同步調整。然而，即使科技進步到自動化、科技化、機器手臂、機器人的時代，翻開各大報紙、104人力銀行等徵才廣告，目前業界對技術人員、對於初階甚至進階工程師的期望，仍是回歸到基本技術能力。現階段與過去民國70年代相較，過去的特色是沒有檢定考試，卻有工業教育的實務教學專業培訓；反之，現階段師資培育有嚴謹的檢定考試制度，卻反而因為「考試引導教學」，無意間失去了技職教育師資的核心能力：實務技術基礎與技能教學能力。也許也有另一種解讀：過去的教育，一年的校外教育實習是有薪水的或有津貼的，能激勵年輕有志投身教育的大學生願意投入教師行列；現在的制度不但要考試，且校外教育實習卻連津貼都沒有，對於經濟較不寬裕的有志從事教職之優秀大學生，可能更卻步了。

　　前段提及考試引導教學，事實上也引導了師資生的學習態度與價值觀，師資生如果未能通過國家檢定考試，就無法取得合格教師證書，除了無法報考公立學校之外，如僥倖有機會至偏遠或者是比較乏人問津的私立學校擔任代理教師，擔任代理老師除了薪資依規定有折扣外，不能享有薪資晉級，也只能投保勞工保險取代公保，因此所有師資生都盡全力準備檢定考試以取得合格教師證書，而考試共四科中：除了國語文能力測驗無所謂類科別之分，其餘三科：教育原理與制度、青少年發展與輔導、中等學校課程與教學等，理應依據不同類別師資，加入獨特的試題，但是，礙於表面上的公平性、命題的困難度、分類考試的複雜與試題委員聘請條件等事宜，只好以一視同仁的方式命題檢定，師資生也只能依據考試內容積極準備，師培中心絕大部分課程也都與檢定考試相關，在欠缺工業教育師資的情況下，頂多在教育實習課程安排幾小時演講或聘請兼任相關類科師資授課，難以落實技能或實務教學技巧之師資培訓課程。以工業類科師資生培育為例，諸如：工場布置、職業（各類

科）類科教學法、設備儀器規格、實習課程學習評量、技能學習評量等，以目前的師資培育中心課程規劃，在課程與教學之安排上幾乎都忽略了。

伍、技術型中學工業類科專業師資培育質量提升之建議

　　技術高中工業類科師資從上述培育類科人數及培育素質之探討分析，現階段教育主管機關可從：預估類科名額需求、專業技能實務對應之教學理論、業界實習、分類檢定考試命題、相關證照基本要求、實習機構的內涵功能強化、現有教師專業成長研習時段及內涵等方向，提出質量提升的建議。

一、教育主管單位宜預估類科師資需求，核定師培中心各類科招生名額

　　依據前述，現有師資培育學校數、參加檢定之人數以及參加教師甄選的類科人數等資訊，顯現目前的師資培育並無專業類別師資需求量之管控，教育主管機關也未針對各校師培中心招生專業類別進行審議。不但，教育主管機關未能提供未來各專業類科師資需求預估數據，各師資培育機構也無法調查與因應未來需求進行招生類科別名額限制。事實上，師培中心也只能受限於校內現有學院系學生進行招生，幾乎無法因應專業類科需求培育師資；如果，教育主管單位除了對師培中心所屬大專校院各院系專業類科應有名額限制外，另也開放各大專校院師培中心提出計畫申請對外招生，尤其是提高工業類科專業教師培育之需，應可以調整專業師資類科培訓對象比例，也可以據此提升我國工業師資與工業基礎人才質量之需。

二、師培中心宜強化專業類科師資技能與實務對應之教學理論課程（師資培育課程內涵上）

　　師資培育多元化與普遍化雖有其改革背景與需求，但是在研究型的大學比例增加之情境下，對於技職體系師資實務操作之教學能力之培

育，比例相對下降或削弱。目前我國師培中心培育各類師資幾乎以教育學科知識（pedagogical content knowledge, PCK）為主，至於專業知識（content knowledge, CK）方面，無論是屬於一般基礎科目（國文、英文、數學、物理、化學）或各專業科目（如工程、商管、餐旅、農漁牧、藝術等）則以各系所提出之必備或選備學分數，經過教育部委託之專業學科中心或專家學者，依據教育部審定之學科名稱及學分數進行審查。

在一般基礎科目與專業理論課程方面，大致上可以搭配教育學科知識，做為教學能力之培養重要理論與實務；但是在技能領域部分，如實驗教學法、工程類或其他餐旅、農漁牧、藝術等技能教學理論與實務，在師培中心課程規劃與安排上，師資搭配以及設備與教具的支援上，的確相當的困難，尤其是普通型或研究型大學各專業系所，絕大部分課程以基礎研究為培育或發展目標，實務操作之課程相當有限；即使是科技大學的課程規劃，大多仍偏向理論。雖然師培中心如前述以專業領域學分為認證之依據，也在選修學科名稱與學分數有標註實習或實驗，但各師培中心因無法進行技能領域之檢測，仍難以了解師培中心技術中學師資在技能上的實務能力，造成大學師培中心培育之技術中學師資，在專業基礎技能方面欠缺實務經驗。

技術型高中工業類科專業師資所需的重要課程，例如：工場布置、職業（各類科）類科教學法、設備儀器規格、實習課程學習評量、技能學習評量等，以目前的師資培育中心課程規劃，在課程與教學之安排上幾乎都忽略了。當然，之所以偏頗或缺少這類課程之原因中，有一定的比例是因為教師檢定並不考此類試題、還有絕大部分的師資培育中心可能因為師資或經費以及排課問題，無法落實「分科教學法」，因此疏忽了此類技術型師資必備的重要課程。本文呼籲各師培中心，如所培育的師資生中，有技術型中學專業類科教師培育，除了一般的教學理論需學習外，需安排技能教學之實務與理論，依其特殊領域或策略、規劃教學情境與方法演練安排、基礎機具操作、設備儀器規格之知能等，列為重點課程，不容忽視且刻不容緩。

三、技術型高中專業類科師資生在學期間宜規劃業界實習

　　《技術職業教育法》（民104年1月14日總統公布）第四章技職教育之師資，第25條……有關專業科目或技術科目應具備一年以上任教領域相關之業界實務工作經驗。第26條專業科目或技術科目之教師，專業及技術人員或專業及技術教師，每任教滿六年需至與技職校院合作機構或任教領域有關之產業，進行至少半年以上與專業或技術有關之研習或研究，……。對於現任技術型高中教師，以立法要求必須至業界研習或研究。

　　以個人接受技術型高中專業教師培訓的經歷中，對我近40年來的技術專業教學最有影響力的因素，就是在大學階段，有超過半年的企業技術養成訓練（是學校協助選擇簽約的企業）；對於專業技術、業界生產線的知能、技術教學的技巧之成長，都相當有助益。技術職業教育法的現職技術型高中專業教師每六年至少有累計半年的研習或研究，固然有其需要以符應科技與技術的變遷；然而，如果技術型高中教師專業實務教學能力，能在師資生培育階段就必須具備，例如：規定師資培育訓練課程應有三個月至半年至業界實習，將更能符合技術型高中工業類科師資之需求。當然，相關配套方案應予以同時規劃，例如：實習制度規定或細則之擬訂、學分給予方式、實習津貼規範、實習安排與簽約、對於配合之業界應給予的各種鼓勵措施等。

　　雖然技術型學校教師依據《技術職業教育法》（民104年1月14日總統公布）第四章技職教育之師資，第25條……有關專業科目或技術科目應具備一年以上任教領域相關之業界實務工作經驗，才能具有應聘資格，在實務上有其困難度。以現況而言，師培中心培育之合格儲備師資，須自己尋找相關實務經驗之工作。師資生為符合正式合格教師具有一年業界經驗資格，如向雇主說明只工作一年以取得教師任用資格，可能雇主不願意聘僱；再者，如在取得一年業界工作經驗過程中，對於企業文化適應且工作順利，可能就留在業界，不再從事教職。從另一角度而言，有熱心擔任教職者，不容易找到為培育師資且只有一年工作的職務與機會，除非是由師資培育中心簽訂合約的工作場合。如需由師資培

育中心負責，相信可能造成師培中心的困難，甚至不願意辦理此類師培課程。

　　綜合上述，如需符合法規需求，又能達實務教學之能力，教育部宜檢討上述三明治培育方式，師培中心技術職業類科師資培育期間，師培中心另應與業界合作，給予基本待遇的半年實務工作實習，列為結業的必要條件，方能解決實務教學之需求。

四、師資檢定考試應依據專業類科與以大分類方式命題，如有必要應增加口試

　　目前新制的師資檢定考試時程，改為學校教育實習前，與本文所述的德國師資培育檢定方式甚為接近。但，比較兩國第一階段的測驗，我們在檢定考試少了口試部分，也未列入術科。如果我們對於師資生檢定考試加入口試或術科，在檢定的場地、設備、流程等，確實有其難度。以目前的檢定科目、均以筆試為主，且已經實施多年，此種檢定按理說大多已讓大眾接受。然而，不同類科教師檢定考試如未依類科調整試題及範圍，恐無法真正了解應考者在專業領域上的教學能力。易言之，專業師資類別很廣泛，如果完全採用相同命題，實質上難以檢測專業教師的教學能力。以我國現行高普考為例，為適才舉才，考試科目都以不同類科進行命題，既然高普考可分類考試，師資檢定亦可針對不同專業類科教師進行專業類別的命題，即使是相同考科名稱，至少在題目內容應有一定的比例之題型為專業技術教學所需測驗題，方能顯現出檢定的實質意義。

五、技術型高中工業類教師仍須要求兩張以上等同於國家技能檢定乙級以上相關職種之證照

　　工業類師資生在通過檢定考試後，由師培機構安排至學校進行教育實習，在教學實習過程，原則上，應安排資深具有實務經驗之教師予以指導；但因為各校的背景不同，且實習的範疇項目有其比例規定，技術教學實習的時數安排比例可能無法滿足實務技術教學能力之培訓，無法在教學實習過程中補足實務經驗。除了前述建議中，希望能在師培階

段，尚未參加師資檢定考試前，應加列業界實務實習之需求學分外，如能要求應備有國家技能證照將更能展現出技術型高中教師專業技能之教學能力。

我國雖有證照制度，各校也積極推動證照，技術型學校專業類科教師也大多會被要求必須具有一張證照，如能有乙級證照更能顯示教師專業技術實務能力。事實上，我們的證照制度絕大部分是單項技術能力的表徵，相較於歐美國家的技能證照能力標準仍有些距離，尤其是實務綜合應用之問題解決能力，是否能以證照證明之，仍有待考驗；以工業類為例，各種職類證照，如：銑床、車床、硬體裝修、室內配線等，都只是單項技術能力的初步檢測，很難將類科技術綜合應用能力畫上等號。如果學校能要求老師具有兩種以上技能證照，較能符合技術中學各類科的專業技術或專業實習之項目。例如：機械科的專業技術職類至少包含：車床、銑床、機械加工、磨床、焊接、……等，電機科也包含了：室內配線、工業配線、機電整合……等，如技職教育師資能要求至少兩張以上等同於國家級乙級以上之證照，對於教學必定有助益。

六、規劃技術型高中工業類科儲備師資實習指定學校或指定機構以強化工業類師資技術教學能力

檢定考及格後的教育實習課程以師資培育中心簽約的附近或有策略聯盟關係的高中執行之，實習學校或機構的背景條件完全由師培中心負責篩選。實習學校實習期間的培訓方式與實際效能，一般而言，師培中心並無法完全掌握。德國的實務培訓（或稱為服務訓練）機構State-run in-service teacher training（ISTT）均由各邦的教育文化局直接負責（有許多不同名稱：state academy academic institute for ISTT），亦可由各邦指定設置於訓練學校內，同時也兼顧教師專業成長各種課程培訓之規劃與執行工作任務。

對於工業類科的師資生之教育實習，為能讓師資生有效落實工業類科專業技術實務與理論教學能力之學習，教育主管單位可規劃審查或選派符合專業培訓的技術型學校或特定專業機構（或師資培育教育實習專責學校），給予獎勵或補助措施，據以透過教育實習培育具實務能力

的教師。或者對於現有的專案任務的學校或機購，例如：技術教學中心、職業訓練中心，賦予師資生教育實習任務，對於工業類師資的實務能力培育應較有成效。

七、教師專業成長研習應避免在學期中進行，宜以寒暑假規劃為主，寒暑假應列為技術型專業類科教師抵免業界實習之主要時段

科技日新月異，教學設備與教助推陳出新，教育類專家學者對於教學法的研究與創新更是如火如荼的展開。尤其是跨領域課程規劃，以及學生為中心的教學方法是目前各國教育發展的重要方向。在教學活動設計與教學方法上，**翻轉教學**（flipped classroom）是最熱門且最重大的改革方向之一。至於技術型學校專業類科教師的專業成長，不只是教學方法的更新，在技術能力因應社會及科技變遷亦必須迎頭趕上，這些都是教師專業成長的重點。

教師專業成長固然重要，但是平日教學成效才是根本，尤其是學期期間教師因故調代課，對於學生學習頗有影響。雖然教師在平日上課期間加入研習增能，對於日後的教學可能有些幫助，也是個人的一種專業成長，但其研習時段，如果不是規劃於寒暑假期間，對於學生學習以及教師調代課產生作息的困擾，影響頗巨。教師平日工作很辛苦，備課、輔導學生生活、生涯、個別課業等，相當緊湊，在學期中參加研習也不一定能消化與應用所學。如能以寒暑假的備課時段，安排研習，當是對學校、教師、學生等最為有利之舉。

至於技術型學校教師依據《技術職業教育法》第26條專業科目或技術科目之教師，專業及技術人員或專業及技術教師，每任教滿六年須至與技職校院合作機構或任教領域有關之產業，進行至少半年以上與專業或技術有關之研習或研究，……。以目前公私立學校背景不同的條件下，私立學校幾乎無能力以留職留薪的方式執行此規定，所幸可以「零存整付」方式進行，亦即是累計方式在六年內有半年的業界實習即可。如此規劃，更需安排在寒暑假為之，並依據相關法規進行研習期間

的考核及研習結果報告，以落實企業研習或研究之實質意義。

陸、結語

　　師資培育是國家在教育政策上非常重要的一項任務，教育政策依據國家環境資源背景以及未來發展目標經過嚴謹的分析推估，加以比較國內外多方前鑑與預測，擬定出合適的師資培育政策。我國師資培育之教育政策打破數十年師範學校一元制傳統，建立了多元化培育制度，過程中雖優劣利弊並存，然而教師資格由審查制晉升爲檢定制度，確實有其正面的價值。

　　多元師資培育實施以來，衝擊較大者應屬職業類科（技術型中學）專業教師培育，尤其是實務技術教學能力有逐漸削弱的趨勢；本文以工業類師資培育爲例，從質與量的角度探討各種現況與可能之困境，也據以提出具體建議，期望後續能在政府有限的資源、法規的修正或制度的調整上有其參考價值，更期望對我國工業類師資培育以及實務教學有所助益，進而對學生學習成長更具實質上的成效。

參考文獻

一、中文部分

大紀元（2017.04.17）。臺教師資格檢定考放榜及格率回升至5成4。2017102擷取自：
　　http://www.epochtimes.com/b5/17/4/17/n9045763.htm。

教育部（2014）。「教育部補助辦理卓越師資培育獎學金計畫作業要點」，民國103
　　年8月19日發布／函頒。

教育部（2017）。教育部高級中等高級中學以下及幼稚園教師資格檢定考試網頁。
　　20171006擷取自：https://tqa.ntue.edu.tw/TEA01.aspx

教育部統計處（2017）。高級中等學校科別資料（106.1.24網頁資料）。

師資培育與藝術教育司（2017）。師資培育大學一覽表。2017.10.10擷取自：
　　http://ws.moe.edu.tw/001/Upload/8/relfile/7834/45409/b49595d4-2e8c-4e7e-9f91-
　　dda154346ebc.pdf

二、英文部分

European Agency (20170228), Germany-Teacher training – basic and specialist teacher training, 20170707摘自：https://www.european-agency.org/country-information/germany/national-overview/teacher-training-basic-and-specialist-teacher-training

第八章

技職教師的新圖像

鍾怡慧
國立澎湖科技大學通識教育中心副教授
徐昊杲
龍華科技大學特聘教授

壹、前言

教育是一切的根本，也是社會進步與發展的原動力，更是提振國家競爭力的重要基石（教育部，2002），過去我國屢創經濟奇蹟，很重要的原因即是能夠培育優秀的人才，配合國家的經濟建設與發展。教育是國家未來的希望，教育的品質則奠基於良師，師資培育是很重要的教育工程，更是教育品質發展的重要核心，根據學校教育改革經驗，教師素質是奠定學生成就的最重要基礎，是教育革新成功與否的關鍵，也因此，師資培育與教師素質議題在國內外受到廣泛的重視與討論（吳清山，2011；溫明麗，2000；蘇永明，2000）。

而隨著科技的發展，產業需求的技術瞬息萬變，各國為提升國家競爭力，無不挹注更多教育資源，以期培育產業需要的技術人才。然而，全球環境的快速變遷超乎人們的想像，新的科技知識，大約每兩年就成長一倍，美國前教育部長Richard Riley表示：2010年最迫切需要的十種工作，在2004年還沒有出現；我們必須教導現在的學生，畢業後投入目前還不存在、使用根本還沒發明的科技、解決我們從未想像過的問題（黃子櫻，2010）。

近年來又受到少子化的衝擊，使得整個教育體系受到很大的衝擊與考驗。依教育部教育統計（2017）資料顯示，國民中學畢業生人數，從2006年（95學年度）的國中畢業生約30萬人，到2016年（105學年度）的國民中學畢業生下降約26萬人，預估2032年（121學年度）的國中畢業生約20萬人左右，如表1所示。

表1 國民中小學歷年暨2017-2032學年學生數推估　　　　　　　　單位：人

學年度	國民中學學生數				
	總計	7年級	8年級	9年級	畢業生
95	952,344	317,762	319,638	314,944	314,010
96	953,277	317,072	317,298	318,907	317,975
97	951,976	318,239	316,818	316,919	316,080
98	948,534	313,942	318,052	316,540	315,798

表1（續）

學年度	國民中學學生數				
	總計	7年級	8年級	9年級	畢業生
99	919,802	288,229	313,815	317,758	316,906
100	873,226	271,564	288,052	313,610	309,159
101	844,884	285,560	271,463	287,861	284,579
102	831,925	275,149	285,469	271,307	267,798
103	803,233	242,864	275,028	285,341	276,628
104	747,724	230,116	242,692	274,916	265,886
105	687,204	214,818	229,982	242,404	238,284
106	653,464	208,900	214,719	229,845	225,947
107	625,277	201,879	208,805	214,593	210,944
108	609,388	198,916	201,788	208,684	205,130
109	598,781	198,284	198,825	201,672	198,226
110	588,577	191,674	198,196	198,707	195,308
111	564,573	174,904	191,588	198,081	194,689
112	549,677	183,375	174,824	191,478	188,207
113	573,544	215,535	183,288	174,721	171,731
114	611,334	212,730	215,435	183,169	180,067
115	627,387	199,464	212,633	215,290	211,674
116	622,778	210,922	199,374	212,482	208,912
117	614,671	204,600	210,835	199,236	195,884
118	619,549	204,328	204,521	210,700	207,148
119	609,372	200,723	204,250	204,399	200,942
120	601,883	197,107	200,647	204,129	200,646
121	591,389	193,825	197,034	200,530	197,107

資料來源：教育部統計處（2017a）。

　　再者，有關高中職校的教師人數，則發現從2006年教師人數約5萬人，到2016年教師人數約5.5萬人，不降反升，如表2所示。則其生師比亦隨之下降，雖可視為落實小班教學，以照顧所有學生提升教學品質，但相對教育經費支出亦隨之暴增，各主管教育機關紛紛採以管控教師員額，以因應少子女化的浪潮。

表2 高中職校現職教師人數統計表　　　　　　　　　　　　單位：人

		高級中學	職業學校	合計
95	公私立小計	34,581	16,168	50,749
	私立	13,381	4,716	18,097
96	公私立小計	34,748	16,258	51,006
	私立	13,535	4,743	18,278
97	公私立小計	34,759	16,470	51,229
	私立	13,329	4,935	18,264
98	公私立小計	35,580	16,585	52,165
	私立	13,429	4,958	18,387
99	公私立小計	36,257	16,906	53,163
	私立	13,751	5,105	18,856
100	公私立小計	36,407	16,976	53,383
	私立	13,724	5,056	18,780
101	公私立小計	37,159	17,166	54,325
	私立	13,831	5,094	18,925
102	公私立小計	37,842	17,045	54,887
	私立	13,925	5,059	18,984
103	公私立小計	55,699		55,699
	私立	19,275		19,275
104	公私立小計	55,340		55,340
	私立	18,800		18,800

表2　（續）

		高級中學	職業學校	合計
105	公私立小計	54,575		54,575
	私立	18,357		18,357

資料來源：教育部統計處（2017b）。

　　事實上，臺灣從1998年以來出生人口數即逐年降低，導致學校班級數縮減，而產生教師超額的問題，經由多元師資培育管道所培育而成的儲備師資，有相當高的比例未能如願地在各級學校中擔任教職，而形成了流浪教師的情況（蔡明昌，2014）。而今年（2017）頒布的教育人員年金改革的新措施，導引現職教師退休年齡的後延，高中職新進教師需求銳減外，對於新進教師教育專業與專門學科能力的要求更高，社會大眾對教師的期許，從「量」轉變成「質」的重視（連倖誼、張雅筑，2017）。

　　除此之外，108新課綱的公布，顯示未來技術型高中職業群科師資培育之主軸，將著重實務學習並能掌握產業脈動，技職教師不僅要能發展貼近產業的專業及實習科目之課程內涵，同時要了解群科之間的關聯與跨群科的專業異同，具備群科之間轉換的能力，更要能自主發展學校本位課程，協助學生畢業後順利地與業界無縫接軌。

　　而在2015年制定《技術及職業教育法》中，也訂定「技職教育之師資」專章，對師資職前教育課程、職業群科師資職前業界實習教育課程、技職校院專業科目教師業界實務工作經驗、技職校院專業科目教師的專業或技術有關之研習或研究都有所規範。因此，教師須具備將職場產業實務操作的工作能力內涵進行分析，並轉換成課程與教材內容，以順應著重學生核心能力的培養。

　　為因應上述產業內容與型態快速變遷、教師缺額減少，競爭者多、新課綱的實施，以及相關法規的頒布等國內外教育環境劇烈變化，在在顯示學校教師不能再用過去的所學，來教現在的孩子，去適應未來的生活，我國技術型高中職業群科的師培生或現任教師，都將面臨前所未有的教學挑戰。

　　為此，教育部於2006年公布《師資培育素質提升方案》，揭示教師專業標準本位師資培育政策方向；又於2010年第八次全國教育會議決議，發布《中華民國師資培育白皮書》，以「教師專業標準」及「教師專業表現指標」，擘劃師資培育發展藍圖。更於2016正式公布《中華民國師資培育白皮書》，具體揭櫫新時代教師圖像為具備教育愛的人師、具專業力的經師、有執行力的良師，並提出新時代良師應具有關懷、洞察、熱情、批判思考力、國際觀、問題解決力、合作能力、實踐智慧、創新能力等九項核心內涵，並以新時代良師核心內涵為引導，勾勒以學習者為中心的理想教師圖像，作為引導教師專業化歷程，以及精進各階段教師表現之依據（教育部，2016a）。2016年2月教育部公布《中華民國教師專業標準指引》，進一步研訂教師專業標準及其內涵，以為各階段教師必須具備的專業知能與態度，作為導引師資培育專業發展與精進教師表現之依據（教育部，2016b），引起國內學者諸多的討論。

　　教師專業標準是當前師資培育與教師專業成長與進修非常重要的議題，專業標準強調教師的知道和做到、透過標準的檢視，可了解教師具備一定能力和是否有能力勝任工作（吳清山、王令宜，2017），國內學者亦多從師資職前教育課程設計面向、教師專業發展面向、教師工作行為規範面向、教師績效評鑑面向等四大面向進行教師專業標準內涵的分析與應用之探討（吳政達、蔡瑜庭，2017；李文欽，2017；潘慧玲，2014），未將教師專業標準放在未來生活與全球化的情境脈絡中進行討論，因此反映的或許是特定時空下對於教師專業的看法。筆者對照分析趨勢作家，也是白宮前撰稿員Daniel H. Pink在《未來在等待的人才》（*A Whole New Mind*）一書中揭露的：「過去一世紀，西方社會盛行極度簡化、強調分析的生活模式；但物質優渥引發非物質的需求加深、全球化趨勢使得白領工作機會外流、科技進步甚至讓某些職業完全流失」（查修傑譯，2006），發現全球的產業與職場確實正在改變當中。因此，本文首先分析教師專業標準之內涵，同時，反思第四次工業革命時代來臨，對產業人才需求之改變為何？並從技職教師當前所面臨的課題，歸納技職教師應具備的核心素養，最後嘗試描繪技職教師的

新圖像，以為技職教師培育與進修的參考。

貳、我國師資專業標準強調專業知能，缺乏核心素養的完整樣貌

「素養」與「能力」如何區辨？目前國內學者關於「素養」與「能力」兩個概念的區分因為英文用詞「competence」與「literacy」的翻譯各持己見，「competence」有的譯成素養，有的譯成能力，literacy有的譯成素養，有的譯成知能（陳新轉，2012），長久以來「能力」與「素養」定義一直混淆不清。Gidrè（2012）認為素養是根據一個人在知識、技能、態度方面的素質，而對環境做出的某種反應；Crick（2008）則將素養定義為知識、技能、理解、價值、態度和慾望的複雜組合；Rychen & Salganik（2000）認為個體為了滿足複雜的需求和任務，不僅需要知識和技能，還需要適當的情緒和態度。國內學者黃藿（2012）認為，相較於能力，「素養」一詞的確比較難理解，在詞意上也更為抽象；素養包含專門知識的掌握，以及專業能力的表現，但它包含的不只是知識與能力，還包含某種態度與價值的選取；換言之，素養包括專業知識、專業技能、態度與價值；也就是素養包含能力，而能力卻未必涵蓋素養。

而教育部在《十二年國民基本教育領域課程綱要》中，亦重新定義我國國民的「核心素養」，認為「素養」要比「能力」更適用於當今臺灣社會。定義核心素養是一個人為適應現在生活及未來挑戰，所應具備的知識、能力與態度；較過去課程綱要的「基本能力」、「學科知識」涵蓋更寬廣和豐富的教育內涵；同時，可彰顯學習者的主體性，不以「學科知識」為學習的唯一範疇，強調其與情境結合，並在生活中能夠實踐力行的特質；也強調「終身學習」的意涵，注重學習歷程、方法及策略（教育部，2014），核心素養的訂定，具體回應未來成功的生活與功能健全的社會對國民的期望。

從《十二年國民基本教育領域課程綱要》明確訂定國民教育之核心素養內涵中，我們得以重新勾勒出學生的圖像，而教育部公布的《中華民國教師專業標準指引》內涵，對教師的期望為何呢？接下來進一步探

析教師專業標準與專業表現指標內涵。

　　我國教師專業標準以「專業精神與素養」為核心價值，參考澳洲標準，以「專業知能」、「專業實踐」及「專業投入」等三大向度勾勒教師應有的專業表現，並以化繁為簡，彈性制宜之原則訂定《中華民國教師專業標準指引》，敘明教師之職責與範疇（甄曉蘭，2014；楊思偉，2012）。內涵包括專業知能及態度；在專業知能方面，教師專業標準強調教師應該具備教育基礎理論、領域／學科專門知識、領域／學科教學知能等，了解國內外教育發展趨勢及重要教育議題。同時，教師能具有課堂教學的實踐能力，包括課程與教學設計及適時調整之能力、善用教學方法與策略、運用多元的學習評量，以及熟悉學生學習之差異與需求，營造支持學生學習之環境。在專業態度方面，教師應依法承擔教育專業責任及倫理，積極地透過多元管道終身學習，參加專業學習社群，與同儕、家長及社區間建立良好合作夥伴關係，分享及精進教學，提升整體教育品質。教師專業標準共有十項標準，每項專業標準下，又訂有專業表現指標（教育部，2016b）：教師專業標準向度、專業標準、專業表現指標之對應如表3所示：

表3　教師專業標準向度、專業標準、專業表現指標之對應

向度	專業標準	專業表現指標	
專業知能	1. 具備教育專業知識並掌握重要教育議題	1-1	具備教育專業知能（與涵養）。
		1-2	了解學生身心特質與學習發展。
		1-3	了解教育階段目標與教育發展趨勢，掌握重要教育議題。
	2. 具備領域／學科知能及相關教學知能	2-1	具備任教領域／學科專門知識。
		2-2	具備任教領域／學科教學知能。
專業實踐	3. 具備課程與教學設計能力	3-1	參照課程綱要與學生特質明訂教學目標，進行課程與教學計
		3-2	依據學生學習進程與需求，彈性調整教學設計及教材。
		3-3	統整知識概 與生活經驗，活化教學內容。

表3 （續）

向度	專業標準	專業表現指標
專業實踐	4. 善用教學策略進行有效教學	4-1 運用適切教學策略與溝通互動技巧，幫助學生學習。 4-2 運用多元教學媒介、資訊科技與資源輔助教學。 4-3 依據學生學習表現，採取補救措施或提供加深加廣學習。
	5. 運用適切方法進行學習評量	5-1 採用適切評量工具與多元資訊，評估學生能力與學習。 5-2 運用評量結果，提供學生學習回饋，並改進教學。 5-3 因應學生身心特質與特殊學習需求，調整評量方式。
	6. 發揮班級經營效能營造支持性學習環境	6-1 建立班級常規，營造有助學習的班級氣氛。 6-2 安排有助於師生互動的學習情境，營造關懷友善的班級氣氛。 6-3 掌握課堂學習狀況，適當處理班級事件。
	7. 掌握學生差異進行相關輔導	7-1 了解學生背景差異與興趣，引導學生適性學習與發展。 7-2 了解學生文化，引導學生建立正向的社會學習。 7-3 回應不同類型學生需求，提供必要的支持與輔導。
專業投入	8. 善盡教育專業責任	8-1 展現教育熱忱，關懷學生的學習權益與發展。 8-2 遵守教師專業倫理及相關法律規範。 8-3 關心學校發展，參與學校事務與會議。
	9. 致力教師專業成長	9-1 反思專業實踐，嘗試探索並解決問題。 9-2 參與教學研究／進修研習，持續精進教學，以促進學生學習。 9-3 參加專業學習社群、專業發展組織，促進專業成長。

表3（續）

向度	專業標準	專業表現指標
專業投入	10.展現協作與領導能力	10-1　參與同儕教師互動，共同發展課程與教學方案，展現協作與領導能力。 10-2　建立與家長及社區良好的夥伴合作關係。 10-3　因應校務需求，參與學校組織與發展工作，展現領導能力。

　　從上述教師專業標準內涵的分析中發現，前兩個專業知能與專業實踐向度的專業標準與專業表現指標，較強調教師專業能力的基礎，也皆已涵蓋在目前師資職前教育專業課程與專門課程中；第三個專業投入向度，雖較接近教育專業者應展現的熱情與使命，但仍缺乏對未來人才培育的掌握與想像，同時目前師培課程，也未特別針對此向度開設具體的相關課程。

　　單文經（2016）探析John Dewey良師論，從教師志業角度論析歸納良師要有情緒穩定、人格成熟、機敏理智的同情心；關愛年輕人成長與發展的真心，熱愛知識、終身學習的心，由耐心、虛心、專心、責任心、幽默感組合，能自我檢點與反省的心。除了存乎一心之外，更須表諸行動，持續發揮教育的影響力。再者，良師應有信心也能行動，把年輕人教成能為社會改進而盡力的人，藉此帶動社會的不斷發展、進步與成長。綜而言之，教師專業標準內涵多聚焦在教師規範性與發展性內涵，反映較多的是當下教師職業應具備的專業知能，對教師應具備之完整核心素養付之闕如。

參、第四次工業革命時代來臨，產業人才需求之改變

　　世界經濟論壇（World Economic Forum，簡稱WEF）2016年1月公布的「未來工作」研究報告（The Future of Jobs），指出以數位化、自動化、人工智慧化、材料革命與生物科技為主的第四次工業革命將顛覆全球經濟。WEF研究結果指出，第四次工業革命帶來的自動化所

造成的人力精簡，將導致全球已開發國家失去710萬個工作機會，但在科技、專業服務及媒體等領域，將創造210萬個新工作機會，兩相抵銷之下，在未來的5年內，將會有500萬個工作機會因此消失（The World Economic Forum, 2016）。WEF創辦人Klaus Schwab指出，在這場革命當中，速度、範疇與系統性衝擊，足以顛覆全球各個產業，同時，新興技術和各領域創新成果傳播的速度和廣度要遠遠超過前幾次革命，除速度和廣度之外，不同學科和發現成果之間的協同與整合變得更為普遍，第四次工業革命不僅改變未來工作世界的樣貌，經濟合作暨發展組織（簡稱OECD）在2016年也提出數位經濟已成為生活不可或缺的部分（Schwab, 2016）。技職教師同樣也面臨各行各業的知識及技術內涵變革，如何能掌握此一趨勢是重大課題。

　　而為因應新時代來臨與面對全球化的新挑戰，各國政府相當關心如何培養新世紀學生應有的關鍵能力，聯合國教科文組織（UNESCO）提出21世紀的教育，需要學會求知（learning to know）、學會做事（learning to do）、學會共同生活（learning to live together）、學會發展（learning to be）以及學會改變（learning to change）才能適應社會的快速變遷；歐盟提出未來的教育，應提供民眾具備用母語溝通的、用外語溝通、運用數學與科學、數位學習、學習如何學習、人際互動與參與社會、具創業家精神：改變、創新、自我設定目標、策略、追求成功、與文化表達的：欣賞、音樂、文學、藝術等的八大終身學習的關鍵能力；澳洲教育科學訓練部提出「就業力技能架構」（employability skills framework），包括：溝通、團隊合作、問題解決、原創與進取、規劃與組織、自我管理、學習與科技等八大技能（楊國賜，2013）。儘管各國積極訂定大變遷時代應有之關鍵能力內涵有所不同，然重點在於關鍵能力是否能被綜合應用於適應現在的生活及未來的挑戰，OECD（2018）就明確指出，2030年所需的核心能力涵蓋知識、技能、態度與價值等四大面向，有效的學習就是將這四種面向的元素進行豐富的混合。

肆、108技術型高中課綱規劃，技職教師培育未來人才的挑戰

　　技術型高級中等學校總綱強調的是以務實致用的技職教育特色，呈現多元適性的學習內涵，使就讀技術型高級中等學校的孩子，在未來3年的學習生涯中，能有最適合自己的課程，幫助每一個孩子邁向成功。國家教育研究院（2017）提出108課綱中修訂的具體改變包括：以「務實致用」為目標，修訂群核心能力及科專業能力；各群部定課程之實習科目依據「技能領域」，形成群核心能力；調增部定實習科目學分達15至30學分，形成「技能領域」，同時彈性調減部定專業（理論）學分，著重就業導向的課程與教學，強化高職學生實作技能，培養具備務實致用之就業能力；於實施要點（實施通則）中，增列產學合作與交流之必要性，以建立高職務實致用之課程特色；增加專題實作之教學指引，上述的改變對每個技職教師而言，都有所挑戰，以下則一一加以說明面對108課綱修訂，技職教師應有之作為。

一、以「務實致用」為目標，增強群核心能力及科專業能力的教學

　　亦即是技職教師需熟悉同一專業群內，各專業科別的專業知能。必要時，能進行跨科間教學或參與協同教學。教師除須了解跨科間教學或參與協同教學的意義外，為能有效達成教學，教師的需要能夠整合和設計課程。

二、依據「技能領域」所形成群之次核心能力，進行跨科教學

　　技職教師登記的教師證係以單一科別為主，在國家教育研究院（2016）108課綱草案中，以電機與電子群的技能領域為例，其中自動控制技能領域原屬控制科的專業，而電機工程技能領域則屬電機科，但在108課綱草案中，這二科的教師不僅需要跨技能領域的教學外，亦要對技能領域下相關專業課程能夠持續地發展與設計，顯見教師要具備跨科際間整合與設計的素養。

三、著重就業導向的課程設計與教學，強化高職學生實作技能，培養具備務實致用之就業能力

　　著重就業導向的課程設計與規劃，且調增部定實習科目的學分數，課綱規劃透過增加實習的時數，強化學生實作技能與技巧，以達成培養學生具備務實致用之就業能力。為達成此目的，技職教師仍需精進專業知識與專業技能，不僅僅是基礎，而是隨著業界技術內涵轉換的速度，持續提供進階的專業知識與專業技能。

四、投入產學合作與交流，以發展高職務實致用之課程特色

　　要強化產學合作與交流之必要，技職教師現有專業知識與專業技能是不足的，業界的機具、設備與研發都在快速進步中，教師如果有機會參與業界的合作與交流，所進行的實習或研發，都可能是業界的部分工作內容或部分工作計畫，亟待被整合後，發揮效果。因此，教師需同理業界商家的思維模式（追求最大利潤），理解為什麼要合作交流？有什麼好處？也需了解產學合作與交流的意義，以及如何創造學生、教師、學校、界業多贏的價值。至於要如何爭取到合作交流的機會呢？則需要自己、學生及學校，將合作交流的優點、好處及強項，進行強有力的行銷，就像是說故事一樣的引人入勝。

五、強化專題實作之教學成效，培養學生問題解決能力的提升

　　專題製作是技術型高中的課程特色之一，全國高級中等學校專業群科專題暨創意製作競賽，近些年來，參加複賽學生人數與作品件數逐年成長，由2014年1,827件作品、2015年2,044件作品、2016年2,103件作品、2017年2,267件作品，其中創意製作組從2014年377件到2017年744件，成長約略1倍（程金保、王朝正、鄭慶民、劉傳璽，2017）。學生透過問題導向的專題製作課程，完成作品參賽，要能決賽中脫穎而出，指導老師除了具備該科的專業知識與專業技能外，勝出的關鍵在於同理心。問題導向的專題製作課程，在思索要解決的問題時，必須能夠換位思考，其設計的作品方能有效打動人心。其次，多年來近萬件的競

賽作品，若僅從單一領域專業科別出發，則亟待解決的問題將變得愈加深入與專精，而愈發傾向研究的方向，將超乎目前高中職學生的能力，也就喪失發現問題、解決問題的專題實作課程目標，因此，跨域整合的專題製作正不斷的持續成長，除較符合學生能力，也較符合目前生活與產業的需求。其三，專題製作強調實作，課程進行中，不論在教學上或學生製作成品過程，亦會經歷無數次的挫敗，技職教師也需保持玩樂的心，進行課程設計、教學與實驗，持續提升學生的學習動機與興趣。

伍、《技術及職業教育法》公布，對技職教師的衝擊

2015年公布的《技術及職業教育法》，對於擔任技職學校專業科目或技術科目教師影響較大者一一說明如下：

一、第24條職業群科師資職前教育課程，應包括時數至少18小時之業界實習

由於各師資培育大學其組織編制不盡相同，安排或規劃、輔導師資培育生（以下簡稱師培生）赴業界實習，恐難有單一窗口服務全校不同專門學科的師培生。因此，師培生需要對於自己未來到技術型高中服務時，所要教授的專業科別為何？及其對應的企（產）業界職場又為何？要能清楚的了解，並能尋找資源有效規劃。

二、第25條應具備一年以上與任教領域相關之業界實務工作經驗

本條文其主要的目的，在於專業科目或技術科目教師透過業界實務工作經驗，將業界的知識與技能轉換成課程與教材有效傳承，使得學生能夠學用合一。而師培生畢業後要踏入企（產）業職場一年，除須衡量自己是否符合業界之人才需求外，亦須具備一定的競爭力。

三、第26條每任教滿6年應至與任教領域有關之產業,進行至少半年以上與專業或技術有關之研習或研究

　　自1996年的教改諮議報告書中,確立我國教育改革的「普設高中、廣設大學」重大方向,近20年來,我國的大專院校數(含普通與技職大學)已成長至160餘所,使得大多數的技術型高中的辦學目標,朝向成為科技大學、技術學院的預備教育。因此,在高中職教育階段的師生與業界的聯結相較以往來說,更為薄弱。對技職教師而言,須重複每任教滿6年進行至少半年以上與專業或技術有關的研習或研究,則必須清楚知道自己在業界能扮演什麼角色?能為業界解決什麼問題?同時,須能很快轉換與調適教師與企業工作者的不同角色,這些都需要有極大的耐心、恆心與學習力。

　　事實上,技職教師要到業界實習、研習或研究,的確有一定的難度。除了具備競爭力等相關條件外,一旦進入企(產)業界職場,對企(產)業也會產生若干程度影響。短時間或間斷的人力資源,容易導致企(產)業部門工作權責不清,指揮系統紊亂,工作產生重疊現象或工作斷層情形,將嚴重影響組織之效益(張仁家,2016),這也是企(產)業界是否願意接受讓教師到職場業界實習、研習或研究,重要的考量因素;再者,每6年進行與專業或技術有關的研習或研究雖是《技術及職業教育法》的規範,然而,有些產業知識與技術的半衰期低於六年,技職教師是否能主動地鏈結產業,負起更新學校課程與教學內涵之責任。其三,當業界工作的薪資待遇、福利條件優於教師薪資時,技職教師是否願意再回到學校擔任教師?以上問題都考驗著技職教師。因此,技職教師更需要能在挫折、困境與壓力中,找到教師志業對自己與他人的意義與價值,而能繼續堅持下去,方是重要的。

陸、結語

　　本文從第四次工業革命時代來臨、108技術型高中課綱規劃,與技術及職業教育法之公布,逐一討論對技職教師可能產生的衝擊與挑戰,同時,論述技職教師因應之道,歸納出技職教師新圖像。技職教師

除了須具備專業知識（professional knowledge）與專業技能（professional skill）知能，亦需具備D. H. Pink在2006年預測全球工作者的巨大變革，前瞻地指出未來等待的人才需要重意義（meaningful）、整合力（integration）、說故事力（storytelling）、同理心（empathy）、設計力（design）與玩樂心（playing）（查修傑譯，2006）等六種關鍵能力，除此之外，技職教師面對全球環境的急遽變化、未來教育的挑戰、社會大眾的期待與生涯自我實現等問題，更需要堅持力（persistence）的核心素養。在此筆者參考Pink的論點，提出2P+MISED+2P技職教師新圖像，如圖1所示，並逐一說明其內涵：

一、專業知識

技職教師須具備的專業知識可分為教育專業知識與學科專門知識。教育專業知識包括對教育專業理論與教育研究的理解與應用、對國內外教育發展趨勢及重要教育議題的認識；學科專門知識包括對工業類、農業類、商業類、家事類、外語類、餐旅類、海事水產類、藝術類、醫護

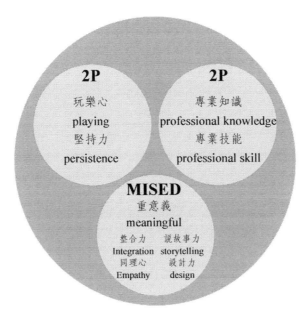

圖1 2P+MISED+2P技職教師新圖像

類等專門領域的理論與實務之理解與應用、對各專門領域所對應之產業現況的了解，與對各專門領域所對應之產業發展的掌握。

二、專業技能

技職教師須具備的專業技能可分為一般教學技能與專門學科操作技能。一般教學技能包括教學能力、行政能力、輔導能力、溝通能力與行動研究能力；具體表現在課程設計、教學方法、學習評量、事務文書處理、學生輔導、口語表達、人際互動與問題解決等學校教育環境中；專門學科操作技能則視專門領域不同而有不同的技能要求，技職教師宜積極取得技術資格證照，不同專業領域分別有中央目的事業主管機關依法規核發之證照（即考試院專門職業及技術人員考試執業證書、勞動部技術士證、行政院各部會行總處署所核發之證照）、中央目的事業主管機關依法規委託公私立機構核發之證照（例如：期貨商業同業公會、財團法人塑膠工業技術發展中心、財團法人中華民國電腦技能基金會……等）及民間技術資格（產業公會、工會、協會或學會所頒），方能有助於技職教師專業技能與業界接軌。

三、重意義

從二次大戰之後，我們不斷的追求經濟與生活的成長，隨著科學的昌明，民生富足；現在所處的環境，是物質極為充裕的世界，可以看到無數的企業家、政治家，在追求財富或成就極致之後，投身公益。甚至市井小民掙脫營生桎梏，得追求更深層的渴望：生命目的、出世意義，以及性靈滿足。但對技職教師而言，在其職場上就能充分追求其存在的意義性與價值。技職教師所處的場域，不僅在學校，更擴大到業界，其工作內涵不僅在課程教學，更擴大到產學合作與交流。技職教師對於教學的成果（成效）須重視外，更須在意學生專業的學習表現，所展現的意義、內涵與業界所需能力結合的情形，而非是成績與數字形塑出來的表相。對於與業界的產學合作與交流亦相同，技職教師追求的是專業投入後是否能激盪出創新的火花與機會，進而能發揮產學合作與交流的實質意義，並非是為了做而做，每一件事情背後一定有其意義，賦

予意義後，即能彰顯出真正的價值。

四、整合力

技職教師須具備化零為整、綜合統整的整合力，可體現在人、事、物不同的面向中。體現在人的面向時，整合力要能整合不同專長、特質、個性的人，當然，也要能夠被不同的個體或群體整合；體現在事的面向時，包括能跨領域、跨專長、跨科別進行脈絡化的整合，以共同完成預定之目標；體現在物的面向時，包括將零散知識、獨立元素有邏輯的重新綜整起來，展現新的風貌。

五、說故事力

一直以來，技職教師以技術能力見長，強調實務致用能力的養成，因此，非常習慣與設備、機具、器材、工具等為伍，也過度依賴自己的專業技術能力，以為技術能力的展現是最好的說服他人的方式。然而，面對資訊過量與快速的現代社會，時間成本非常重要，技職教師需要學會在有限時間，能夠感性敘述，不僅要說道理講邏輯，更要能說故事，引人入勝，才能成功說服他人，達到預期的目標。特別是，技職教師因應技術及職業教育法的要求，和業界進行合作與交流，更需要有效溝通，因此，說故事能力相對重要。

六、同理心

技職教師由於所處的職場、工作內容，會接觸到學生、同事及業界人士，如何能扮演好這個多重角色，其中的一個重要特質，就是具有同理心。同理心就是想像自己站在對方立場，了解對方的感受與看法，然後思考自己要怎麼做。例如：對於學生在學習遇到瓶頸時、同事相處合作時遇到爭執時，業界廠商產學交流見解不同時，換位思考（即同理心）是能真正探觸到對方內心深處的需求，給予符合對方期望的作法。

七、設計力

從2006年開始實施95職業學校課程暫行綱要以來，學校本位課程的發展機制已趨成熟，學校各個專業類科的技職教師多能配合產業的需求，規劃設備、場房與課程，而此均需具有設計的能力，不僅在教育專業上，須具有課程設計、教學設計的能力外，在學科專業上亦要滲入設計的能力，例如：指導學生製作專題、參加競賽、申請專利，不再僅重視功能，更強調創作出好看、獨特、令人感動的作品。

八、玩樂心

國內外學者對於教師工作壓力的相關研究一直沒間斷過，可以想像一般教師的工作壓力有多大。而技職教師不僅需要扮演教師角色，更需要扮演職場工作者的角色，技職教師所忍受的工作壓力是可想而知。然而，如果能正向看待每一件事情，相信用心做過的每一件事情背後，一定有它的意義存在，保持一顆愉悅的心情，用玩樂和遊戲的心態去帶領學生、設計課程、翻轉教學解決問題，享受玩耍、遊戲過程中的挑戰和關卡，相信對技職教師的生活、工作與健康都有極大的好處。

九、堅持力

能夠成為一位技職教師，須經過教育學程甄選、修習教育學程、教育實習、教師檢定、教師甄試等辛苦而漫長的過程，尤其是少子化、班級縮減、教師退休年紀延後，釋出的教師員額相對減少，每一位技職教師都是經過非常激烈的競爭才能成為技職教師，沒有堅持力的人是無法做到的。然而，從學校課程與教學所面臨的難題、到職場工作轉換的調適、到自我能力的提升都可能會遭遇大小波折（Reeder, 2014），技職教師更需要有堅持力，要重新找到自己投入教職的動機與初衷，引領自己繼續堅持下去。

本文從未來產業與教育的觀點，描繪技職教師新圖像，提供我國師資培育政策擬定方向與師培大學課程規劃設計之參考。期望我國未來在制訂師資培育課程時，能跳脫窠臼，除了正式課程外，要強化非正式課

程與潛在課程的安排與設計，同時，針對技職教師能更兼容並蓄地涵蓋各專門領域所對應之產業知識、專門學科操作技能等專業知能，並將技職教師應有之其他核心素養重構組合在一起，以增進技職教師在教育現場的表現與教育理想的實踐。

參考文獻

一、中文部分

世界經濟論壇（2016）。The Future of Jobs。取自http://technews.tw/2016/01/22/4th-industrial-revolution-coming-will-kill-5-million-jobs-by-2020/

吳政達、蔡瑜庭（2017）。從能力本位到標準本位的師資培育。**教育研究月刊**，273，48-66。

吳清山（2011）。**教師專業發展的理念與實踐**。載於吳金盛主編，臺北市教師研習中心30週年慶暨教師專業發展研討會論文集（頁14-22）。臺北市：臺北市教師研習中心。

吳清山、王令宜（2017）。教師專業標準的理論與應用。**學校行政雙月刊**，108，98-118。

李文欽（2017）。從中華民國教師專業指引談我國師資培育標準。**臺灣教育評論月刊**，6(7)，15-17。

查修傑譯（2006）。**未來在等待的人才**（Daniel H. Pink原著，2006年出版）。臺北：大塊文化出版股份有限公司。

國家教育研究院（2016）。十二年國民基本教育技術型高級中等學校群科課程綱要——電機與電子群（草案）。取自file:///C:/Users/USER/Downloads/%E9%9B%BB%E6%A9%9F%E8%88%87%E9%9B%BB%E5%AD%90%E7%B E%A4%E8%A A%B2%E7%A8%8B%E7%B6%B1%E8%A6%81%E8%8D%89%E6%A l%88.pdf

國家教育研究院（2017）。十二年**國民基本教育課程綱要總綱**Q＆A。取自http://www.naer.edu.tw/files/15-1000-8438,c1179-1.php?Lang=zh-tw###技術及職業教育法（2015年1月14日）。

張仁家（2016）。我國技專校院校外實習之現況與實例分析。技術及職業教育學報，7(1)，23-47。

教育部（2012）。**中華民國師資培育白皮書**。臺北市：教育部。

教育部（2014）。**十二年國民基本教育課程綱要總綱**。臺北市：教育部。

教育部（2016a）。**中華民國師資培育白皮書**。臺北市：教育部。

教育部（2016b）。**中華民國教師專業標準指引**。臺北市：教育部。

教育部（2017）。106-121學年度國民教育階段學生人數預測分析報告。取自http://newsletter.teldap.tw/news/InsightReportContent.php?nid=4112&lid=466

教育部統計處（2017a）。國民中小學歷年暨106-121學年學生數推估。取自http://stats.moe.gov.tw/files/important/OVERVIEW_M10.pdf

教育部統計處（2017b）。高級中等學校教師具有研究所學歷人數與比率。取自http://stats.moe.gov.tw/files/important/OVERVIEW_H11.pdf

連倖誼、張雅筑（2017）。教師專業學習社群信念與教學效能之研究。師資培育與教師專業發展期刊，10(1)，75-105。

陳新轉（2012）。從課程規劃與教學精進的觀點區辨「素養」與「能力」概念。通識在線，43，25-26。

單文經（2016）。Dewey 良師論與職前師培課程主張評析。教育科學研究期刊，61(2)，1-28。

程金保、王朝正、鄭慶民、劉傳璽（2017）。全國高級中等學校專業群科專題暨創意製作競賽106年度工作計畫期末報告。臺中市：教育部國民暨學前教育署。（未出版）

黃子櫻（2010）。從3R到4C：淺談21世紀能力的發展與趨勢。數位典藏與學習電子報，9(11)。

黃藿（2012）。基本素養與核心能力的省思與辯證。通識在線，42，18-20。

楊思偉（2012）。比較教育。臺北：心理出版社。

楊國賜（2013）。培養新世紀大學生的關鍵能力。臺灣教育，10-18。

溫明麗（2000）。二十一世紀師資培育的品質考驗——以英國為例。載於中華民國比較教育學會主編，新世紀的教育挑戰與各國因應策略（頁153-181）。臺北市：揚智。

甄曉蘭（2014）。教師專業標準應用於教師評鑑之實務議題初探。教育研究月刊，243，20-34。

潘慧玲（2014）。探思教師專業標準之發展與運用。教育研究月刊，243，5-19。

蔡明昌（2014）。師資培育的學歷通膨現象及其因應芻議。臺灣教育評論月刊，3(12)，70-74。

蘇永明（2000）。迎接新世紀的教育挑戰——以英國教育綠皮書之因應策略為例。

載於中華民國比較教育學會主編，新世紀的教育挑戰與各國因應策略（頁183-208）。臺北市：揚智。

二、英文部分

Crick R. D. (2008). Key Competencies for Education in a European Context: Narratives of Accountability or Care, *European Educational Research Journal*, 7(3), 311-318.

Gidrė, R. K. (2012). Artistic Competence of Fine Art Teachers. *Spaces of Creation, 16*, 19-33.

Organisation for Economic Co-operation and Development(2018). OECD Education 2030, Retrieved form http://www.oecd.org/education/2030/.

Reeder H. (2014). Commit to Win: How to Harness the Four Elements of Commitment to Reach Your Goals. New York : Hudson Street Press.

Rychen, D. S., & Salganik, L. H. (2000). A Contribution of the OECD Program Definition and Selection of Competencies: Theoretical and Conceptual Foundations. Retrieved from http://www.orientamentoirreer.it/sites/default/files/materiali/2000%20deseco%20contributo.pdf

Schwab K. (2016). Fourth-Industrial-Revolution. Switzerland, Geneva: World Economic Forum.

World Economic Forum (2016). The Future of Jobs, Retrieved form http://www3.weforum.org/docs/WEF_Future_of Jobs.pdf

第九章

技專校院推動職能導向之系（科）產學鏈結策略模式

周燦德

醒吾科技大學校長

壹、問題的背景分析

　　臺灣自然資源有限，人力資源的培育則透過教育系統的規劃與實施，為所謂的「臺灣經濟奇蹟」厚植了豐沛的人才。尤其，我國經濟發展從過去勞力密集導向，順利轉型提升為技術密集導向，技職教育人力的配合發展，為有目共睹的事實。惟面對臺灣產業發展正面臨由技術密集轉型知識密集之高科技時代的挑戰，如何配合國家產經發展的人才需求，建立以務實致用為發展目標的技職教育體系，並經由技職教育的重新定位，調整課程結構，增置具實務技能專長的教師，縮短教育培育人力與產業需求能力之間的落差……等，俾提供國家經建所須之各級各類人才，確須以前瞻宏觀的角度，結合產業界共構我國未來技職教育的政策。

一、臺灣技職教育與產業人力需求的落差

　　高等教育在「增進學生就業競爭力」已成為世界各國共同的發展趨勢。臺灣的技職教育曾是臺灣社會由勞力密集走過資本密集、技術密集的過程中，所需各級各類專業技術人力需求的主軸教育，它為國家經建發展培育了無數的產業精英、技術幹才，也促進臺灣整體經濟的向上提升。但是不可否認的，回顧近20年來，整個技職教育的發展方向、角色功能定位、師資與課程結構、教學的重點與方式、乃至畢業學生的就業導向……等各層面，均已逐漸地向一般大學傾斜，以致社會各界迭有批評。尤其近20年來，擔心技職體系崩盤，技職教育目標模糊化，技職校院畢業生不再具有實務或技能專長，在工作現場只會動口而欠缺動手能力的情形，讓用人單位的產業界非常頭痛。還記得，作者於91年由社教司司長轉任技職司司長之初始，曾在一次與產業界面對面談技職教育問題時，深受責難，而其問題焦點即為「技職教育的目標應該要培育高級專門技術人才，但現在卻只會一味地向一般大學靠攏，技職校院畢業生一般能力素質比不上一般大學生，而原應具備的實用技術能力又不足，與業界要求的工作職能落差太大。」而技職教育所發生的上述走向和其因之所形成的問題，也直接或間接地成為臺灣近年來失業率高居

不下的原因之一。更嚴重地衝擊到未來臺灣的產業發展可能因此一人力資源不敷實需，致被迫地必須考慮外移，於此更可見技職教育的政策亟需調整的重要性與急迫性。（周燦德，2008）

二、重新定位並建構以「務實致用」為導向的技職教育目標

　　最近20年來，在民間教改團體要求政府應廣設大學的政策下，許多原來的專科學校紛紛改制為技術學院，而後技術學院又改名為科技大學。而教育部針對改制或改名所設的評鑑門檻中，又特別設定改制技術學院，助理教授以上之師資比例至少須達總師資員額中之21%以上，而改名為科大時，須達40%以上。此一規定，迫使許多尋求升級之學校，一方面要尋求新聘甫拿到博士學位教師，一方面再至各公立一般大學重金挖角可以退休之助理教授以上教師；俾求達到設定升格之師資比例。更有甚者，裁減或逼退原校內富實務或技能專長之講師，削減師資量之分母數，致使實用技術課程欠缺專才教師而改開設一般學術理論性或知識屬性課程，以配合所聘來自普通學術領域之師資專長特質；如此一來，教師所教習之課程即和「務實致用」目標所要求培育之具有專業技能或實務經驗之技職人才特性大異相趣，而和一般大學畢業性之同質性相似，惟其素質能力卻又相較低於一般大學生，以致形成在就業市場上專長競合且缺乏競爭力現象；而需求人才之業界卻又產生技術操作人力不敷需求之困窘。因而，重新定位並區隔技職教育之人才培育目標，培養務實致用之技術人力，乃是革新技職教育的首要課題。（周燦德，2008）

三、縮小技專校院所學知能與職場所需能力間之學用類別與素質落差現象

　　隨著經濟與科技的日益發展，職業結構變遷及其所需技能快速升級，我國技職教育課程亦從單位行業課程走向群集課程、學校本位課程、而至發展以兼顧學習者能力本位和職業所需工作知能為取向的系科本位課程。其目的應在避免學用不一致之能力落差現象，進而減少教育性失業率的產生。張文雄（1998）指出，為因應社會需求與產業

發展，學校應在校內建立一套從科系單位，至學校層級之課程發展機制（含課程如何結合學校本位之特色、策略及發展、各專業領域職業才能需求監控、課程規劃修訂的組織與成員、規劃修訂流程與工作項目等）。蘇純繪（1995）亦指出：技職教育所培育出來的人才，一直為業界詬病無法滿足其實際需求，如何縮短此供需差距，有賴於在進行課程規劃時，確實了解業界的實際人才需求情形。

我國技職校院課程模式，在60年代之前師法德國的「行業課程」概念，重視職能技術生訓練，由企業主主導，並和工作者和政府共同培育技術人才。而後，70年代後調整為「群集課程」模式，依群組屬性發展其專業領域共同專業基礎課程，作為向上發展職能專業核心能力之基礎。至90年代後，技專校院配合大學法「課程自主」之法制規定，與提升就業準備力之需求，將澳大利亞「專業技術學院」（TAFE）強調職場實務能力養成和專業證照取向之課程特色，融入系（科）課程發展中，俾縮短學用落差。

而事實上，政府在近多年來早已注意到此一問題的存在，並已研提並推動了諸多改進計畫和配套措施。諸如：推動臺德精英計畫、最後一哩學程、實施系（科）本位課程、產學大聯盟、認養工業園區、攜手合作計畫、專題製作、產業學院、業師協同教學、學生業界實習、技職再造方案……等各種產學合作策略模式，希望經由產學攜手，共同合作培育具有實務能力的技術人才。然而，教育確非可立竿見影，尤其是長年來，技職體系體質和經費資源相較一般大學弱且少的情況下，其成效更難立即彰顯。

如以行政院經建會所作人力資源調查統計分析發現，自92年迄今國內失業率雖有下降之趨勢，由92年的4.99%降至106年的3.77%，但其中失業率如按教育程度分，大學以上教育程度者之比例，卻明顯偏高，其中屬於技職體系畢業之學生所占比例又平均高於一般大學畢業生。因此，有效地落實並推動系科本位課程規劃與實施，由系科依其特質適性定位，再尋求產業夥伴共構課程並合作協同教學等策略做起，使學生所學知能接軌業界所需職能，發揮學用一致之技職教育功能，有效降低學非所用或學能不符職能之教育性失業現象。

貳、他山之石（一）：德國職業教育與訓練模式

德國的職業教育向來售世界各國所稱許和學習仿效。德國職業訓練法規定其教育與訓練之實施方式分為養成教育、進修教育以及專業訓練。養成教育是有系統的傳授受訓者將來作為合格從業人員所必須具備的專業技術與知識，此種訓練是一種廣博的職業訓練，即受訓者在訓練期間，一面在事業單位接受技藝訓練，一面也在職業學校接受教育，兩者搭配進行，結合成一套完整的職業養成訓練制度（教育部，2006）。我國自民國92起實施之「臺德菁英計畫」，即仿此理念模式。

一、訓練模式與內容

德國職業訓練依其訓練職類以及訓練內涵的不同，在訓練課程編組上，可以歸納為四種模式：單一職業、單一職業附加重點強調、單一職業附加特定專長以及進階職業訓練模式。利用以上的訓練模式，提供受訓者完整的訓練課程。

二、教育訓練採產學合作方式

在企業內的訓練部分，主要是由各施訓的事業單位依據訓練規範與準則，擬定全期的訓練計畫，以實作訓練為主，內容涵蓋基礎訓練、專業訓練以及生產訓練；學校教育部，由各施教職業學校依課程大綱與教學計畫實施教學，包含公民教育、專業理論以及專業實習。

三、教育與訓練目標

德國的職業教育訓練旨在傳授專門知識為重點，以造就職業技術人才為目的，分別在高級職業學校、職業建立學校、專業學校以及職業學校實施。職業訓練則以教導職業專門技能為重點，以增進新進勞動者的就業能力，並提高員工生產力。

四、技能證照制度

德國的技能檢定分為學徒期末考以及師傅考試兩種，凡經學徒期末

考試合格者，由各行業總會發給證書；經過師傅考試合格者，無論所屬的行業為何，統一由各行業總會發給統稱的師傅證照。就訓練生而言，技能檢定有明確的訓練目標，也讓訓練生充分了解技能檢定是反映技能水準的工具，讓技能檢定結合職業證照，以表示訓練生具有該方面的專才，也在無形中鼓勵訓練生多吸取專業知識與技能。（周燦德，2008）

五、德國職業教育訓練與證照制度之啟示

綜觀德國各邦在職業教育訓練和技能檢定的型態和作法上雖稍有不同，但大致上具有三項共同特色：

（一）技能檢定為德國實施職業訓練過程中極為重要的一環，各行業總會可依據檢定結果評量各職業訓練機構的訓練成效，必要時可核准增加訓練人數，或是強制停止辦理該項訓練。

（二）德國的技能檢定工作由各行業總會規劃執行，透過技能檢定委員會以專業的方式來評審，且在通過考試的訓練生證照上，反應技能程度以及從事該職類的能力。

（三）講求職業證照除了可以提升員工在專業技能上的知能外，更能以技能檢定結合職業證照，讓企業吸收合適且合格的從業人員。（周燦德，2008）

參、他山之石（二）：澳洲職業教育訓練與證照制度

作者曾於2004年初會同勞委會職訓局至澳洲參訪其職業教育與訓練制度，發現澳洲的職業訓練與資格認定係歸由澳洲聯邦教育、訓練與青年事務部（Department of Education, Training and Youth Affairs.簡稱DETYA）主管。澳洲訂有技能水準認定與評估方法的國家標準，所規劃的課程多須由國家授權與認可。工業團體可根據企業需求，研定職業訓練之能力標準，報請國家訓練局核定，即可成為國家技能標準，並作為教育訓練之擬定、實施與評估的依據。可見澳洲的技能水準資格認定係結合教育、訓練與業界經驗的能力本位訓練，可以提供有關人員申請

訓練及取得認定水準。而其職業教育與訓練制度可提供企業界合格之人力資源，並提供成人接受回流或繼續教育之機會。茲將澳洲教育與訓練主管部門的制度簡介如下（周燦德，2008）：

一、教育目標與計畫

（一）建立一個高品質的終身學習環境，使受教者能獲得完整的教育機會和熟練的技術。

（二）讓國民都有機會學習到自己想要的學問和技術，並將潛能充分發揮，成為社會的精英。

（三）為澳洲地區學校和教師與專家提供服務。

（四）為學生提供多樣化的學校教育機會。

（五）提供學徒（appreticeship）和訓練生（traineeships）訓練計畫。

二、澳洲資格架構

「澳洲資格架構」（Australian Qualifications Framework，簡稱AQF）是一種由政府建立的全國性系統，連接了課程與學歷，涵蓋大學、職業教育與訓練、及中小學教育。「資格架構」之銜接體系，目的在讓學習者可以更有彈性地進行生涯規劃和繼續學習，並能應付職業生涯之技能學習與訓練需求；其範圍涵蓋中等教育部門、職業教育及訓練部門（包含TAFE和註冊登記的私人訓練機構）及高等教育部門（以大學為主）。其中中等教育部門頒發高中教育證書；職業教育及訓練部門頒發一級至四級證書、文憑及進階文憑；高等教育部門頒發副學士文憑（2004年新增加的教育資格）、文憑、進階文憑、學士學位、研究所證書、研究所文憑、碩士學位及博士等。

三、TAFE職業證照制度

澳洲政府規定，只有取得TAFE證書才能從事相關專業的技術性工作，其技能證書成為就業的必須條件。許多人在大學、碩士甚至博士畢業後，未找到更滿意更適合的工作時，紛紛到各地的TAFE機構選讀並

取得專業證書，還有許多已經就業的在職人員，爲不斷地更新知識，提高技術水準，也進入TAFE接受產業導向的在職繼續教育，實現終身學習理念。

四、學徒制度

學徒制（appreticeship）是由學生與雇主及政府先訂定契約，學生以學徒身分，進入雇主所提供的工作場所學習職業技能及獲得薪資。通常一個完整的訓練需4年的時間，在學習過程期間每年皆規定一定時間需回到學校，才能修完全部課程及取得資格認定。學校機構可爲私人註冊登記之訓練機構或TAFE WA學院。而爲使雇主進用學徒制學生，政府會給予雇主經費補助。學生完成學徒制訓練可獲得全澳洲皆承認之技能證書。目前澳洲政府正推動新學徒制，將學徒制訓練期間由4年縮短爲3年，以解決人力短缺的問題。

五、訓練生制度

訓練生（traineeships）是由訓練生與雇主及政府先訂定契約，訓練期間爲12個月或更長時間，訓練時間可爲部分時間或全部時間。爲使雇主進用訓練生，政府會給予雇主經費補助，同時訓練生亦可獲取薪資。訓練生制度與學徒制最大不同是訓練時間較短，且以職業技能之訓練爲主。在完成訓練後可進一步學習全國性認可之職業資格教育，以取得技能證書或亦可獲得雇主的僱用。

六、教育及訓練教材編印機構

澳洲政府於各區依教育和訓練部，分別設有教材編印機構，其設立目的是編印及出版澳洲地區所有中小學、職業教育機構及TAFE等單位的教材。從教材的編撰、印刷、製作及行銷，全部自行辦理，出版的品質已達國際水準，並販售至澳洲各州或其他國家，其中包括書籍、多媒體教材、網路課程、空中教學。而其教育及訓練教材編印機構之教材出版程序及需求原則爲：

（一）課程教材的編輯：依據澳洲資格架構下之「能力本位課程及

教材」的課程大綱，結合當地產業的特性及需求，聘請合格的教師或專家，全天候於該單位撰寫教材內容，一般所需時間至少約12。

（二）課程教材的編修：所編撰的教材必須符合各地方的產業特性與需求，同時亦須兼顧澳洲的統一性。為解決交通問題，對於教材研修編撰，採視訊會議討論，以取得全澳地區的共識。

（三）教材的出版：從印刷至成品，全部自行辦理，並備有全套自動化的印刷設備及CD光學教材製作設備。

（四）多媒體教材製作：設有多媒體視聽及錄影設施，用於錄製多媒體教材，以提供多樣的教材需求。

（五）空中教學：因有些地方尚無電話通訊，故無法進行網路教學，所以必須透過空中廣播或電視教學，各地區皆能接受教育，並設有傳播媒體，已進行空中教學。（周燦德，2008）

七、澳洲技職教育訓練和證照制度之啟示

（一）澳洲技術和繼續教育（TAFE）制度是一種以能力為本位且建構在終身學習理念基礎上的制度，是以就業為導向的職業技術教育及培訓為主。在澳洲TAFE幾乎成為技職教育的代名詞。技術和繼續教育學院已經有120年的歷史了，它的經營卻是商業化的，十分靈活。TAFE的教育層次是高中後教育，可與普通高等教育銜接。澳洲政府規定只有取得TAFE證書才能從事相關專業的技術性工作，故其證書成為就業的必備條件。

（二）澳洲資格架構（AQF）結合政府、學校、企業、行業工會、專業及學術機構等單位共同參與，充分展現國家對資格證書的重視。同時也是國家力量的整體表現。在資格架構體制下，所取得的技能資格的受教育者，能夠在全澳各地和世界上很多國家獲得承定。

（三）澳洲有很多技術和繼續教育學院與大學有良好的合作關係，學生在畢業後除可取得該職類相關技能證書外，亦可申請就讀有關大學學位課程，並獲得適當免修學分的認定。

（四）澳洲的技能檢定係於職業訓練與教育過程中實施，除可採紙筆測驗、實作測驗外，並可採用口試、觀察、作品評量、學習日誌評量

與學習檔案等方法，當學習者完成某一能力單元，經評定合格，即可由教師簽名認可；當學習者完成某一職業之所有能力單元，則可取得訓練機關頒發的技能證書。

（五）澳洲的TAFE課程教材，係依據澳洲資格架構體系下之能力本位所訂定的課程大綱，結合當地產業的特性及需求，使得受訓學員大多能獲得當地產業界的僱用，降低失業率。

（六）澳洲TAFE教育體系爲完整保存當地土著文化，特開辦「澳洲土著文化」之技能訓練，受訓學員完成所有能力單元及評定合格，則可獲得土著技能3級證書，才准予從事土著文化表演，給予當地土著就學、就業及生活上之保障。（周燦德，2008）

肆、回顧──我國技專校院推動產學合作人才培育的策略模式

近10多年來，爲提升大專校院學生學用一致性，縮短學能與職前間之落差，至2010年之前，政府已規劃並推動了各種產學共同培育人才的策略模式如圖1所示。以下茲分別就其目的、功能目標、推動方式、及成效等層面簡述之。

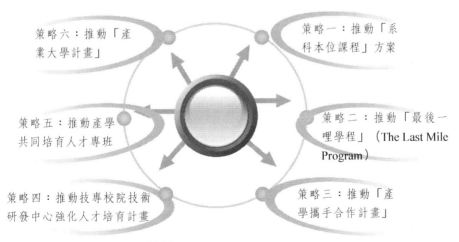

策略六：推動「產業大學計畫」

策略一：推動「系科本位課程」方案

策略五：推動產學共同培育人才專班

策略二：推動「最後一哩學程」（The Last Mile Program）

策略四：推動技專校院技術研發中心強化人才培育計畫

策略三：推動「產學攜手合作計畫」

圖1　產學合作人才培育策略

資料來源：周燦德（2013）。

一、推動「系科本位課程」方案

（一）目的：各系科依其自身定位，尋求適性產業夥伴，經由課程共構與雙師協同教學方式，培育業界所需人才。

（二）功能目標

1. 各系科建立特色人才培育機制。

2. 系科與產、企業界建立共同培育人才機制。

3. 縮小學能與職能落差，提升學用一致性。

所謂系科本位課程是指技專校院系科依其師資專長和傳統特色，先為自己定向和定位，然後再和其相對應領域之產業界具實務經驗者共同建構課程，並合作實施教學與實習，謀求課程設計能符合企業需求，使學校培養出來的學生能具備產企業界所需的能力，再透過產學合作的方式，將學生帶到企業界培養其實務經驗，讓學生所學與產業的需求能接軌。舉例而言，許多學校都有資訊管理系，但餐旅領域、商管領域和醫護領域的資訊管理課程理應有部分區隔，而非一套課程通行全國，唯有針對該領域產業界量身訂做的課程，學生畢業後才能縮短學用差距，儘快進入職場狀況。

因此，發展系科本位課程的理念構想，如果直接從政策實施的結果來說，是在縮短產業所需人力與學校培育人才之間的素質能力缺口；亦即期能使學校所培育之人力素質能和業界在職場所需的工作職能儘量地接軌。另外，如果從政策推動的過程而言，是希望能經由系科本位課程之規劃與實施，兼具達成技職教育的幾個核心價值理念和目標：

（一）落實務實致用之技職教育目標，並促使學校重視各系科發展特色，進而建立學校發展特色。

（二）透過產業發展、畢業生就業情形、及學校優劣勢分析，確定系科畢業生將來希望就業之產業領域類別屬性定位。

（三）經由系科本位課程之建構過程，建立學校教師與其所對應之產業界對話溝通之機制平臺，俾利學術理論與實務技能之交流分享。

（四）透過工作內容所需之能力分析，將其轉換為專業知能，作為學校具體訂定系科學生所應具備之核心專業能力、職場實作能力及通識

能力之課程規劃依據。

（五）依據系科所應具備之能力，規劃課程、調整師資、改變教學策略等，以提升教學品質及學生就業能力。

（六）透過產學合作，改變人才培育的模式，並充分利用產業界資源，突破系科資源之限制。

（七）依據各校所發展之系科特色定位、課程內容特性、以及系科與業界師資背景條件等，可以作為學生依自己的性向能力和興趣，選填學校和科系時之參考，俾協助學生獲得適性教育與發展。（周燦德，2008）

二、推動「最後一哩學程」（The Last Mile Program）

（一）目的：確保學生畢業後具有職場就業力。

（二）功能目標

1. 降低大專畢業生因職能不足而失業現象。

2. 引進業界職能補充課程和教學，強化學生就業力。

3. 建立產學聯結共同培育人才之機制模式。

規劃並推動最後一哩學程之政策立意，乃著眼於以往技職校院常被批評，學生畢業後無法順利就業，原因之一是欠缺與業界互動共同設計人才培訓的課程；亦即學校提供的人才養成過程欠缺針對企業所需的人才規格進行培育。因此，教育部積極與相關部會配合，共同規劃推動辦理多項方案，以落實縮短學校人才培育與業界人才需求之落差。

自2008年度起本案與勞委會「大專就業學程計畫」結合，由勞委會補助大專校院辦理就業學程計畫經費，並由教育部自執行成效優良學校學程計畫中擇優獎勵。政府整體相關經費因此將有效地整合與應用，期使未來更能帶動學校與產業共同合作規劃開設就業學程。

三、推動「產學攜手合作計畫」

（一）目的：由高職、技專校院與合作廠商（職訓中心）合作，依學科特性採行適當產學合作人才培育模式，培育具就業能力之人才。

（二）功能目標

　　1.建立高職與技專端共同建構一貫課程，使課程銜接無縫接軌。

　　2.高職、技專和廠商三方共同建構提升學生實務能力之實習課程，培育學生務實致用能力。

　　3.提供學生提早接觸職場機會，了解並厚植職場就業能力。

　　4.建置學生學習、實習，到就業的機制平臺，協助其畢業後順利就業。

　　「產學攜手合作計畫」自95學年起試辦，96學年度正式實施迄今。其辦理之模式主要有三種：

　　（一）3合1（高職+技專校院+合作廠商）及4合1（高職+技專校院+合作廠商+職訓中心）的合作方式。

　　（二）採取3+2（高職3年+二專2年）、3+2+2（高職3年+二專2年+二技2年）、3+4（高職3年+四技4年）或5+2（5專5年+二技2年）之縱向彈性銜接學習。

　　（三）納入職訓中心之計畫，採高職一年級開辦，第一年於學校上課，第二年同時接受高職課程及職業訓練，第三年兼顧就業並完成高職課程，再透過甄審升讀技專校院。

四、推動技專校院技術研發中心強化人才培育計畫

　　（一）目的：為強化技職校院技術研發中心之人才培育功能，鼓勵學校整合跨校技術研發中心團隊，建立資源共享平臺；並透過研發與創新之加廣與深化，創造新價值，營造與產業發展趨勢密切接軌及優質之教學與實習環境；透過強化產學合作能量協助教師專業成長，將研發成果導入教學，提升教學品質及學生學習成效，期建立各校專業領域實作與創新之教學特色。

　　（二）功能目標

　　1.推動跨校團隊整合，強化技術研發能力導入教學機制，培育優質人才。

　　2.將研發成果導入產業需求導向—系科本位課程內容、專題製作、實習及「最後一哩」就業學程，以增長學生實務能力。

　　3.將研發成果編製成實務教學教材，並建立教學資源網站，提供

各技專校院及各界參考。

自96年度起推動此一模式後，已在各專業領域完成研發成果導入跨校課程及編製課程教材。

五、推動產學共同培育人才專班

（一）目的：產學專班在開設對焦產業人力培育需求課程，提供產、企業界人士在職人士進修，提升其工作專業知能和產業競爭力。

（二）功能目標

1. 產業碩士專班：支援科技產業投入創新研發，協助廠商獲研發人才。

2. 產業二技專班：填補業界人力缺口，提升產業競爭力。

3. 學士後第二專長學士學位學程：針對已取得學士以上學位者，提供對焦產業需求之課程。

4. 雙軌訓練旗艦計畫：高職、技專與廠商攜手培育人才。

六、推動「產業大學計畫」

（一）目的：規劃高職畢業生向上接續四年制大學學程，並於修業期間導入職訓課程，俾理論與實務操作技術充分結合。

（二）功能目標

1. 縮短學用落差，培訓符合產業所需之高階實務人才。

2. 學生大學畢業後同時擁有大學學歷、甲乙級專業技術證照及三年實務工作經驗。

（三）實施方式

1. 第一學年：學員於日間在職訓中心接受專業學習及就業專精訓練，為期一年；經教育部核定有關共同必修或專業必（選）修課程則由合作學校派員至職訓中心或經合作雙方協商安排適當時間返校繼續完成。於職訓中心結訓後成績合格發給結訓證書，並輔導參加職業訓練相關職類乙級技術士技能檢定。

2. 第二～三學年：學員於日間赴合作企業生產實習，並同時正式受僱，且利用夜間或假日返回學校繼續完成學業。

3.第四學年：學員於日間赴合作企業生產實習，並同時正式受僱，且利用夜間或假日返回學校繼續完成學業。並利用寒暑假於職訓中心接受並輔導甲級技術士技能檢定。

4.完成四年大學技職教育與職業訓練，成績合格者由學校發給畢業證書。

伍、推動技職教育再造方案

一、第一期技職教育再造方案

（一）推動「技專校院教師赴公民營機構研習服務」計畫

鼓勵技專校院教師貼近產業，至企業進行短、中、長期研習，以提升實務教學及研發品質。

（二）推動「技專校院遴聘業界專家協同教學」計畫

加強技職教育與產業接軌，引進業界專家推動雙師制度，深化技職教育之實務教學，培育具有實作力及就業力之優質專業人才。

（三）推動「技專校院落實學生校外實習課程」計畫

鼓勵學生提早體驗職場，建立正確工作態度，增進學生未來就業競爭力。

二、第二期技職教育再造方案

教育部自2010年起規劃推動第一期技職教育再造方案，惟受限無外加之經費挹注，僅能以每年3-4億元優先辦理「教師赴公民營機構研習服務」、「遴聘業界教師協同教學」、及「落實學生校外實習」等三項措施，至今雖已累積部分成果，但其量能仍然不足。因此，2013年

的第二期再造計畫之實施，一方面可以弘大效能，同時亦可深化產學鏈結，培育實務人才。

　　而依據教育部第二期技職教育再造計畫之內容架構，包括「制度調整、課程活化與就業促進」三大面向，及「政策統整、系科調整、實務選才、課程彈性、設備更新、實務增能、就業接軌、創新創業和證能合一」等九項策略，合計共三十五項推動措施。依其規劃，希能達成以下三項目標：

　　（一）促進學生就業能力，使無論高職、專科、技術學院、科技大學畢業生都具有立即就業的能力。

　　（二）強化技職校院師生務實致用能力，緊密鏈結產業需求，充分提供產業發展所需各級優質技術人力。

　　（三）明確技職教育之定位，發揮各級學校人才培育功能，改變社會對技職教育的觀點。（教育部，2013）

　　另依龔瑞璋（2013）對第二期技職教育再造方案之內涵分析，他提出了目標、師資、課程、教學、學生及設備等六面向：

　　（一）目標面向：計畫揭示以「務實致用」為目標導向，培育具有實務能力、就業競爭力之實用技術人才。此一目標定位，再度確立了技專校院和普通大學的功能目標區隔，也彰顯技職教育更須貼近縮短學用落差的市場人力需求之期待。

　　（二）師資面向：深化教師實務教學能力，為培育學用一致學生的重要條件。因此，在「課程活化」面向的策略六「實務增能」中，已規劃了包括：6-1：聘任業師至高職及技專校院協同教學、高職及技專教師至公民營機構研習服務、鼓勵高職、技專專業科目教師遴選具實務經驗者，鼓勵技專教師以專利、技術報告或產學研發成果升等；以及6-3：和業師合作共編實務教材等。

　　（三）課程面向：主要有五項重點措施，包括：在策略四「課程彈性」中，建置技職課程及教材銜接產業需求之彈性機制、推動系科依其自我定位與產業夥伴共構產業導向之實作及特色課程、強化技專學生基礎學科能力、英文能力和人文素養課程、推動跨國學位學程及實習，以及策略8-1「創新創業」中辦理創新創業課程等。依上述課程之規劃措

施而言，頗能兼含技職教育之教學內容須與產業共構課程，重視實作和特色教學，同時並蓄厚植學生基礎學科、英文能力、國際移動就業力和創新創業能力的培養。

（四）教學面向：為縮短學用落差，技職校院在教學方面除需借重業師協同教學外，更須深化實習，俾學能和職能無縫接軌。因此，策略6-2規劃：「落實學生實習」，包含校內、外，及海外之企業見習與實務學習；以及策略7-2：辦理高職生職場體驗等，對落實實務教學應有助益。

（五）學生面向：適性學習，可以收到事半功倍的效果。因此，讓飛鴻在天，魚在水，是學生性向和職涯輔導的目標。策略7-4至7-6中已規劃有：全面落實技職教育宣導及國中生的體驗學習活動、建置學生職涯探索歷程檔案，以及培訓國中、高職及技專校院職涯規劃種子教師等。希能鼓勵並協助學生依其自身能力素質水準，務實適性地選擇其升學進路。

（六）設備面向：技職教學設備能否滿足教學實作需求和與業界實務能力接軌，關係學用一致人才培育目標之達成。因此，在計畫策略五「設備更新」中，已規劃了：更新高職及技專校院教學設備、區域教學中心設備及獎勵業界捐贈教學設備等三項措施。而此亦為計畫中主要的硬體建設方案，正符合所謂「工欲善其事，必先利其器」的要求。

陸、建構並推動產學鏈結機制平臺之必要性

基於上述問題之剖析與了解，培養「務實致用」的人力資源，縮小學能與職能之間的落差，是近10多年來技職教育改革的共識。而其中「產學鏈結共同培育人才」，由學校與業界共同培育人才，進行實務教學，透過產學密切互動，以「做中學」、「學中做」的方式，協助學生厚植職場工作能力，提升個人就業競爭力，是產學合作培育人才的核心要素。其目的在於加強學校與產企業間雙向交流，藉由學界的研究，導引產業界正確的經營理念及協助產業升級與經濟發展；相對地亦提升學界研究發展水準，以達區域科技資源整合之理想。另外，產學鏈結人才培育則強調經由產學共構課程與雙師教學方式，縮短學校教學與產業職

能需求的落差，加強學生職場實務能力的培養，厚植產業競爭力。

　　具體而言，產學鏈結策略之實施在學校、企業、學生三方面是三贏的策略。在學校方面，要能協助技專校院「研發產業化」及「教學實用化」；在企業方面，除可運用學界人力資源，協助企業「技術升級」及「轉型躍升」外，並提前培育和儲備技術人才，確保人力資源之質量優與足，提高產企業競爭力；至於在學生方面，則提供其兼具理論與實務之學習平臺，及早體驗職場工作情況，縮短學用差距，俾學能貼近市場職能，提高就業競爭力。因此，如何建構一個具有系統性、整合性，且簡明易行的產學鏈結推動機制平臺，俾各系（科）只要按表操課，即可達成目標，產出效果。簡而言之，其策略模式希望達到以下三項目標：

　　一、在政策內涵上，以「產學鏈結」為核心，引導各系（科）從自我適性定位至輔導學生考取證照與就業或創業等各大面向，依序聚焦在產學合作的概念架構下，作整體性、系統性的規劃與實施。

　　二、在政策推動程序上，產學鏈結操作模式提供予各系（科）簡明易行之操作機制平臺，使政策之普及推動快速有效。

　　三、在政策目標達成上，產學鏈結操作策略模式之實施，能有效落實「務實致用」之技職教育目標，縮短學用落差，提升技專學生職場能力與就業競爭力。

　　而依上述之策略模式目標，在實際推動時，希以滾動式漸次形成的理念，建立系科標準化作業程序（Standard Operating Procedure, SOP）機制，俾作為各校推動時之重要參據。其操作策略模式之具體內容如下：

　　一、系科適性定位的策略和方式為何。

　　二、系科如何選擇適性的產業合作夥伴，並共構職能導向的核心專業能力。

　　三、系科如何把核心專業能力轉化為產學鏈結課程的有效機制。

　　四、系科遴聘業師協同教學的有效策略和作法為何。

　　五、系科教師至業界深度研習，與深耕服務的有效策略和作法為何。

　　六、系科輔導學生校外深度實習和就業的有效作法爲何。

　　七、依滾動式漸次形成的理念，將系科如何建構職能導向之產學鏈結策略模式機制，以標準化作業程序，轉化成具體的操作模式，作爲系科推動時之參考。

柒、技專校院推動職能導向之系（科）產學鏈結策略模式

　　系科職能導向產學鏈結操作策略模式之建構依序應包括以下八大步驟，如圖2所示。從上述之目標與實作內容，自步驟一「系（科）自我適性定位」至步驟八「輔導學生考取專業證照與就業或創業」。每一步驟均再分爲操作流程圖、實施理念和目的、導入歷程和操作要領、以及案例解析等四個層面。

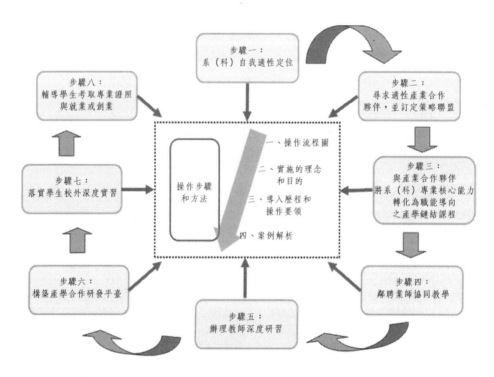

圖2　技專校院推動職能導向之系（科）產學鏈結策略模式

資料來源：周燦德（2013）。

步驟一：系（科）自我適性定位

（一）操作流程圖

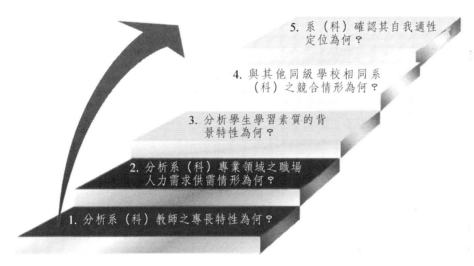

5. 系（科）確認其自我適性定位為何？

4. 與其他同級學校相同系（科）之競合情形為何？

3. 分析學生學習素質的背景特性為何？

2. 分析系（科）專業領域之職場人力需求供需情形為何？

1. 分析系（科）教師之專長特性為何？

圖3 系（科）自我適性定位操作流程圖

資料來源：周燦德（2013）。

（二）實施的理念和目的

　　當前技職教育之目標在培育「務實致用」之人才，而「務實」與「致用」理念之實施，首先須系（科）先做自我適性定位，其理念有三：

　　1. 就受教之學生而言，經由自我適性定位，讓其接受之教育能盡量對應其性向和能力水準，避免學不會、聽不懂，以致畢業後高不成、低不就，或學非所用。

　　2. 就施教之系（科）而言，經由自我適性定位，可以依其師資背景專長特性及學校發展屬性，參酌學生能力特質和系（科）專業領域之

職業人力需求狀況等作綜合研判後，作人才培育位階（如工程類科之工程師、技師或技士），和行業屬性之務實適性定位，俾所培育之人才能符合學生能力和社會需求，提升學以致用之就業競爭力。

　　3.就學校與系（科）發展特色而言，經由自我適性定位，可以引導系（科）所培育之人才產生市場區隔效應，進而培育符合其特性發展之特色人才，避免同質和同級競爭之「紅海」現象發生，以致讓學生找不到工作，而業界卻找不到人才。

　　綜合以上三個理念，實施系（科）自我適性定位，希望達成以下三個目的：

　　1.引導系（科）適性建立發展特色和共識。

　　2.引導系（科）規劃特色人才屬性之培育，能與社會人才需求之位階與行業屬性對焦。

　　3.引導系（科）實施適性教育，提高學生學以致用之就業職能和競爭力。

（三）導入歷程和操作要領

表1　系（科）自我適性定位之導入歷程和操作要領

導入歷程	操作要領	檢核關鍵指標
1. 分析系（科）教師之專長特性為何？	1-1：分析系（科）教師之學歷專長特性情形。 1-2：分析系（科）教師之業界實務背景特性情形。 1-3：完成系（科）教師專長背景經驗分析表。	1-1：已完成系（科）教師專長背景之量化與質性描述。
2. 分析系（科）專業領域之職場人力需求供需情形為何？	2-1：分析系（科）專業領域之職場高階人力供需情形。 2-2：分析系（科）專業領域之職場中階人力供需情形。 2-3：分析系（科）專業領域之職場低階人力供需情形。 2-4：分析系（科）專業領域之職場行業屬性就業機會情形？	2-1：已完成系（科）專業領域之職場各級人才位階之人力需求分析。 2-2：已完成系（科）專長領域相關行業屬性之職場就業機會分析。

表1 (續)

導入歷程	操作要領	檢核關鍵指標
	2-5:完成系(科)專業領域各行業屬性之職場就業機會分析表。	
3. 分析學生學習素質的背景特性為何?	3-1:分析系(科)學生近3年入學PR值水準情形。 3-2:分析系(科)學生就業前已具備的經驗背景能力情形。 3-3:分析系(科)學生畢業後興趣就業的行業屬性情形。 3-4:完成系(科)學生的學習素質、經驗背景及未來興趣就業之行業屬性分析表。	3-1:能清楚了解系(科)學生之素質水準。 3-2:能了解系(科)學生學習前之先驗背景及能力。 3-3:能了解系(科)學生未來就業行業屬性之興趣。
4. 與其他同級學校相同系(科)之競合情形為何?	4-1:調查了解臨近區域內同級學校相同系(科)之人才位階培育定位情形。 4-2:找出適性人才培育特性之藍海策略。	4-1:完成臨近區域內同級學校相同系(科)人才培育特性之比較分析。 4-2:系(科)了解其人才培育特性之藍海策略。
5. 系(科)確認其自我適性定位為何?	5-1:系(科)召開系(科)務會議討論自我定位。 5-2:系(科)討論自我定位時,依據前述1-4所列之各項分析資料。 5-3:系(科)完成自我適性定位之共識。	5-1:系(科)務會議之討論情形及結論資料。

資料來源:周燦德(2013)。

(四)案例解析

　　系(科)之自我適性定位關係其培育之人才位階與行業屬性之規劃。例如:假設臺科大之機械工程學系自我定位為培育機械類高階工程

師人力，且其優先對焦在「量測人才」方面，應屬允當。但是如果另一
所同為機械工程學系，但其學生入學PR值屬後半段之學校，亦枉顧其
學生素質水準，亦自我定位為培育高階工程師時，則顯不適性，亦不適
當。反之，若能務實地自我定位在培育中階技師人力，甚或低階技士人
力，且又優先以對焦模具之操作人才培育，則將更能提供學生適性學習
和學以致用之就業競爭力。

步驟二：尋求適性產業合作夥伴，並訂定策略聯盟

（一）操作流程圖

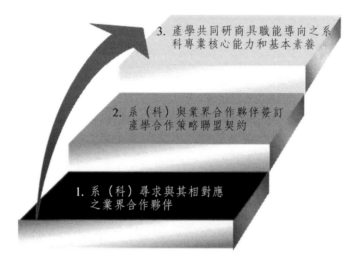

3. 產學共同研商具職能導向之系
　科專業核心能力和基本素養

2. 系（科）與業界合作夥伴簽訂
　產學合作策略聯盟契約

1. 系（科）尋求與其相對應
　之業界合作夥伴

圖4　尋求適性產業合作夥伴並訂定策略聯盟操作流程圖

資料來源：周燦德（2013）。

（二）實施的理念和目的

　　尋求與適性產業合作，經由產學共構的合作平臺，一方面由業師協
同教學，指導學生實務技能；一方面提供學生深度實習，厚植職場就業

競爭力。並藉此一合作機制，了解業界所須工作職能、設備資源、產業發展趨勢等資訊，並轉化成為系（科）培養學生專業核心能力之重要參據。

因此，具體而言，步驟二「尋求適性產業合作夥伴，並訂定策略聯盟」之實施目的有三：

1. 優先從區域產業中，找到和系（科）定位欲培育之人才相符應之產、企業合作夥伴。

2. 尋求業界合作夥伴提供業師協同教學、學生深度實習、以及未來就業之機會。

3. 建立學校與業界夥伴共商系（科）學生專業核心能力之機制，了解業界所需職能。

（三）導入歷程和操作要領

表2 尋求適性產業合作夥伴，並訂定策略聯盟之導入歷程和操作要領

導入歷程	操作要領	檢核關鍵指標
1. 系（科）尋求與其定位相對應之業界合作夥伴	1-1：系（科）優先從區域內找出與定位相符應之可能作為合作夥伴之業界名單。 1-2：邀請名單中之業者蒞校參訪，了解系（科）之辦學理念、人才培育定位、師資及設備資源……等狀況。 1-3：邀請有合作意願之業者對應簡報其營運狀況、職場所需關鍵技能、設備資源、可能提供業師協同教學機率、及實習與就業機會等。 1-4：辦理系（科）專業教師廣度研習，赴業界參訪並了解其是否符合作為合作夥伴之條件。 1-5：依業界具備之合作條件優劣情形，依優先序選出並確定可以作為合作夥伴之名單。	1-1：列出區域內業界可能合作夥伴名單初稿。 1-2：可能合作之業界合作夥伴到系（科）參訪紀錄。 1-3：有合作意願之業者向系（科）簡報紀錄。 1-4：系（科）專業教師赴業界廣度研習紀錄。 1-5：提列合作業界夥伴名單。

表2（續）

導入歷程	操作要領	檢核關鍵指標
2. 系（科）與業界合作夥伴簽訂產學合作策略契約	2-1：系（科）與業界合作夥伴共同研議合作之事項及條件。 2-2：產學雙方就同意合作之事項及權利義務條件轉化簽訂為合作契約。	2-1：產學共商合作事宜紀錄。 2-2：產學簽訂完成之合作契約。
3. 產學共同研商具職能導向之系（科）專業核心能力和基本素養	3-1：產學共同討論業界職場所需之工作能力和主要基本素養為何？ 3-2：系（科）將雙方所確認之職場工作能力和基本素養轉化為系（科）專業核心能力和基本素養指標。	3-1：產學會商職場工作能力和基本素養紀錄。 3-2：系（科）提出專業核心能力和基本素養指標。

資料來源：周燦德（2013）。

（四）案例解析

業界合作夥伴之職場關鍵技術能力與系（科）人才培育之定位是否相對應？其合作意願高低、提供學生實習之設備資源條件是否充實等，均攸關系（科）學生未來之學習與職涯發展。

例如：曾有某校休閒運動與餐旅管理學系，希望培育國際觀光飯店之外語接待人才，因而招收具應用英語背景之學生就讀，惟其簽訂學生實習之業界夥伴卻為顯少外籍人士入住之休閒旅遊中心，以致學生空有實習之名，而無法習得以外語應用和旅館管理兼具之職場核心能力，實至為可惜。另亦有某校系（科）所教和其業界實習所學所用能力相關甚低，而業界夥伴亦無法提供業師協同指導、無法提供適量適質之實習機會……等，在在均和系（科）當初尋找其業界合作夥伴是否適性密切相關。因此，此一步驟之確實操作，實至為重要。

步驟三：與產業合作夥伴將系（科）專業核心能力轉化為職能導向之產學鏈結課程

（一）操作流程圖

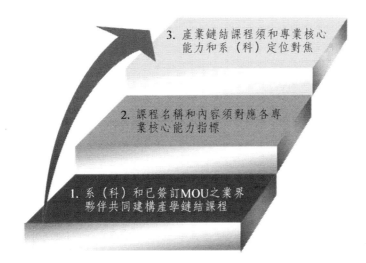

圖5 與產業合作夥伴將系（科）專業核心能力轉化為職能導向之產學鏈結課程操作流程圖

資料來源：周燦德（2013）。

（二）實施的理念和目的

在影響教學成果中，師資與課程教學是其中居關鍵之因素。而衡諸當前技專校院之課程，多流為教師本位課程和教學，咸少與產業職能對焦。因此，倘技職教育希望能培育具職能導向之務實致用人才，則首要之務必然是課程內容與產業職能需求作緊密聯結。而本步驟之實施，乃在延續步驟二，將產學已共商完成之「系（科）專業核心能力」，轉化成為具職能導向之產學鏈結課程，俾期能經由課程之實施與教學，培育職能導向之技職人才。具體而言，步驟三之實施目的有三：

　　1.將系（科）依其自我適性定位後與業界共同研訂之系（科）專業核心能力指標，轉化成為具職能導向之產學鏈結課程。

　　2.經由產學共構課程的歷程中，引導系（科）教師對業界所需職能有更進一步的了解。

　　3.系（科）藉此機制平臺，重新檢核其真正所需之教師專長特質與課程安排之適切性。（如實習的強度）

（三）導入歷程和操作要領

表3　與產業合作夥伴將系（科）專業核心能力轉化為職能導向之產學鏈結課程導入歷程和操作要領

導入歷程	操作要領	檢核關鍵指標
1. 系（科）和已簽訂MOU之業界夥伴共同建構產學鏈結課程	1-1：系（科）和業界夥伴代表依已訂定之「專業核心能力指標」，逐一討論並列出培育該能力所需之相對應課程名稱和教學內容概要。	1-1：完成專業核心能力與其相對應課程關聯表。
2. 課程名稱和內容須對應各專業核心能力指標	2-1：列出專業核心能力與其相對應課程關聯表，內容包括：核心能力指標、其相對應課程名稱、該課程教學內容概要。	2-1：核心能力、課程規劃、系（科）定位均脈絡相連，且能聚焦職能培育目標。
3. 產學鏈結課程須和專業核心能力和系（科）定位對焦	3-1：系（科）開會檢核各課程與專業核心能力之對焦性，及與系（科）定位之適切性。	3-1：檢核會議紀錄。

資料來源：周燦德（2013）。

（四）案例解析

　　產學鏈結課程之建構，邏輯上應源自系（科）適性定位後所發展出來的專業核心能力指標；亦即，經由此一課程之實施，其所培育之能

力，應能和專業核心能力相互對焦，且與適性定位所欲培育之人才職能相符。因此，如對應不足，則必衍生能力落差情形。例如：臺北護理健康科技大學之資訊管理學系，其自我定位在培育醫療機構之資訊管理師。因此，專業核心能力，亦與合作之醫療院所資訊管理師共同研訂，其產學鏈結課程之建構除須對應專業核心能力指標外，並應兼顧醫療資訊業務特性、醫療資訊管理師之職能需求，如此，才能與系之定位脈絡相連。

步驟四：遴聘業師協同教學

（一）操作流程圖

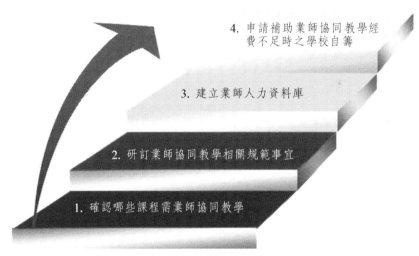

4. 申請補助業師協同教學經費不足時之學校自籌

3. 建立業師人力資料庫

2. 研訂業師協同教學相關規範事宜

1. 確認哪些課程需業師協同教學

圖6　遴聘業師協同教學操作流程圖

資料來源：周燦德（2013）。

（二）實施的理念和目的

技專校院在歷經多年的政策導引和學校的積極配合與努力後，不可否認地，目前技職教師中具專業職業證照和業界實務經驗之比例已有大

幅提升。然而，如細究其證照和實務經驗內涵屬性，是否能適切對應系（科）定位所須培育之人力職能？其問題和落差仍大。因此，業師協同教學之實施，無論就協助教師實務教學能力之提升，或強化學生職場工作能力而言，實屬必要。具體而言，遴聘業師協同教學之實施目的主要有五：

　　1.落實產學鏈結課程之有效實施，確保學生習得職能所需之實務工作能力。

　　2.提供系（科）專業教師利用業師協同教學平臺，提升實務教學知能。

　　3.建立雙師合作教學之技職教育特色，並提供學生理論與實務相互印證之機會。

　　4.提供雙師共編共製實務性教材或教具的平臺，俾讓業師之隱性知識得以轉化成為顯性的教學素材。

　　5.提供產學交流、資源分享，合作培育學用一致之技職特色人才。

（二）導入歷程和操作要領

表4 遴聘業師協同教學之導入歷程和操作要領

導入歷程	操作要領	檢核關鍵指標
1. 確認哪些課程需要業師協同教學	1-1：召開系（科）課程規劃會議，討論並分析哪些課程由系（科）專任教師教？哪些課程需要業師協同教學？ 1-2：辦理專任教師與業師授課分工合作協調會議。 1-3：列出業師協同教學課程表，內容包括科目名稱、系（科）教師與協同教學業師姓名、授課內容大綱，及其分工、授課時數、地點及進度安排、教材與社會資源應用……等相關資料。	1-1：系（科）課程規劃會議紀錄。 1-2：與業師授課分工協調會議紀錄。 1-3：業師協同教學之科目及授課相關內容。

表4（續）

導入歷程	操作要領	檢核關鍵指標
2. 研訂業師協同教學相關規範事宜	2-1：訂定協同教學業師之遴聘原則（以MOU夥伴優先）及資格要件。 2-2：教師與MOU業師皆無法教授的課程，再尋求其他非業界合作夥伴之專長業師協助，並做為校方日後聘任師資之依據。 2-3：研訂業師協同教學之相關權利和義務。 2-4：研訂系（科）協助和支援業師之行政與教學措施。 2-5：辦理業師教學專業知能研習。	2-1：遴聘原則及資格要件規定。 2-2：業師教學之權利義務規定。 2-3：協助業師教學之相關行政與教學措施。
3. 建立業師人力資料庫	3-1：優先蒐集已簽訂MOU業界夥伴合乎任教資格之業師名單。 3-2：蒐集其他非合作夥伴之業師名單。 3-3：彙整並建立業師人力資料庫。	3-1：業師人力名單資料。
4. 申請補助業師協同教學經費不足時之學校自籌	4-1：推估系（科）每年可能獲得之業師協同教學經費、補助名額及額度，並作優先序之合理分配。 4-2：核算可能不足經費額度，並請求學校提供經費補足。	4-1：系（科）每年獲政府補助之業師協同教學名額及金額數。 4-2：系（科）請求學校補足經費之辦理情形及結果資料。

資料來源：周燦德（2013）。

（四）案例解析

　　遴聘業師協同教學，一方面可解決系（科）現職教師實務或技術教學能力不足之問題，一方面可以厚植學生職場就業能力。而依規定，業師之學歷限制較低，主要以其「實務經驗和技術」為資格考量。因

此，遴聘時，其實務專長必須能真正對焦課程和培育學生核心實務能力。例如：某一系（科）每年均安排相當名額之業師協同教學，惟經查詢發現，其遴聘前並無針對課程實務教學需求之整體規劃，且專長與課程需求之對焦性亦不足，教學前之協商分工、行政與教學支援工作亦欠缺規劃或未落實；教學內容、進度、績效評量等亦規劃不週；甚至業師教學時，系（科）專任教師不在場協助，演變成業師「代課」，而非「協同」之原意等。

　　綜上所述，本步驟四之實施，仍宜務實地對焦在課程與實務教學的需求上，作整體性、系統性之完整討論和規劃，避免即興式、鬆散式尋求業師協助的作法，俾能有助學生習得職場真正需要的實務能力。

步驟五：辦理教師深度研習

（一）操作流程圖

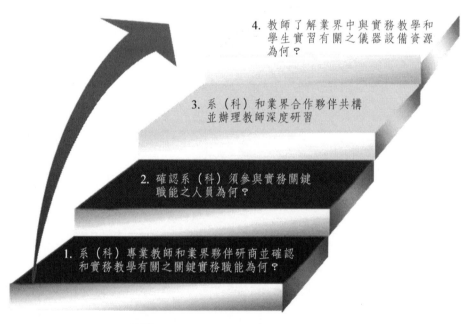

4. 教師了解業界中與實務教學和學生實習有關之儀器設備資源為何？

3. 系（科）和業界合作夥伴共構並辦理教師深度研習

2. 確認系（科）須參與實務關鍵職能之人員為何？

1. 系（科）專業教師和業界夥伴研商並確認和實務教學有關之關鍵實務職能為何？

圖7　辦理教師深度研習操作流程圖

資料來源：周燦德（2013）。

（二）實施的理念和目的

技職教育的特色目標是教學力求理論與實務兼顧，所培育之人才能學用無縫接軌。而此一目標之達成，必須建構在學校教師對職場實務能力內涵之了解，才能和其授課內涵相互鏈結和呼應，俾理論和實際相融，且相互印證。因此，步驟五之實施，主要是希望學校教師經由此一機制平臺，深入了解或習得業界關鍵實務技能，俾提升其實務教學之專業知能。具體而言，希望達到以下四項目的：

1. 增進學校教師對業界關鍵實務技能的了解與學習，提升其實務教學專業知能。

2. 提升技職教學理論與實務相融與相互印證的目標達成度，彰顯技職教育特色。

3. 有效協助教師厚植學生實習前的準備能力。

4. 提供教師了解業界夥伴儀器設備之資源特性，並作為學校增購教學儀器設備和產學設備資源共享之依據。

（三）導入歷程和操作要領

表5　辦理教師深度研習之導入歷程和操作要領

導入歷程	操作要領	檢核關鍵指標
1. 系（科）專業教師和業界夥伴研商並確認和實務教學有關之關鍵實務職能為何？	1-1：系（科）教師了解和其教學有關之實務職能為何？ 1-2：系（科）教師了解其業界合作夥伴能提供與教學有關之實務職能學習能量為何？ 1-3：系（科）教師了解業界合作夥伴可能提供學生實習的實務關鍵職能為何？ 1-4：產學共同會商並確認業界可提供教師實務研習和學生實習之實務關鍵職能內涵。	1-1：提出與系（科）教學有觀的實務職能內涵。 1-2：提出業界合作夥伴可提供與實務教學和學生實習有關之關鍵職能內涵。

表5 （續）

導入歷程	操作要領	檢核關鍵指標
2. 確認系（科）須參與實務關鍵職能之人員為何？	2-1：系（科）鼓勵專業教師參與業界實務關鍵職能研習，並確認人員名單。	2-1：教師參與業界實務增能深度研習名單。
3. 系（科）和業界合作夥伴共構並辦理教師深度研習	3-1：依專業課程教學和教師實務增能需求，和業界合作夥伴會商研習內容、時程……等相關事宜。 3-2：系（科）和業界合作夥伴共同辦理教師深度研習，了解並習得業界關鍵實務職能。	3-1：系（科）和業界夥伴共同規劃之實務增能深度研習實施計畫。 3-2：深度研習的辦理成效評估。
4. 教師了解業界中與實務教學和學生實習有關之儀器設備資源為何？	4-1：系（科）和業界合作夥伴共同研提和實務教學有關之儀器設備為何？ 4-2：系（科）和業界合作夥伴共同研提和學生深度實習有關之儀器設備為何？ 4-3：教師應明確了解上列儀器設備在實務教學和學生實習的功能和關聯性。 4-4：系（科）研提未來教學需求儀器設備資源增購之優先順序規劃為何？	4-1：系（科）提出實務教學和學生有關之儀器設備名單。 4-2：系（科）提出未來增購儀器設備之優先順序規劃表。

資料來源：周燦德（2013）。

（四）案例解析

　　教師至業界深度研習的主要目的，係在協助教師實務增能，惟其增能之內涵理論上須和實務教學與學生深度實習相關，如此，經由深度實習之實施，方能促使教師將其增能與其教學相融，並成為厚植學生實習前準備能力的有力依據。此外，利用研習過程中，教師亦可藉機了解業界與實務教學和學生實習有關之設備資源特性，有助系（科）未來增購設備或和業界資源共享之依據。例如：某校過去曾申請到技職再造第一期方案，由「教師赴公民營企業研習中的深度研習」經費，但具所辦

「深度研習」課程諸多為「研討會」性質，且未能對焦實務教學和學生實習所需，以致無法真正落實「深度實習」的推動意旨。

步驟六：構築產學合作研發平臺

（一）操作流程圖

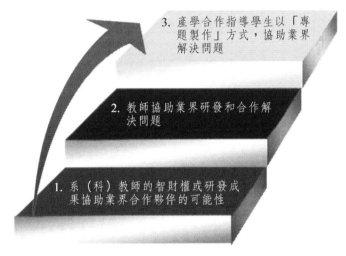

3. 產學合作指導學生以「專題製作」方式，協助業界解決問題

2. 教師協助業界研發和合作解決問題

1. 系（科）教師的智財權或研發成果協助業界合作夥伴的可能性

圖8　構築產學合作研發平臺操作流程圖

資料來源：周燦德（2013）。

（二）實施的理念和目的

產學合作的推動，如能創造「產學雙贏」的結果，合作關係才能密切且持久。

當前各技專校院教師具有博士學位的比例非常高，且近10多年來，在教育部推動產學研發政策的引導下，應用導向之產學研發已蔚然成形。而臺灣產業高達98.3%多屬中、小企業規模，咸少負擔得起專門研發部門的人力成本。因此，經由產學鏈結的平臺做橋樑，媒介業界技術升級或轉型發展之需求和教師的研發專長或專利作聯結，讓教師研發

的「種子」，在業界合作夥伴的「園地」中，生根發芽，成長茁壯，開花結果，創造出產學生生不息的無限生機。因此，具體而言，本步驟之實施，希望達成以下三項目的：

1. 讓教師已有的智財權或研發成果，優先協助業界夥伴技術升級、轉型發展或產能提升。

2. 業界依其發展需求，提出研發主題，教師依其專長，接受委託研究，協助或合作解決問題。

3. 產學合作指導學生，以「專題製作」研究之方式，協助業界夥伴解決問題，厚植學生應用研究能力。

（三）導入歷程和操作要領

表6　構築產學合作研發平臺之導入歷程和操作要領

導入歷程	操作要領	檢核關鍵指標
1. 系（科）教師的智財權或研發成果協助業界合作夥伴的可能性	1-1：調查了解系（科）教師有哪些主要的智財權或研發成果？ 1-2：邀集業界夥伴共同評估教師智財權或研發成果對協助業界技術升級轉型發展或產能提升的價值為何？ 1-3：研訂教師研發成果應用的產學合作機制。（如契約） 1-4：媒合研發成果具協助價值之教師至業界以深耕服務方式，完成協助之目標。	1-1：系（科）教師的智財權或研發成果資料表。 1-2：產學共同評估研發成果應用價值的會議紀錄。 1-3：研訂完成教師智財權應用的產學合作契約。 1-4：教師實際將智財權應用在業界的人員名單。
2. 教師協助業界研發和合作解決問題	2-1：系（科）請業界夥伴依其發展需求，提供需研發主題及其欲完成之目標需求。 2-2：系（科）邀集和研發主題專長相關之教師，評估接受委託的可能性。 2-3：研訂接受委託研發的產學合作研發機制（契約）。	2-1：業界夥伴所提需教師研發之主題表。 2-2：系（科）評估接受主題研發的會議紀錄。 2-3：系（科）研訂的產學合作研發契約。 2-4：教師至業界深耕服務的名單。

表6（續）

導入歷程	操作要領	檢核關鍵指標
	2-4：教師以深耕服務方式，獨立協助或合作完成研發問題。	
3. 產學合作指導學生以「專題製作」方式，協助業界解決問題	3-1：教師指導學生至業界找尋可以作為「專題製作」之主題。 3-2：教師依題目性質及需求，獨立或和業師合作指導學生完成專題製作。 3-3：評估並協助專題製作成果解決業界問題。	3-1：列出來自業界之專題製作主題表。 3-2：列出教師獨立或和業師合作指導完成之專題製作主題表。 3-3：列出專題製作成果對業界的應用情形。

資料來源：周燦德（2013）。

（四）案例解析

　　技職教育再造第一期方案中，已列有補助教師赴公民營企業「深耕服務」項目，其目的在媒合教師的智財權或研發導向能和業界發展需求聯結，一方面業界可節省研發人力成本；另方面引導教師或產學合作之研發具應用性價值。惟細察幾年來之實際推動情形，卻發現部分教師之研究議題和業界夥伴之發展需求缺乏關聯。亦即，教師仍為研究而研究，而非以「問題解決或發展需求」為導向而研究。因此，系（科）有必要整合教師已有的智財權或研發成果，經由產學鏈結平臺，評估直接對焦協助業界滿足發展需求的應用價值和可能性。亦有必要構築產學合作研發之平臺，媒合產學合作研發需求，發揮知識藉由此一平臺之經濟價值。

步驟七：落實學生校外深度實習

（一）操作流程圖

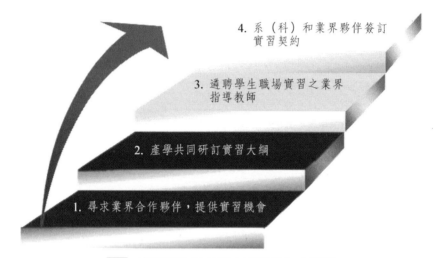

4. 系（科）和業界夥伴簽訂實習契約

3. 遴聘學生職場實習之業界指導教師

2. 產學共同研訂實習大綱

1. 尋求業界合作夥伴，提供實習機會

圖9　落實學生校外深度實習操作流程圖

資料來源：周燦德（2013）。

（二）實施的理念和目的

　　產學攜手培育具有實務操作能力之人才，此為世界各國提升學生畢業後就業競爭力的共同作法之一。而我國自過去60、70年代，以專科為技職教育主力的時代，學生校外深度實習為技職教學的重要特色，也是確保技職學生學用無縫接軌、學以致用的重要保障。因此，當年的技職生深受產、企業界喜愛。然而，自民國80年代以來，許多專科學校紛紛改制為技術學院，而後改名為科技大學，其學生大部分來自四技二專考試的高職畢業生，由於受到入學考試「筆試」為主的影響，高職階段的大學即已重學科知識，輕實務技術，以致實習常流於形式。而至技專校院後，又受限師資實務專長經驗背景不足的影響，實務教學成效亦

相對不彰，以致培育出來的人才，常遭業界嫌棄其實作能力不足。這幾年來，更產生學生找不到工作，業界卻找不到人才的窘境。因此，技職教育再造方案的主要革新精進作法，即在提供學生校外深度學習之機會，俾其能提早體驗職場環境，習得職場實務操作能力，以利其畢業後即能就業。具體而言，本步驟七之實施目的，主要有三：

1. 尋求業界合作夥伴，提供學生適性、充足之深度實習機會。

2. 系（科）教師和業師共同攜手指導學生實習，確保其習得業界所需之職場實務能力和工作素養。

3. 業界夥伴經由對學生實習期間表現之觀察與了解，願意優先在其畢業後留用。

（三）導入歷程和操作要領

表7 落實學生校外深度實習之導入歷程和操作要領

導入歷程	操作要領	檢核關鍵指標
1. 尋求業界合作夥伴，提供實習機會	1-1：系（科）依課程需要及學生對實習之需求，先預作調查與分析，以確定實習需求的質與量。 1-2：依調查分析結果，優先協商已簽訂MOU之業界夥伴，提供相對應之適性實習機會。 1-3：已簽訂MOU之業界夥伴能提供之實習機會不足時，轉介學生至同品質、品級之其他業界實習。	1-1：實習需求之調查與分析結果。 1-2：和系（科）簽訂MOU之合作夥伴提供實習機會之情形。 1-3：非MOU之業界，提供實習機會之情形。
2. 產學共同研訂實習大綱	2-1：系（科）教師應與接受學生實習之業界夥伴，共同規劃學生實習相關事宜。 2-2：系（科）邀集業界合作夥伴共同研訂學生實習大綱及內容概要。 2-3：系（科）和業界夥伴共同研訂「實習成效評核指標」。	2-1：學生赴校外深度實習計畫。 2-2：實習大綱和內容概要。 2-3：已研訂完成之「實習成效評核指標」。

表7（續）

導入歷程	操作要領	檢核關鍵指標
3. 遴聘學生職場實習之業界指導教師	3-1：系（科）優先遴聘協同教學之業師為學生職場實習之指導老師。 3-2：協同教學業師人數不敷聘任時，另遴聘適性適質之其他業師指導。 3-3：系（科）相關教師應定期或不定期赴業界協同指導學生實習。 3-4：學生實習結束後，應辦理成效評量。 3-5：系（科）針對學生校外實習，建立檢討改進機制。	3-1：協同教學之業師擔任實習指導老師之情形。 3-2：非協同教學業師擔任實習指導老師之情形。 3-3：系（科）教師赴業界指導學生實習之情形。 3-4：實習成效評量結果表。 3-5：實習檢討改進機制。
4. 系（科）和業界夥伴簽訂實習契約	4-1：系（科）應和業界夥伴共同辦理實習說明會，對實習學生說明赴業界實習之權利和義務相關事宜。 4-2：學校應與業界簽訂實習契約，具體規範實習生之權利義務相關事項。	4-1：有無辦理學生校外實習說明會。 4-2：有無簽訂實習契約。 4-3：實習契約內容已具體規範實習生權利義務。

資料來源：周燦德（2013）。

（四）案例解析

　　前曾述及，目前許多學校推動學生校外深度實習常有質不適性、量不充足之偏差情形。例如：未優先選擇已簽訂MOU之業界夥伴作實習職場、未落實研訂具體實習大綱、未優先遴聘協同教學業師擔任實務實習指導老師、系（科）教師未確實赴業界指導實習生、未明定實習成效評量指標和落實辦理評量……等問題，以致衍生徒具校外實習形式或實習量能不足問題，嚴重影響實習成效之達成。

步驟八：輔導學生考取專業證照與就業或創業

（一）操作流程圖

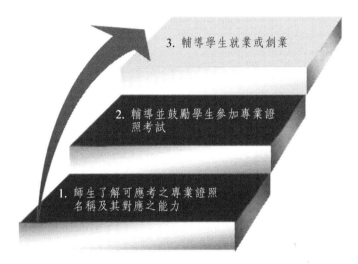

圖10　輔導學生考取專業證照與就業或創業操作流程圖

資料來源：周燦德（2013）。

（二）實施的理念和目的

　　產企業用人之職場能力衡量指標，向來即習慣以該工作有關之「專業證照」為主要依據。例如：全民英檢或托福等語文能力證照，代表職場所需各級各類語文職能；各職種之各級「技術專業證照」代表該職類之實務工作能力等。因此，系（科）輔導與協助學生取得專業證照，有助提升其就業率。而目前「專業證照」有些是國家考試辦理，有些是民間機構辦理，有些證照未取得教育部或業界認可。因此，輔導學生選考時宜先作調查與了解，以避免徒勞無功。另輔導學生了解創業的理念和實務，亦為當前學生就業外的另一選擇。具體而言，本步驟八之實施目的有三：

　　1.提供並輔導學生了解其系（科）專業屬性相對應之各級各類專業證照考試名稱及內容大要。

　　2.開辦相關專業證照考試輔導班，協助學生順利取得證照。

　　3.協助有意願創業之學生，了解創業的理念和實務。

（三）導入歷程和操作要領

表8　輔導學生考取專業證照與就業或創業之導入歷程和操作要領

導入歷程	操作要領	檢核關鍵指標
1. 師生了解可應考之專業證照名稱及其對應之能力	1-1：系（科）蒐集並列出學生可應考之相對應證照名稱和其能力資料。 1-2：分析與證照知能培養有關之課程名稱。 1-3：辦理專業證照考試有關事宜說明會。	1-1：相關證照名稱及其對應能力分析表。 1-2：專業證照與課程名稱、內容關聯表。 1-3：說明會辦理之紀錄資料。
2. 輔導並鼓勵學生參加專業證照考試	2-1：研訂鼓勵學生參加專業證照考試之獎勵措施。 2-2：調查學生選考專業證照之名稱與級別。 2-3：開辦考照輔導班或規劃其他輔導機制。 2-4：調查與分析學生考取證照情形。	2-1：相關獎勵辦法。 2-2：調查結果資料。 2-3：開班情形及其他輔導機制。 2-4：學生考取證照成果表。
3. 輔導學生就業或創業	3-1：調查畢業生就業意向為何？ 3-2：協助學生做好求職準備。 3-3：辦理學生就業博覽會及提供其他就業資訊。 3-4：輔導有創業意願學生了解相關理念和實務。 3-5：調查與分析畢業生就業或創業情形。 3-6：調查與分析畢業生學用一致相關情形之反映意見。	3-1：畢業生就業意向調查結果。 3-2：就業博覽會或其他就業資訊資料。 3-3：協助學生如何求職之辦理情形資料。 3-4：輔導學生了解創業理念和實務之相關資料。 3-5：畢業生就業或創業資料分析。

表8（續）

導入歷程	操作要領	檢核關鍵指標
	3-7：建立畢業生就業或創業反映意見回饋課程與教學之檢討與改進機制。	3-6：畢業生對學用一致情形之反映意見分析。 3-7：畢業生就業或創業後反映意見之回饋與處理情形。

資料來源：周燦德（2013）。

（四）案例解析

　　提升學生就業力和就業率的有效策略是鼓勵並輔導其努力考取相關專業證照，而此亦為教育部一貫之政策取向。因此，歷年來，教育部均已將師生取得專業證照之質量情形列為學校評鑑或績效評比的重要指標，甚至列入競爭性計畫經費申請或私校獎補助款分配計算指標。另從學生就業競爭力而言，許多產企業更常將相關職能專業證照列為其用人之必備要件或充實要件。例如：護理、餐飲、金融、語文、資訊……等皆如此。因此，系（科）如何將「專業證照」之知能、內涵適質適量地融入在課程與教學中，或專案規劃輔導機制，激勵並協助學生取得專業證照，俾提升其就業率，亦為當前系（科）辦學的重要課題。

捌、結語

　　總結產學鏈結操作策略模式八大步驟之實施理念、目的和內涵、導入歷程和操作要領之重要意涵有以下四項：

　　一、首要步驟一「系（科）自我適性定位」，實為本「產學鏈結」策略之發軔點，其後續之各項步驟均須依此「定位目標」作對應性之規劃與實施；而系（科）特色建立和適性人才培育亦與此休戚相關。

　　二、產學鏈結操作策略模式之內涵實已涵蓋影響技職教育務實致用政策目標達成之各項教學關鍵因素。包括：推動系（科）適性發展與特色建立，鼓勵教師實務增能、產學共構課程、業師協同教學、雙師共編

實務教材、教師以深耕服務協助產業升級或轉型、學生至業界見習或深度實習、教師輔導學生考取具職能導向概念之專業證照，提升技專學生就業競爭力等。

三、操作之八大步驟，各項步驟之規劃雖各有其個別之獨特功能目標；惟其先後之間，依序相互關聯，環環相扣。因此，系（科）推動時，須循序漸進，逐項規劃實施。

四、操作時已就每一步驟之實施理念和目的、導入歷程和操作要領，及其檢核關鍵指標作具體說明，且輔以案例解析，有助於各系（科）清楚地掌握其實施意旨，按表操課，簡明易行。

玖、對未來「技專校院推動職能導向之系（科）產學鏈結策略模式」之建議

一、針對各技專校院推動「系（科）產學鏈結操作」之建議

（一）技專校院宜針對操作模式之推動理念和操作要領等事項，辦理宣導教育說明會，俾各系（科）主管及全體教師均能充分了解，以利共識之建立和執行。

（二）技專校院宜督導並協助各系（科）推動本案時所需之行政支援，並建立成效管考機制。

（三）技專校院可優先選擇在產學合作和系（科）本位課程建置方面已具初效之系（科）先行實施本操作模式，以作為其他系（科）倣效學習之典範，俾加速和提升執行之成效。

（四）技專校院為推動本操作案，除依規定申請並爭取政府補助外，另宜推估經費需求，編列適當之預算挹注。

二、針對教育部規劃與推動本操作案之建議

（一）研訂推動計畫，具體明確地規範學校執行時之相關事項。

（二）建議辦理執行計畫說明會，俾利學校了解計畫內容操作要領和建立執行共識。

　　（三）建議利用「跨部會協商平臺」，協請經濟部、國科會、農委會……等相關部會邀集並鼓勵產、企業界廠（場）家，踴躍和學校建立產學合作關係，並提供業師協同教學和學生深度實習機會。

　　（四）提供學校推動此一操作案所需之經費需求申請，並督導各校編列適當比例之相對應自籌經費，逐年推動，全面實施。

參考文獻

周燦德（2003b）。技專校院開辦「最後一哩」訓練，協助學校和產業界克服這段關鍵的鴻溝。**技職簡訊**，141，2-3。

周燦德（2004）。技職教育的基本思考與建立產學合作的新機制。**教育研究**，122，14-18。

周燦德（2008）。**技職教育政策規劃與管理**。臺北，師大書苑。

周燦德（2012）。技專校院系所之適性定位與特色人才培育。**技專校院101學年度技職再造方案研發處人員會議手冊**。未出版。

周燦德（2013）。臺灣推動產學合作的策略模式——產學研發與人才培育。**朝陽科技大學學報**，18，87-112。

張文雄（1998）。**科技院校課程修定計畫**。技職教育課程發展中心。

教育部（2011）。如何強化產學合作研發——全國技職教育會議結論報告中心議題貳。**全國技職教育會議**，教育部。

教育部（2013）。**大專校院產學合作辦理情形報告**。未出版。

教育部（2013）。**第二期技職教育再造計畫**。未出版。

陳希舜（2005）。**技專校院產學合作推動機制**。產官學攜手共創未來大論壇，國立臺灣科技大學。

蕭錫錡（2002）。**技專校院學校本位系科課程發展參考手冊計畫期末報告**。8-9，未出版。

簡惠閔（2006）。**技專校院推動產學合作有效策略模式之研究**（未出版之博士論文）。臺北市立教育大學國民教育研究所，臺北市。

蘇純增（1995）。**專校物流管理科課程規劃**。技職教育課程發展中心。

龔瑞璋（2013）。精進技職教育發展──技職再造務實致用。**高教技職簡訊**，78，
　　24-27。

第十章

具彈性進路與支持系統的先導型公辦學徒制之芻議

陳斐娟

國立雲林科技大學技職教育研究所副教授兼諮商輔導中心主任

吳秀春

國立二林工商綜合職能科專任教師

廖年淼

國立雲林科技大學技職教育研究所特聘教授兼任區域產學合作中心主任

壹、前言

教育部在2017年首度辦理的「青年就業儲蓄專案計畫」原先規劃五千名額，第一階段調查時，7,653高中職應屆畢業生表態參加，但最後選擇進入職場者僅744人，媒合率不到一成，政府美意政策首年成效不如預期（吳佩旻，2017）。事實上實際繳交資料接受審查者有2,383人，以此為計算基礎媒合率其實超過三成。媒合成功的職缺主要分布在製造業、餐飲業及零售業，大約占了七成，青年儲蓄專案辦公室認為成效不如預期只要還是因為升學觀念未能翻轉。2018年的改善措施包含：(1)作業時程提早開始、(2)就業調查改採勞動部職業類別對準職業取向與(3)以縣市別為範圍取代原先的北中南東四區來降低跨區就業的機會。

這個政策是2016年2月26日甫當選總統的蔡英文女士到彰化地區視察，水五金業者反應傳統產業人力不足問題，遂提出讓18歲的高中職畢業生到職場工作，政府設立教育專戶每個月存1萬元，往後選擇進修或創業時可以有36萬元可以使用，稍後因此成立「青年教育與就業儲蓄帳戶方案」，由教育部與勞動部分別補助參與者每人每月新臺幣5,000元，合計每個月1萬元入帳（教育部青年教育與就業儲蓄專區，2016），試圖導正超過86%高中職畢業生升讀大專校院的風氣與補充部分勞動力到相關產業。

從上述方案政府花費的心力不可謂不大，但成效是否會隨著三個改善措施而大幅提高媒合率則不無疑慮，加上1、2年後，原先進入職場的744人會不會再有離職返回升學，以及3年結束時最終會有多少畢業生領取36萬元的足額補助，這些都有待時間來檢驗實難預料。因此，在實施之前，廖年淼（2017）就曾為文建議將此一方案修改或是涵蓋先導型的公辦學徒制，協助有意願就業的畢業生可以找到具有發展性的職缺，長期穩定的成為工業製造產業的中堅人力；如果可以進一步運用國家資源由勞動部或將關部會與產業公協會合作，設計一個具有探索、彈性與支持特色的生涯進路系統，讓參與的年輕人可以在最初數年獲得公部門的諮詢輔導與持系統的協助與呵護，以國家之力成就優

質、有自信的技術員新血輪。長期穩定的成爲工業製造產業的中堅人力。考量文憑至上與高職階段青少年志趣多數未定的氛圍，本文擬就學徒制培育人力的優勢、相關理論基礎，建議初期可以選定IMT等若干行業（如行業分類典第29中類機械設備製造產業）中的若干職類（如職業分類典第3大類的技術員），進行一個具有探索、彈性、支持與進路系統之學徒制試辦計畫。

貳、學徒制的意涵與相關學理

廖年淼（2017）根據美國學徒制的實施經驗，針對我國教育部「青年教育與就業儲蓄帳戶」之政策方案，提出「先導型學徒制」之建議，以利政策之落實與實踐。以下就學徒制之相關文獻來綜合歸納出學徒制的意涵、理論基礎及優點，以增進我們對學徒制的認識與了解。

一、學徒制的意涵

學徒制其意涵等同於師徒制，但在職業訓練領域之中，較常慣用學徒制、學徒制訓練（Apprenticeship Training）、學徒訓練制度（Apprentice Training System）等名稱（行政院，1998）。早年，在學校教育制度還沒有成型的時期，想要習得職業相關技能，大多數都是透過學徒制，因此學徒制可以說是古老職業教育的濫觴。不過早年傳統的學徒制，沒有一定的法規制度，只能藉由傳統上公認的行規來規範。

後來，德國、瑞士、奧地利、英國等歐洲國家，把「學徒制」作爲他們培養基層專業技術人員的主要模式與制度。1939年，國際勞工組織通過「學徒制度建議書」，各國才逐步建立相關的法規制度，一般稱之爲「現代化學徒制度」，以別於過去非正規的「學徒制訓練」。我國自1966年起訂定人力發展計畫，積極推展職業訓練，亦有「現代化學徒制度」之規劃。本研究所稱學徒制即爲現代化的學徒制度，有別於傳統沒有法規制度的學徒制。

Kram（1983）將師徒關係定義爲：「一種在工作職場上，資深員工（師父）與資歷較淺員工（徒弟）間的經驗交流。」其研究認爲，師

徒制的交流除了能夠帶給年輕員工知識技能上的訓練，亦能夠提升年輕員工的工作滿意度、工作投入程度甚至是對組織的忠誠度。

Hilary Steedman（2006）在其研究中指出，師徒制越發達的國家，其失業率則有顯著下降的關聯性，細究其原因主要爲採取師徒制教育模式，能有效提供掌握社會所需求的專長技能、實際在工作場所中學習並熟悉作業環境，使得能學到實用的技能，快速適應新的工作環境。綜言之，顯見師徒制能增進「學用合一」。

再者，也有研究發現，歐洲的德國、奧地利及瑞士等國家實施師徒制職業教育，除了有效超低的失業率外，更爲該國的產業提供技術純熟的技師與工匠，並藉此成功的站穩技職教育的基礎（Vienna.at, 2015）。

陳嘉彌（2012）在研究中歸納出「師徒制」，對不同年齡層的學習者有正面的影響，如：改變負向行爲、社會性心理滿足、增加自信及自尊、學習成就進步、增進職涯知能等。

美國勞動部網站首頁上方也出現──「學徒制是雇主與勞工雙贏的策略」的字眼，並於上方刊載學徒制相關資訊，可見學徒制獲得美國勞工界與產業界的肯定及支持（廖年淼，2017）。學徒制是爲了符合產業界的需求，提升工作者的工作技能，並提供製造業相對應的崗位訓練、課程及工作能力本位的評估，訓練完成後，能夠取得歷程工作者的認證或憑據（Daniel, 2016）。美國學徒制特徵有：

1. 參與者同時致力於職場認可的證書及大學的學術學分。

2. 學徒是全時制的工作者，訓練期間由雇主付工資。

3. 學徒制計畫提供在職訓練及工作相關課程及技術教育。

4. 每個學徒有一個配對的導師指導，以獲得技術的技能，並幫助學徒融入公司。

5. 訓練結果是取得認證的憑據，以證明某個工作技能。

綜上所述，學徒制提供工作導向學習的模式，以能力本位學習、時間本位學習及混合式的本位學習，從事相關工作訓練，以因應產品設備的與時俱進，符合業界環境的需求，落實創新，並在一位導師或師父的協助引導下，具備更進階的工作技能、與公司融合爲一體，不僅訓練結

束後取得相關證書，訓練期間並能賺取工資。由此可見，臺灣應可師法國外學徒制藉以縮小當今臺灣產業界嚴重的學用落差。

二、學徒制的理論基礎

本研究以鷹架理論、社會建構理論、情境學習理論作為理論基礎，以下分就三個理論基礎，詳細敘述之。

（一）鷹架理論

鷹架理論起源於Vygotsky「潛在發展區（zone of proximal development，簡稱ZPD）」之概念。潛在發展區係指學生的實際發展水準和潛在發展水準之間的差距。Vygotsky（1962）主張透過有效的教學引導，來增進學習者打破其既定的發展水準之潛在區域，亦即學習者若能獲得他人或專家的協助，其潛在的發展性將優於未接受協助的學習者。因此，ZPD理論運用在教學上的重點便是學習上的支持，而這個支持就被稱為「鷹架」。Vygotsky（1978）認為學習者能透過同儕或專家等人的示範及協助下，縮小其潛在發展區。由於鷹架作用的效果，學習者將可逐漸自行解決問題，完成知識的遷移，也會越有能力學習更高層次的知識或技能，如此教學者便可逐漸降低對學習者的幫助，亦即所謂的「鷹架撤離」（賴坤弘，2009）。

學徒制中的教導者（師傅）的示範、教導與支持，對於被教導者（徒弟）而言，彷彿如同鷹架一般，在鷹架的協助與支持下，被教導者能逐漸縮小潛在發展區外，亦能培養獨立解決問題的能力，學習更高層次的技能；而教導者也能在學徒制訓練期滿後，將鷹架撤離。可見由潛在發展區所發展出來的鷹架理論，可以為學徒制提供一個完善的理論基礎。

（二）社會建構理論

社會建構主義（social constructivism）強調有效的學習是必須要

與情境脈絡相呼應，並主張知識不是由外而內的灌輸傳遞，而是學習者透過與他人互動的歷程中，個人主動建構而成。換言之，社會建構主義的核心概念旨在強調社會互動過程的重要性，藉由人與人的互動與分享，能讓個人獲得到比自身學習時更大的進步與成長（石曉玫，2008）。

學徒制除強調學習必須發生在真實的情境當中，也重視師徒間的互動，透過教導者（師傅）的示範、教導和支持，讓被教導者（徒弟）在情境中觀察與主動學習，上述精神與社會建構主義的核心概念有異曲同工之妙。因為兩者都強調學習是建立在個人與個人的討論切磋及互為鷹架的互動中，並據此獲得知識更進一步建立較高層次思考的歷程。由此得知學徒制的實施，定能促進技職教育體系學生透過真實情境中的學習、操作、觀察及參與，發展出自己的知識架構，以理解專業的實務知能。因此學徒制能使學習者與工作世界充分結合，避免學用落差的現象（Gibbs & Garnett, 2007）。

（三）情境學習理論

Collins等人（1989）在其研究中提出以情境學習理論作為學徒制的理論基礎，其強調學校教育除應兼顧抽象化的知識與概念學習外，也應注重真實情境中的知識及較高層次的問題解決。如此可以避免知識僵化、知識無用的現象，顯見學習應該於「社會情境」中進行是學徒制的一大特色。換言之，學徒制將知識與技能的學習都融入社會真實運作的脈絡中，如此則能改善目前臺灣產業中「學用不一」或「學用落差」的現象。

David Guile和Michael Young（1998）研究發現學徒制的學習方法會影響在職業教育和培訓的學習，例如：終身學習，協作/變革性學習和知識生產。因此將學徒制重新概念化，並以社會情境學習理論作為學徒制的理論基礎。其研究發現有助於發展更多教學標準，並強調反思學習的重要性。

情境學習強調培養學習者的情境思考能力，學習者能從實際活動場

域中學習知識的移轉，能讓學生了解實務需求與跟上產業發展，使學校所學能符應市場需求。進而透過學徒制的策略——示範、教導、鷹架並逐漸撤離、闡明、反省、探究的方法，培養學生獨立解決問題。因此學徒制的教育模式能有效提供掌握產業所需求的專長技能、實際在工作場所中學習並熟悉作業環境，學到實用的技能，以快速適應新的工作環境，提升學習者的職場競爭力（Hilary Steedman, 2006）。

參、學徒制的優點

透過上述學徒制相關理論基礎的闡述後，得知學徒制對於知識或是技能的學習有很大的助益。因此學徒制可以說是職業養成教育中，最有效的途徑之一，透過師傅及學徒朝夕相處及互動，師傅提供鷹架，並且系統化地傳授知識、技能及工作態度；徒弟藉由觀摩、實務操作等練習，能有效的銜接產業界，落實產學合一的精神（經濟部，2011）。茲將相關文獻，歸納如下，以說明學徒制的優點：

Fields（2008）提出學徒制的好處為：

1.落實職場人力培育計畫，學校透過學徒制能培育職場所需要的人力素質。

2.學生透過學徒制可以有效將學校所學的知識成功的移轉為職場實務知識。

3.學校及業界能協助學生規劃個人的生涯發展計畫。

4.業界能成功招聘到具有潛力的工作者，增加職場所需的優質人力。

5.業界能提高優質人力的留職率，降低人員的流動率。

6.學生能融合理論及實務知識、技能和能力，提升職場的競爭力。

7.參與學徒制的雇主及員工都有較多改善工作表現及職涯發展的機會。

8.促進員工個人生涯發展，及提升其領導能力。

簡桂美（2015）的研究中歸納學徒制的優點有：1.找到工作能力相符的人才，並將人才視為企業資產，降低員工離職率；2.找到與企業理

念相符的員工，共創企業願景；3.減少新進人員的摸索與錯誤，快速熟悉工作環境，降低員工的工作壓力；4.提升新進人員的工作調適能力並加速社會化；5.降低新進人員對工作的不確定感並縮短對工作的認知差距。

他山之石，可以攻錯。張仁家、林美芳（2017）在研究中將德國、奧地利及瑞士三國的技職教育之所以成功，歸因於其所實施的師徒制職業教育，並將其師徒制的特色或優點整理如下：

1. 有明確的學徒制施行的法源依據，釐清學徒、學校與企業的權責。

2. 實務操作（八成）為主，基礎理論（二成）為輔，落實技術引導教學的執行方針。

3. 為達成技能的要求，針對不同等級技術人員，明訂2-4年的師徒制合約。

4. 可以獲得師徒制培訓的學歷與工作能力認證的資格。

5. 學徒制的教育目標以市場需求為導向，符合企業對專業技術人力的需求。

6. .學徒結訓即能馬上就業，無縫銜接產學兩端。

在美國「Working for America」（Helper, Noonan, Nicholson, & Langdon, 2016）的組織中，也針對學徒制訓練提出了以下六個優點：

1. 提供另外四年的學位證明：這是一種高質量、攜帶方便的國家認證，可以證明職業技能的熟練程度。

2. 邊學邊賺：學徒除了在工作中累積技能和經驗外，同時領有工資，以維持其生活水準，增加其進入中產階級的機會，此對美國的經濟有重大的貢獻。

3. 雇主對技能培訓的承諾及以工作者為中心，對美國的經濟成長有所助益。

4. 能因應產業界快速的變遷，持續進行技能的升級和培訓，為工作者提供就業保障。

5. 除獲得工作外，也能取得學位：在不中斷工作下，也能發展職涯。

6. 滿足實際勞動力市場需求，即學即用。

　　綜上所述，國內外相關文獻所揭櫫的學徒制的諸多優點，正好能符應目前我國產業界對技職教育的期待，冀希技職教育政策能因應國家整體環境與社會需求之變遷，而有所調整，並以學徒制訓練教育來培育國家未來的人才，達到「產、官、學」三贏的局面，再創技職教育之高峰。

肆、以機械製造技術員（MMT）學徒制做為推動先驅

　　為了初期可以順利推動，公辦學徒制的辦理職種宜有所篩選，初期可以選定中華民國職業分類典第三大類的技術員為對象進行推廣，主要是因為在歷年求才求職資料顯示技術員職是學用落差比例最高的職類。

　　在勞動部2013-2016的求才／求職未能推介原因調查累計發現，求職者「與工作相關之技術不合」的比例偏高，且在專業人員、技術員、記憶有關工作人員及機械設備操作及組裝等四大類人員中，求職者自認條件「與工作相關之技術不合」之比例，以技術員求職者「與工作相關之技術不合」之比例最高（近四年平均64.72%），高於其他三大類人員；至於求才端的業界認為應徵者「與工作相關之技術不合」的比例更是高達77.5%（近四年平均值），因此推動初期建議以技術員作為對象（勞動部，2016a；2016b）。

　　不過，技術員在各行業或產業的工作內涵與性質差異仍大，為求能夠迅速累積辦理經驗與進行成效評估，公辦學徒制辦理初期可以更進一步的限縮範圍在我國行業分類典的25中類——金屬製品製造業及第29中類——機械設備製造業中的技術員為推動對象（以下簡稱機械製造技術員，Machinery Manufacturing Technician, MMT）進行學徒制試辦計畫，這類技術員往往有著比較豐厚、有意義的工作任務底蘊（Meaningful job tasks）（Working for America Institute, 2016；Scott, 2016），要達到技術純熟的師傅級水準往往需時多年，技術養成非一蹴可成，這正可以解釋勞動部的調查中為何技術員職缺往往是求才求職

時學用落差最大的職類。特別是我國一般機械產值近6,000億元，占我國製造業約為5.4%之比重，但機械設備出口產值比重卻高達77%，可見機械設備不但是我國製造業的命脈產業，也是我國外銷工業產品中極為重要且能銷售全世界之產品，足見這個產業對我國產業經濟的重要性。

上述兩個中類製造業都有對應之同業公會，包含臺灣機械同業公會與臺灣工具機暨零組件同業公會，都可以成為未來推動學徒制之重要夥伴。

伍、彈性進路與支持系統的芻議理念

南韓在2013年9月開始啟動先導型學徒系統並於次年開始實施，到2016年10月止，共有8,345家業界參與、25,864位學徒來自5,468家工廠。韓國的學徒系統分成兩類——由業界主導與訓練中心主導的學徒系統，兩類系統也分別與高職學校或大專校院合作，學徒來源頗為多元（Kang, K-J., Jeon S-H., & Lee, H-B., 2017）。韓國與歐美的學徒制度固然值得我們參考，但有鑑於臺灣多數學生與家長仍有文憑至上的觀念，加上實證資料顯示進入高職的學生對於目前就讀的群科沒有興趣的比例不低，因此研究者認為芻議中的學徒制應該加強彈性進路與支持系統，主要包含探索、彈性、支持與進路核心概念。

所謂「探索」是指學徒制應該能夠提供參與的青少年一個探索機會，探索過程包含自我的知識和職場的相關知能，以及影響生涯選擇或發展的相關因素。「彈性」是指透過探索歷程後，參與學徒制的學生可以從暫時、初期的生涯決定隨時選擇返回學校系統或是持續留在學徒制內，因此，此一學徒制可以與高職學校、科技大學或職業訓練系統（勞動部勞動力發展署）合作，隨時提供學生返回學校學習的機制，同時對於轉換銜接調適有問題者更須適時提供協助。所謂「支持」是指參與學生在此學徒系統中，若遭遇生涯阻隔因素的話，隨時可以透過支持系統協助其發展解決問題的策略與能力，避免學生因無法獨力解決生涯困擾而阻礙其目標之實踐，支持系統與培力過程中，同時可以涵養其問

題解決能力。最後所謂「進路」是指在整個學徒生涯歷程，透過上述具有探索、彈性與支持功能的學徒制，參與者未來目標可以更明確、更順利邁向下一階段的生涯進路。

陸、結語

　　目前「青年教育與就業儲蓄帳戶」方案實施進入第二年，其緣起係在解決傳統技術產業缺工及提高青年的就業率，並藉此幫助青年適才適性，以達生涯發展之目標，實屬立意良善。有鑑於第一年的成效不如預期，第二年的方案也隨時滾動修正，提出改善措施，足見教育部推動此方案的決心。然方案成效的評估及參加者的後續追蹤，需要取得長期的實證數據資料為基礎，方能作為方案修正的參考依據。

　　為使方案能持續實施及推動，研究者建議方案融入「學徒制」的精神及意涵，以增加其實施的可行性及參加者的誘因，建議初期選定機械製造技術員（MMT）為推動對象，除了基於機械製造為「機械工業之母」外，並希冀以此為製造業命脈長期培養精湛、純熟的技術人力。

　　本研究顯示，無論是從學徒制的意涵或其理論基礎以及其優點，不難理解「學徒制」系統化、鷹架式、情境式的在職訓練或是課程，對於培育產業技術人才、提高參加者的留職率及降低失業率、落實學用合一、提升職場競爭力等，都有莫大的助益，也最能符合當今臺灣產業界對技職教育的期盼。另外，高職教育體系的學生多半為低社經背景，而「學徒制」邊學邊賺的工資，適足以維持生活最低水準，協助高職學生脫貧，成為階層向上流動的一股強大力量，這對於國家未來的經濟也有莫大的貢獻。如能進一步仿效他國「學徒制」一邊就業、一邊取得學分或學位的設計，或許對於重視文憑文化國情能稍有緩解作用。

　　綜上所述，先導型學徒制若得以實施且輔以兼具彈性進路與明確的支持系統一路陪伴這群年輕人的話，則「三贏」局面可期，不但可以部分回應各界對技職教育的期待，縮小學用落差，即學即用，最終更能促進經濟發展，強化國家整體競爭力。

參考文獻

一、中文部分

石曉玫（2008）。**運用學習社群提升偏遠地區幼稚園教師專業成長之研究——以南投縣國民教育幼兒班教師為例**。朝陽科技大學幼兒保育碩士班碩士論文，未出版，臺中縣。

行政院主計總處（2017-2007）。事業人力僱用狀況調查報告統計表。取自http://www.dgbas.gov.tw/

行政院主計總處（2017-2013）。各行業廠商尋找員工之方法。取自http://www.dgbas.gov.tw/

行政院主計總處（2017-2013）。廠商招募員工時曾遭遇之困難原因。取自http://www.dgbas.gov.tw/

行政院勞工委員會職業訓練局（1998）。**就業安全辭典**。臺北：行政院勞工委員會職業訓練局。

吳佩旻（2017年10月31日）。**青年就業儲蓄專案對準各縣市開職缺**。聯合報。

張仁家、林美芳（2017）。德國、奧地利及瑞士師徒制教育對臺灣技職教育之借鑑。**臺灣國際研究季刊**，13(1)，121-140。

教育部技術型高級中等學校課程推動工作圈（2014）。職業學校群科歸屬表。http://vtedu.mt.ntnu.edu.tw/

教育部統計處（2007）。「中華民國教育程度及學科標準分類」。http://depart.moe.edu.tw/

陳嘉彌（2012）。產學合作推動職涯師徒制之構想——Emmanuel College個案之啟示。**長榮大學學報**，16(1)，29-41。

勞動部（2016a）。**求才未能推介原因**。取自http://statdb.mol.gov.tw/

勞動部（2016b）。**求才機會未能補實原因**。取自http://statdb.mol.gov.tw/

勞動部（2017-2007）。**受雇員工空缺調查**。取自http://theme.ndc.gov.tw/manpower/

經濟部（2011）。**經濟部產業專業人才發展推動計畫**。取自http://itriexpress.blogspot.tw/2011/03/blog-post_2097.html#more，檢索日期：106年11月4日。

廖年淼（2017）。美國學徒制概況與成效評估結果——兼論對「青年教育與就業儲

蓄帳戶」政策之啓示。載於楊國賜、胡茹萍（主編），**深耕技職教育**（頁101-126）。臺北：技職教育學會。

賴坤弘（2009）。教學中的鷹架作用（碩士論文）。取自http://www.nknu.edu.tw/~edu/web/ doc/News/extra-news/inside/2009.11.24.pdf

簡桂美（2015）。公部門運用師徒制之研究——以交通部鐵路改建工程局工作教練爲例。國立臺北大學公共行政暨政策學系碩士論文，未出版，臺北市。

行政院主計處（2010）。「中華民國職業標準分類」（中華民國99年5月第6次修訂）。https://www.dgbas.gov.tw/

二、英文部分

Bruner, J. S. (1985). *Vygotsky: A historical and a conceptual perspective*. In J. V. Wertsch (Ed.), Culture, communication, and cognition: Vygotskian perspectives (pp. 21-34). NY: Cambridge University Press.

Carol, C., & Pauline A. (2007). Work based learning assessed as a field or a mode of study. *Assessment & Evaluation in Higher Education, 32*(1), 21-33.

Collins, A., Brown, J. S., & Newman, S. E. (1989). *Cognitive apprenticeship: Teaching the crafts of reading, writing, and mathematics.* In Resnick, L. B. (Ed.), Knowing, learning, and instruction: Essays in honor of Robert Glaser. Hillsdale, NJ: Lawerence Erlbaum Associates, Inc.

Fields, C. (2008). *Workforce planning: Career mentoring*. Retrieved July 6, 2011, from http://www.dpa.ca.gov/personnel-policies/work.esentationslhtml/career-mentoring-program.htm

Gibbs, P. & Garnett, J. (2007). *Work-based learning as a field of study. Research in Post-Compulsory Education, 12*(3), 409-430.

Helper, S., Noonan, R., Nicholson, J. R. & Langdon, D. (2016). *The benefits and costs of apprenticeships*: *A Business Perspective*. Washington, DC: Department of Commerce.

Kang, K-J., Jeon S-H., & Lee, H-B. (2017). *Apprenticeships in Korea.* Korea: Korea Research Institute for Vocational Education and Training (KRIVET).

Kinkel, D. H., & Henke, S. E. (2006). Impact of undergraduate research on academic performance, educational planning, and career development. *Journal of Natural Resources and Life Sciences Education, 35*, 194-201.

Kram, K. E. (1983). Phases of the mentor relationship. *Academy of Management Journal, 26*(4), 608-625.

Scott, G. (2016). *Work-based learning in action: The industrial manufacturing technician apprenticeship*. United States: Jobs for the Future.

Steedman, H. (2006). *Apprenticeship in Europe: Fading or Flourishing*. (http://eprints.lse.ac.uk/19877/1/Apprenticeship_in_Europe_'Fading'_or_Flourishi ng.pdf) (2017/10/30)

Vienna.at. (2015). Arbeitslosigkeit in Österreich: Zahl der Langzeitarbeitslosen explodiert. Vienna online. (http://www.vienna.at/arbeitslosigkeit-in-oesterreich- zahl-der-langzeit-arbeitslosen-explodiert/4537518) (2017/11/2)

Working for America Institute. (2016). *Industrial manufacturing technician (IMT) apprenticeship program*. Retrieved October 11, 2017 from https://www.workingforamerica.org/apprenticeship-and-work-based-learning.

第十一章

技職教育政策規劃機制
之研議

曾淑惠

國立臺北科技大學技術及職業教育研究所教授兼人文與社會科學學院院長

壹、前言

　　技職教育在我國定義的範圍包含職業試探教育、準備教育與繼續教育，其中職業試探教育於國中小教育階段實施，職業準備教育則於高級中等以上學校（含技術型高中、專科、技術學院及科技大學）教育階段實施。然而歷年來所推出的技職教育政策雖然很多，若將10年來技職教育相關政策的執行概況進行盤整，卻呈現出未經整合的樣貌（例如：由技職司主政之技職再造計畫與典範科技大學、教學卓越計畫及其他競爭型計畫對於達成何種政策目標主軸或目標間的互補與區隔，由國教署主政之技職再造計畫與優均質化計畫間的競合等），不僅推動內容可能重疊以致資源重複配置，也造成執行成效難以彰顯的窘境。

　　近年來以第二條國道著稱的技職教育備受重視，當前技職教育的發展不能沒有全面且具體的政策引導，為符應當前對各項政策公共參與及政策透明度的要求，規劃出具體可行且符合邏輯的政策措施，針對政策規劃機制，勢必須要更為周延之研議與討論，以因應當前政策規劃思維與潮流。因之本文希企藉由對教育政策規劃的意涵與政策規劃的評估相關論述，尋求政策規劃之立論依據，輔以對技職教育政策規劃的現況與問題分析的探究，釐清當前所面臨的實務與困境，最後提出對技職教育政策規劃的四項提議，以做為未來規劃技職教育政策之參考。

貳、教育政策規劃的意涵與政策規劃的評估

一、教育政策規劃的意涵

　　所謂「政策」並不是一個範圍很明確的概念，但凡是政府針對問題所採取的行動與作為，或是決定不作為，都是政策的內涵，可能有各種影響社會或經濟發展的計畫、方案、作為（Dunn, 2011）。而「教育政策」則是一種教育行政機關的權威分配，透過社會需求掌握、政治層面討論與較勁、行政機關理性討論及民意機關在政策對話，最後形成一種法治且符合正當程序的活動，並透過機關作為與不作為，來解決民眾教育問題（張芳全，2006a）。黃蘭媖、鄭國泰（2006）指出「政策規

劃」是一動態過程，為了達到特定目的而對未來的作為所做的一種思考與決策的運作過程。其目的是協助政府機關了解環境變遷的趨勢，掌握機會，規避威脅，整合內部資源，發揮政府的競爭優勢與彌補自身的劣勢，以有效達成政策目標，主要的活動有二，一是決定應該採取何種行動回應政策問題，二為行動方案的合法化過程（Anderson, 1994）。至於教育政策規劃則是針對教育問題，依據嚴謹態度及方法對政策問題提出方案，以期解決問題，並達到政策目標之過程（張芳全，2006b）。

　　另就政策規劃的步驟而言，黃蘭媖、鄭國泰（2006）則將教育政策規劃分為五大階段：（一）確定問題：包含政策問題基本概念的理解，了解政策問題的變遷發展以及所面臨的問題與困境等。（二）蒐集相關資訊：針對未來政策實施的「外在環境脈絡」進行相關資訊流的過濾與分類，其中包含資訊蒐集和民意蒐集之政治、經濟、社會、文化等各層面。（三）權衡相關政策措施的利害關係：針對政策相關資訊，對政策施行之政策標的團體間不同的價值觀和衝擊、意見或議題等進行釐清與權衡分析之工作。（四）確立適合的規劃方案且付諸實行：根據相關資訊的蒐集、整理與分析後，確立未來政策規劃之方向與目標，並將其政策與相關配套措施之內涵予以明確化。進一步地分析採行的政策如何落實實施、執行單位的權責劃分為何、法源基礎的授權與如何加強政策的落實推動。（五）評估政策及其執行成果以為反饋：最後分析政策之可行性和政策的執行程度以及政策是否達成既定目標評估，以作為未來政策調整與規劃之回饋與修正。如圖1所示。

　　再者，張芳全（2006b）認為教育政策規劃應有六項依據：（一）依《憲法》決定教育方針；（二）依民意需要決定教育政策類型；（三）依社會需要決定教育政策價值；（四）依學習者需要決定教育政策方案；（五）依教育需求因素決定教育政策內容；（六）依教育哲學決定教育政策價值。另為對政策作全盤、仔細的考量，並求得圓滿解決問題以抉擇合宜之備選方案，所依據的思考原則與考量指標，則有需求性、可行性、合理性與有效性等四種政策規劃規準（韋宜青，2001）。

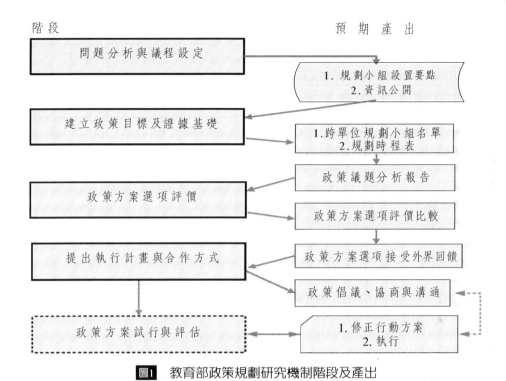

階　段　　　　　　　　　　　　　　　　　預　期　產　出

圖1　教育部政策規劃研究機制階段及產出

資料來源：黃蘭媖、鄭國泰（2006）。行政機關政策規劃研究機制。行政院研考會委託
　　　研究案（RDEC-RES-094-007），p.212。

綜上所述，教育政策規劃是教育行政機關透過掌握社會需求，與政策關係人或團體對話並於行政機關進行理性討論，最後形成一種法治且符合正當程序的活動，以解決教育問題並達成政策目標的思考與決策之運作過程，在進行政策規劃時應奠基於教育政策規劃依據的文件及哲學思維上，採取科學方法、廣泛蒐集資訊，並根據政策規劃的規準，以尋求解決政策問題之良好策略，繼之訂定行動的時間及預算，進而有效達成政策目標。

二、教育政策規劃階段的政策評估

吳定（2008）指出政策評估指政策評估人員利用科學方法與技術，有系統地蒐集相關資訊，評估政策方案之內容、制訂與執行過程

及執行結果的一系列活動。因此雖然在圖1中政策評估位於政策制定的最後階段，仍有學者主張在政策制定各階段應涉及不同類型的政策評估，例如：Singleton與Straits（2005:415）主張在政策制定歷程中有需求或社會影響評估、形成性評估、效率與效能評估等三類評估，如圖2所示。

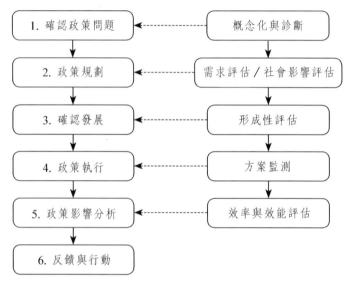

圖2　政策制定階段與相關的評估活動

資料來源：Singleton, R. A.,& Straits, B. C. (2005), p.422.

　　由圖2所示可知，在政策規劃階段要執行的政策評估可能是需求評估（need assessment）或社會影響評估（impact assessment），其中需求評估指的是透過多種評估確認需要注意與預測問題，以建立受政策影響社群與組織各問題方面的優先性，以研究問題的範圍，以及預估方案使用，或者呈現適當需求的程度；社會影響評估是指一旦政策替選方案已經提出，可以主導社會研究以評估可能的方案結果或影響。再者，美國國家傷害預防及管制中心（National Centre for Injury Prevention and Control, 2013）另指出政策制定的三階段評估模型，如圖3所示。

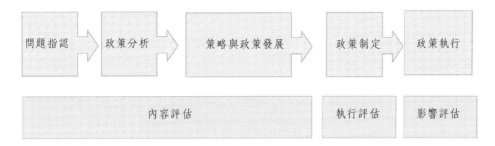

圖3　政策發展階段與評估類型

資料來源：National Centre for Injury Prevention and Control (2013), p.4.

　　由圖3所示可知，在政策規劃階段需要進行的是政策內容評估（evaluating policy content），以確認內容是否已清楚闡述政策目標、政策執行，以及政策為何將會產生意圖改變符合邏輯性。為確認政策規劃的邏輯性，有賴一個模型指引，以便將複雜現象具體化，並透過系統化方式呈現，Chen（2015）認為邏輯模式能將複雜的方案或計畫減化成具有意義且可管理的元件，Fitzpatrick、Sanders及Worthen（2011）也指出許多政府援助的單位或機構，都要求採用邏輯模式，進行方案規劃、評鑑及研究。有了上述模型，政策分析人員便可用比較系統化方式，診斷、預判或反推政策干預是如何形成的及其可能造成的後果。

　　朱鎮明、朱景鵬、謝俊義、張筵儀（2015）認為政策評估流程則大抵依循程序如下：（一）進行評估規劃：蒐集相關文獻，界定評估的範圍與焦點，以及後續的報告撰寫與成本等。（二）確認評估指標與操作化：評估指標應能判斷與目標狀況相符或是差距程度，針對適當性、效能性、效率性、回應性、公正性、充分性等特性加以設計待檢視問題，或是直接以上述面向判斷政策成效。（三）採行多樣的評估方法：可運用現有客觀數據、預算資料或是統計資料，或透過問卷調查服務滿意度暨行為改變狀況的數據，也可用成本效益、成本效能分析等量化方法；亦可採用到現場觀察查證、辦理訪談與焦點團體座談等質化資料蒐集與分析的方法。（四）評估報告撰寫與運用：進行前述系統化的檢核與評估後應撰寫一份具有說服力的政策評估報告，如實呈現規劃或

是評估結果的多樣面向，同時最後結果應該被重視與應用，而非束諸高閣。

參、技職教育政策規劃的現況與問題分析

一、現行技職教育政策的規劃

　　依據陳恆鈞、許曼慧（2015）的研究，將臺灣技職教育政策變遷從光復後至2014年分為建構（1945-1967）、成長（1968-1986）、興盛（1987-1995）、解構（1996-2002）及重構（2003-2014）等五期，而自2014年起十二年國教正式推動之後技職教育政策有了新的一番局面。因此若論及現階段教育部對於技職教育一連串的改革，在2014年以前且現仍與十二年國教併存的技職教育政策可以說是源自於2010年至2012年推動的「第一期技職教育再造方案」，繼之於2013至2017年賡續推動「第二期技職教育再造計畫」，期望緊密鏈結產業需求，培育高職、專科、科技校院畢業生都具有立即就業的能力，充分提供產業發展所需的優質技術人力，以及改變社會對技職教育的觀點（教育部，2017a）。此兩期技職教育再造計畫之研擬，均為教育部內單位依其行政機關之需求，經蒐集相關利益關係人的看法、彙整教育部內各單位意見並進行會議研商後議訂之政策規劃文件，其文件格式為依據「行政院所屬機關中長程個案計畫編審要點」所規定的格式編撰。依據第二期技職教育再造計畫策略一「政策統整」所研訂之〈技術及職業教育法〉，於104年1月14日經總統公布（教育部，2017a）。同時依據《技術及職業教育法》所研訂之技術及職業教育政策綱領亦於106年3月9日經行政院核定（教育部，2017b）。上述〈技術及職業教育法〉及〈技術及職業教育政策綱領〉的研議，則由教育部委託專案計畫執行所獲致之政策規劃文件，專案計畫受委辦單位的執行程序，亦多遵循意見蒐集、文件起草、專家討論、公聽會及文件審議等階段，完成文件之規劃。其後經教育部相關單位主管陳核後，依據文件之位階而報請行政院核定，或之後呈請總統核定公告之，由於技職教育政策綱領因無特殊規

定，因此由政策制訂單位自訂政策文件格式。至於如教育部公告的高等教育深耕計畫、國教署公布之高職優質化與均質化輔助方案，大抵仍依循一般計畫申辦格式方式規劃，經文件起草、公聽會及專家會議等程序後，陳報單位主管核定以供申請辦理學校有所依循；而地方教育行政主管機關所研訂之職業教育政策，如臺北市有高瞻、高優、領先及前瞻計畫等，新北市的旗艦計畫等，其產出程序與途徑，亦大致相仿。

二、現行技職教育政策規劃的評估作為

當前我國技職教育政策評估機制大抵遵循行政院對各部會推動績效管理機制的規範，而行政院在推動各部會績效管理制度的相關作業已有相當的歷史與經驗，其立意在於強化政府各機關策略規劃及目標管理的能力，以中長程個案計畫之審議為例，係依據行政院所屬機關中長程個案計畫編審要點之規定，審議事項包括：（一）計畫需求：政策指示、民意及輿情反映；（二）計畫可行性：計畫目標、環境、財務、技術、人力、營運管理可行性、社會參與及政策溝通成效；（三）計畫協調：權責分工、相關計畫之配合；（四）計畫效果（益）：社會效果、經濟效益、財務效益、成本效益比、前期計畫績效；（五）計畫影響：國家安全、社會經濟、自然環境、性別等之影響。其程序則為由國家發展委員會會同財政部、行政院主計總處（以下簡稱主計總處）及相關機關審議後報行政院核定（行政院，2015a）。換言之，政策制定時的評估作為，多數僅於行政上文書會辦程序，少有大規模調查等研究過程。

三、教育政策規劃的普遍性問題與因應

由於迄至目前為止，並無針對技職教育政策規劃提出討論的相關文獻，僅能藉由一般性教育政策規劃的文獻加以整理當前面臨的問題與因應。經檢視我國的政策規劃相關文件後，陳易芬、翁福元與廖昌珺（2015）指出，近幾年來，政府特別偏好給各級學校提計畫申請的競爭型計畫，同時緊縮各級學校的經費補助。導致的結果只是製造一些看起來好像成效很好的數據，紮不紮實則有待檢證和考驗，對於技職教育

問題解決或是未來發展政策的制訂，政府應該有更長遠的視野。除此之外，黃蘭媖、鄭國泰（2006）指出存在著政策規劃較偏向於問題與解決方案配對的過程。它是非線性的，也是一種非絕對理性的思維，同時政策規劃本身缺乏明確的階段或機制，也缺乏長期規劃，更常見到的是，研究發展與政策規劃間的聯結鬆散、缺乏制度或是各行其是等等問題。鄭國泰、謝金青（2007）進一步認為，教育部政策規劃與研究缺乏聯結的現象，所造成的政策實行結果為：研究成為教育部政策規劃以及後續執行的後盾能力無法彰顯，使得政策正當性低、持續性亦低，也因此減緩了策略規劃以及政策領域的知識累積，減弱行政機關前瞻規劃的能力，隨著社會問題層出不窮，政府所受到的挑戰亦增加，然其預測未來的能力卻未能依據過去的經驗累積而提升，而處於疲於奔命的狀態，而成為傾向反應式或危機處理的組織。教育部政策正當性及持續性若是持續低落，長期以往將會造成公共資源的浪費、人民信心危機、消極行動多於積極規劃、幕僚士氣低落、無法依據評估檢討改進政策、行政機關間不協調與行動不易整合，最終勢必降低國家整體競爭力。

曾冠球（2016）也點出行政院所屬各機關人員對於關鍵績效指標（Key Performance Indicators, KPI）的訂定常見的現象是訂定一些流水帳指標（如活動辦理場次、參觀人次、出勤次數），其乃徒具形式而欠缺實質意義，同時當前各部會所提出的政策或計畫，很多時候乃為了配合既有的「計畫管制」、「預算編製」程序而採取的某種策略性作為，目的是著眼於先行取得行政院授權，待其核定後方便爭取預算，但這背後未必經過縝密思考、訂定一套符合學理標準的政策或計畫，這表現出來的結果是政策目標模糊、目標與手段之間關係鬆散、手段與手段之間綜效不明，以及績效指標眾多但未必關鍵等典型問題，也很可能無從進行真正的評估，或者評估結果也可能無法進行有意義的對話與學習。另外，朱鎮明、朱景鵬、謝俊義、張筵儀（2015）則認為一般性、中長期、延續性計畫等，都缺乏較有系統的評估，政策的規劃與提出，也缺少足夠時間進行事前、事中與事後評估。若在很短時間提出的政策，負面影響的評估、政策的可能風險、與政策最壞的狀況的掌握等，較不可能周延，同時也很少運用多元的質化與量化研究方法，較少

考慮到政策的未預期缺失，都是當前政策評估的主要問題。

　　雖然上述學者在點出教育政策規劃中所面臨的問題時，也併同提出因應的策略，包括：鄭國泰、謝金青（2007）提出教育政策規劃問題的具體改善建議有：（一）提升預算發揮的實質效益。（二）落實政策規劃與預算管制及評估檢討之結合，減少資源重疊與浪費。（三）強化行政官僚工作內容與目標的結合、提升士氣與工作滿足感。（四）教育政策朝更為前瞻性的方向進行政策規劃。（五）提高政策的正當性及可行性，使政策成為動態學習的過程。（六）提振民眾對政府信心，增加行政機關行動的協調性。曾冠球（2016）提議國發會可以針對某些個案計畫，優先導入學理上事前評估的概念、焦點與操作程序，使之盡可能比較貼近科學的程序與規範，同時各部會的政策規劃、設計或預評估工作應該加以落實，再者無論是事前、事中、事後類型的政策評估規劃，基本上都十分強調上位政策目標的釐清、利害關係人的參與、邏輯模型指標的操作，而後藉由評估需求與項目提問的帶動，並透過適當的研究與資料蒐集方法來回答問題，並將評估報告提供給相關使用者參考。朱鎮明、朱景鵬、謝俊義、張筵儀（2015）則建議，社會科學界接受政府委託辦理研究，與政府內部的自行研究或是可行性評估，可以參考下列作為：（一）跨領域、跨校團隊合作，而不是單人、單科室、單一司處組的研究。（二）多回合，甚至分區的利害關係人焦點團體座談、訪談或查證，甚至網路論壇等等社會諮詢與對話方法。（三）嘗試（或被委辦機關要求）進行某種形式民意調查或問卷調查。（四）參考學理上的概念、標準或要素，針對實證數據、資料或記錄，分析調查結果所代表的意義。（五）開放性提出各種方案，嘗試不帶立場分析利弊得失與提出建議。（六）進行同儕評估——回應、說明甚至補強修改。

　　然而以上的論述對於當前技職教育政策規劃或有可供參採之處，卻尚未勾勒出問題與解決策略的全貌，例如依據十二年國民基本教育實施計畫所研訂的高職優均質化實施方案自96學年度即開始實施，至今仍延續執行，雖於執行期間為與技職教育再造計畫有所區隔而有執行重點之調整，但彼此間的界線仍難以清楚勾勒出來；從對近期技職教育政策

相關文件的描述中發現，當前並無整體性的技職教育中程施政計畫；另有關技職教育政策相關文件所論述或主導施政的內涵，仍有部分從屬結構不清的疑慮等等。因之對於技職教育政策規劃之應有作為仍須進一步構思與研議。

肆、對技職教育政策規劃的提議

一、定期盤整技職教育各項政策措施，規劃中程施政綱要

　　當前行政院與國發會均已針對所屬單位政策規劃制定文件格式規範，包括「行政院所屬各機關中程施政計畫（106至109年度）及106年度施政計畫編審作業注意事項」（國發會，2016）、「行政院所屬機關中長程個案計畫編審要點」（行政院，2015a）等。其中中程施政計畫係各機關依其使命、願景、施政綱要，訂定關鍵策略目標及關鍵績效指標，每四年檢討更新未來四年施政藍圖；年度施政計畫由各機關依中程施政計畫所訂定之會計年度綜合性策略計畫，做為年度施政之依據；中長程個案計畫則以施政計畫之重點項目所規劃之具體實施計畫（林佳慧，2016）。然而，當前並無專屬技職教育的中程施政計畫與年度施政計畫，為完整呈現對技職教育之整體規劃，宜思考定期盤整技職教育各項政策措施，在有立論依據的基礎上規劃中程施政綱要，並據以制定單位之年度計畫與各項個案中長程計畫，全面推動各項具有戰略與戰術思維的技職教育政策，進而避免淪於點狀、突發性構想的政策研定，分散或重複資源之投注。

　　無論由行政單位自行規劃或委託專案規劃，均須留意政策的研議內涵必須能綜觀全貌，而單一的行政單位或學術研究單位所組成的團隊是必有其視野上的侷限，以當前技職教育政策間相互關聯的複雜程度而言，組成跨領域、跨校合作團隊，與委託專案之行政單位進行密切合作研究規劃，或於專案規劃的過程中與各相關政策研擬單位及人員互動密切，取得最新資訊以反映政策規畫之廣度與深度應是必要的作為。

二、政策施政綱要之規劃應有具體之主軸理念，其下各項個案計畫之推動應符應理念相互協調

　　當前技職教育相關政策的提出，大都缺乏整體規劃與主軸性構想的思維。例如：104年通過《技術及職業教育法》，106年公布《技職教育政策綱領》，而106年於技專校院推動的大學社會責任實踐計畫、優化技職校院實作環境計畫與青年教育與就業儲蓄帳戶方案，是否有對應實踐技職教育政策綱領某些項目的規劃，是否仍有尚待推動的急迫性政策計畫，以分工整合發揮技職教育發展的綜效，則通常未能拿出足以另人信服的整體性規劃政策性說帖。

　　以現階段規劃推動當前職業教育之發展為例，許多重要計畫之推動如需落實務實致用人才之培育，則於盤整當前各項政策措施或計畫之執行過程與成果後，下一階段之推動宜結合十二年國教課綱之發展，以鏈結學校產業厚植就業動能為政策主軸，盤點各校目前與產學鏈結的現況，並在此基礎上學校教師與所參訪之業界或遴聘之業師共同研發課程教材，發展其特色課程，單一專業領域若有不足，則發展跨科或跨群課程；教師專業能力若有不足則赴業界研習，或成立跨群科教師專業社群，以習得產業技術知能，致力於符應業界需求的教材教法開發，並回饋於教學實務；學校規劃使學生於業界參訪或業師協同教學的過程中，尋求提供學生校外實習之機會；各校於教師與業界的互動過程中逐漸建立跨校或全國性之業界人才及資源資料庫，若有需要，尚可進行學校及業界協同選才，或發展就業導向專班之各項規劃。以上各項措施以學生實作能力的培育為核心，所有的努力均能回饋於形成一個正向螺旋式的循環，將可進一步擴大並深化學校與業界之鏈結，達成務實致用人才培育之目標。

三、規劃技職教育政策時併同思考及選擇政策評估的工具與作為

　　過往在政策制訂的學理上大多將政策評估列為最後的執行步驟，以近來的文獻觀之，政策評估的地位已如同教學評量一般，從教學的最後一階段逐漸融入教學各階段來進行；也如同校務評鑑一樣，從原來的尾端管控功能逐步併入校務運作各階段的一個基本思維。

　　據此，在開始政策規劃之時，併同思考及選擇政策評估的工具與實施方法及程序等相關作為應是必要的措施。政府機關就為達成特定政策或計畫的預期目標，選擇有效因應對策作法（政策工具）的事前預評估，在尚未立法推動之前，已由國家發展委員會委託專案研擬法規政策影響評估（Regulatory Impact Analysis，簡稱RIA）作業手冊，將RIA操作步驟規範為八個（施能傑，2016）：1.政策背景的描述，2.政策問題的釐清，3.政策目標的設定，4.對策方案的研擬，5.對策方案的影響預評估，6.利害關係者的諮商，7.最終執行方案的選定，8.執行成果的評估規劃。應踐行法規政策影響評估之項目，優先適用者為管制性法規，排除適用之法規及其他鼓勵採用三類，而技職教育相關政策之研訂，歸屬於涉及機關內部管理、外部資源配置者，亦鼓勵採用RIA分析。

　　換言之，政策規劃時對於規劃內容的影響預評估與後續執行成果評估之規劃，即應同步著手進行，而當政府機關透過運用政策分析方法、釐清政策問題與議題、落實政策利害關係者的諮商參與、研提各項可能對策方案、進行各方案執行成本及效果影響預評估、選定較符合專業與社會民眾期待的政策內容與政策工具、規劃後續政策執行成果評估方式之程序所建構之政策，除了可以降低管制法規執行時利害關係者的遵循成本和機關的執行成本，更能建立一個各方相互信賴的法規形成環境，而將透過適當的研究與資料蒐集方法來進行需求評估/社會影響評估的評估報告提供給相關使用者參考，更能符應政策透明化之需求。

四、釐清上位政策標的並藉由邏輯模型指標的操作研議政策內涵

　　曾冠球（2016）主張邏輯模式恰為符合政策規劃與評估邏輯性需求的可用工具。Funnel及Roger（2011）認為邏輯模式可用很多方式繪出，然而大致可分成管線式（pipelines）、結果鏈式（outcome chains）、矩陣式（realist matrices）及敘述式（narratives）等四種，Campbell等人（2017）認為其中最被人熟知也普遍使用的就是管線式，如圖4所示。

圖4 管線式邏輯模式

資料來源：Campbell, D., Barry, E., Beth, S. Teresa, W.& Andrew, M. (2017), p.10.

　　當然邏輯模式中的各區塊也有可以微調的機會，例如：鄭怡世
（2015）建議之方案邏輯模式及其輔助思考的內涵如圖5所示。

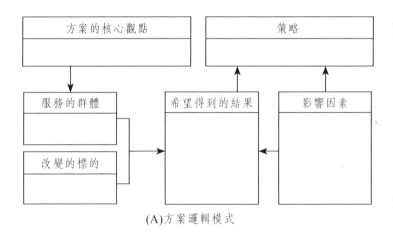

(A)方案邏輯模式

方案所欲改變的標的	方案的核心觀點	方案的目標	方案的目地	投入資源	方案活動或服務內容	服務成效	評估指標	蒐集資訊的方法		
								蒐集資料的方法	誰負責蒐集資料	蒐集資料的工具

(B)方案邏輯模式輔助思考的內涵

圖5 方案邏輯模式及其輔助思考的內涵

資料來源：鄭怡世（2015）。成效導向的方案規劃與評估。pp.13-14。

　　以職業準備教育中有關國中小職業試探之辦理，若經釐清其目標在
使國中小學生對技職教育有更多更完整的認識，並進而選擇升讀技術
型高中專業群科，則其關鍵指標應設定為國中小學生參與職業試探與體

驗活動經驗的機會、國中小學生有參與職業試探與體驗活動經驗的比例等。其代表性的邏輯模式建議可規劃如圖6所示。

問題界定	目標與目的	方案設計（具體作法）	方案成效
1. 國中小學生及老師對職業認識及試探有待加強 2. 生涯發展及技藝教育之推展，仍有賴引進產業資源、鼓勵學生多元試探，並藉由生涯輔導網站提供生涯輔導整合資訊	1-1 強化國中小職業試探與體驗教育 1-2 加強辦理國中生涯技藝教育，提供學生適性發展	1-1-1 研修「教育部國民及學前教育署補助國民中學區域職業試探與體驗示範中心作業要點」。 1-1-2 補助辦理國民中學區域職業試探與體驗示範中心及各中心輔導諮詢，提供國中小學生職業試探體驗機會。 1-1-3 研訂「國民中小學職業試探與體驗活動課程規劃原則」，發展國民中小學職業認識與探索內容之課程及教學活動設計，鼓勵國民中小學開設職業試探課程及體驗活動。 1-2-1 引入產業資源，落實推動國中學生產業參訪活動，提升學生對於職業與技術價值之認知，並培養職業觀念。 1-2-2 結合國中畢業生適性入學宣導，鼓勵國民中學學生參加技藝技能相關競賽及活動，發展多元智能。 1-2-3 加強國民中學與技術型高中之鏈結，鼓勵雙方教師互動交流，深化國民中學教師對職業教育之認識，以利輔導學生生涯規劃。 1-2-4 落實國民中學學生生涯輔導實施計畫，並建置國民中學學生生涯輔導網站，提供生涯輔導、生涯探索及職業世界等相關資訊，協助學生做好生涯規劃，生涯抉擇與生涯發展，導引學生適性及就近就學。	1. 各縣市設置職探中心至少○○校（離島及偏遠地區除外）。 2. 學生畢業前參加職業試探與體驗教育之比例，國小生達○○%，國中生達○○%。 3. 各縣市辦理業界參訪或業師到國中小學校授課演講活動比例達○○%。 4. 辦理生涯發展教育績優學校評核，績優學校比例達○○%。

圖6 國民教育職業試探邏輯模式示例

至於其下政策內涵之規劃，則可參考圖5中方案邏輯模式輔助思考的內涵加以規劃，則對政策內涵邏輯性的確保，應有極大的助益。

伍、結語

技職教育政策制定相關議題討論的範圍從廣度及縱深而言都相當繁複，邇來因應教育行政主管異動的頻繁，為彰顯個人施政績效而有許多構想與政策計畫的提出，然而卻也產生政策制訂缺乏一貫性與統整性的問題。藉由機制的設計加上配套措施可帶動理念的轉換、促進資源的逐步建置，建立行政機關政策規劃方法論基礎以及政策工具百寶箱架構，充實政策規劃可資運用的資訊，將可有效改善當前技職教育政策規劃之問題。

參考文獻

一、中文部分

朱鎮明、朱景鵬、謝俊義、張筵儀（2015）。**部會落實政策評估與運用機制之規劃**。臺北市：國家發展委員會。

吳定（2008）。**公共政策**。臺北市：五南。

行政院（2015）。**行政院所屬各機關中長程個案計畫編審要點**。2015年7月17日行政院院授發綜字第1040801017號函。

林佳慧（2016）。從我國中央政府施政計畫體系變革看政策規劃管理新思維。臺灣經濟研究月刊，39(5)，34-42。

韋宜青（2001）。**國民小學教育選擇權政策規劃規準之研究**。臺北市立師範學院國民教育研究所碩士論文，未出版，臺北市。

施能傑（2016）。**法規政策影響評估作業手冊操作步驟之研析**。臺北市：國家發展委員會。2017年9月4日。取自https://www.ndc.gov.tw/News_Content. aspx?n=B7C121 049B631A78&s=761997AB2BD3A882。

張芳全（2006a）。**教育政策導論**。臺北市：五南。

張芳全（2006b）。**教育政策規劃**。臺北市：心理。

黃蘭媖、鄭國泰（2006）。**行政機關政策規劃研究機制**。行政院研考會委託研究案（RDEC-RES-094-007）。臺北市：行政院研考會。

陳易芬、翁福元、廖昌珺（2015）。技職學術化：當前臺灣技職教育改革政策的反省。**臺灣教育評論月刊**，4(11)，42-46。

陳恆鈞、許曼慧（2015）。臺灣技職教育政策變遷因素之探討：漸進轉型觀點。公共**行政學報**，48，1-42。

教育部（2017a）。**重大教育政策發展歷程**。2017年7月11日。取自：http://history. moe.gov.tw/policy.asp?id=4。

教育部（2017b）。**技術及職業教育政策綱領**。行政院106年3月2日院臺教字第1060165689號函訂定。

曾冠球（2016）。從政策評估觀點精進我國個案計畫之審議機制。國土公共治理，4(3)，58-68。

鄭怡世（2015）。成效導向的方案規劃與評估。高雄市：巨流。

鄭國泰、謝金青（2007/11/10），教育政策的理性規劃─植基證據可信度為前提的脈絡分析。中華民國品質學會第43屆年會暨第13屆全國品質管理研討會。新竹教育大學、中華民國品質學會。

國家發展委員會（2016）。行政院所屬各機關中程施政計畫（106至109年度）及106年度施政計畫編審作業注意事項。臺北市：作者。

二、英文部分

Anderson, J. E. (1994). *Public policymaking* (2nd ed.). Boston: Houghton Mifflin.

Chen, H. T. (2015). Practical Program Evaluation: Theory-Driven Evaluation and the Integrated Evaluation Perspective. CA: Jossey-Bass.

Campbell, D., Barry, E., Beth, S. Teresa, W.& Andrew, M.(2017). Evidence and Evaluation Guidance Series Population and Public Health Division Developing and Using Program Logic: A Guide. North Sydney, NSW Centre for Epidemiology and Evidence, NSW Ministry of Health.

Dunn, W. N (2011) *Public Policy Analysis*, Fifth Edition, Upper Saddle River, NJ: Pearson.

Fitzpatrick, J. L., Sanders, J. R.,& Worthen, B. R. (2011). Program evaluation: Alternative approaches and practical guidelines(3rd ed.). New Jersey: Pearson Education, Inc.

Kaplan, A. (1973). On the Strategy of Social Planning. *Policy Sciences*, 4 (1), 41-62.

National Centre for Injury Prevention and Control(2013). Step by step: Evaluating violence and injury prevention policies. Brief 1: Overview of policy evaluation. Retrieved August, 1, 2017. From: https://www.cdc.gov/injury/ pdfs/policy/brief%201-a.pdf.

Singleton, R.A.,& Straits, B.C.(2005). *Approaches to Social Research*(4th ed.). New York, NY: Oxford University Press.

第十二章

《技術及職業教育政策綱領》該怎麼做才行?

李隆盛

中臺科技大學校長及文教事業經營研究所教授

　　行政院在2017年3月訂定的《技術及職業教育政策綱領》既應落實實施，也該適時調適。本文針對落實面，列出該綱領的六個推動方向與52項推動重點，設計成模糊得懷術（fuzzy Delphi method）問卷，邀請20名技職教育專家填答，辨認出各推動方向與推動重點的急需推動程度，並據以建議政策綱領宜特重在「制度」、「教師」與「產學」三大面向：(1)由課程加強學生實作場域動手操作能力；(2)加強中小學在職教師對技職教育之認識與理解；和(3)由相關部會提出積極鼓勵企業參與人才培育之誘因及獎勵機制，加強實務聯結及產學合作，增進產業與學校協力培育人才之社會責任。

壹、技職教育的特性在「時」與「實」，技職教育政策也該如此

　　技職教育的角色已從最早的工作訓練（job training, JT）演變到JT取向或職涯發展（career development, CD）取向，或兼容JT與CD（Lankard, 1996）。就當今世界各國的技職教育而言，愈在大專校院的技職教育愈會是JT取向。被譽為美國職業教育之父的Charles Prosser（1871-1952），曾提出JT取向的「職業教育16個定理」（Sixteen Theorems on Vocational Education, n.d.）如下：

　　1. 職業教育的效率與學習者受訓環境複製自其隨後所必須工作環境的程度成正比。

　　2. 只有能用所對應職業中相同作業和相同機具的訓練場所，才可有效實施職業訓練。

　　3. 職業教育的效能與直接及分殊採用對應職業中所要求思考和操作習慣訓練學習者的程度成正比。

　　4. 職業教育的效能與學習者利用自己的興趣、性向和內在智慧至最高可能的程度成正比。

　　5. 任何職業、工作、行業、職業或職位的職業教育只有提供給需要、想要和可從中獲利的選定團體才有效。

　　6. 職業訓練的效能與形成正確行為及思考習慣的特定訓練經驗重

複至所養成習慣即為有酬勞就業所需完備之技能的程度成正比。

7.職業教育的效能與其教師曾運用技能和知識於其待教作業與程序的成功經驗成正比。

8.每一個職業都有一些最低的生產能力是學習者所必須擁有以獲得或保有該職業。如果職業教育沒有達到這一點，則既無個人也無社會效能。

9.職業教育必須認知所面對的條件並須訓練學習者滿足「市場」需求，即使可能已知有更有效率的進行職業方式和已有被高度期待的更佳工作條件，也需如此。

10.任何學習者習得過程習慣的效能與在實際工作崗位上（而非演練或虛假工作崗位上）訓練的程度成正比。

11.特定訓練的唯一可靠來源是其對應職業中的師傅經驗。

12.每一個職業都有其對應職業的特定內容本體，此一本體在其它職業並無功能上的價值。

13.職業教育的社會服務效率與其能適時滿足任何團體的特定訓練需求及團體可因此而最有效獲利的程度成正比。

14.職業教育的社會效率與其教學方法及其與學習者的個人關係能考慮所服務特定團體之特性的程度成正比。

15.職業教育行政的效率與其運作有彈性而不僵化和不標準化的程度成正比。

16.該盡一切合理努力降低人均成本，但要有效提供職業教育仍有其最低人均成本。倘課程無法提供此一最低人均成本，就不該嘗試職業教育。

上述Prosser的「職業教育16個定理」也會遭致批評。例如：定理11就被Camp和Hillison（1984）批評為「教師專長只根據行業精熟度而不管教育準備度」，但是識者認為「行業精熟度」和「教育準備度」分屬「內容能力或技術能力」和「程序能力或教學能力」，Prosser主張「對應職業中的師傅經驗」重要，並不排斥實務經驗豐富的師傅也該有教學和輔導能力。換句話說，儘管受到批評和時空轉變，Prosser的「職業教育16個定理」在JT取向的技職教育政策和實務上，仍然顛撲

不破。

　　「職業教育16個定理」和其他技職教育原理已型塑出技職教育的特性在「時」與「實」二字（劉君祖，2018），講求：與時俱進、務實致用；及時培育人才、務實面對需求；時變實亦變，學而時習之；……。「時」、「實」二字既適用於技職教育實務，也適用於技職教育政策。例如：技職教育政策既應落實實施，也該適時調適，促成「法與時轉則治，治與世宜則有功」。

貳、《技職及職業教育政策綱領》有待落實實施，並急其所當急

　　2015年1月公布的《技術及職業教育法》第4條規定「為培育符合國家經濟及產業發展需求之人才，制定宏觀技職教育政策綱領……前項綱領，至少每二年應通盤檢討一次並公告之。」因此行政院於2017年3月訂定《技職及職業教育政策綱領》（以下簡稱政策綱領），以「引領技職教育突破現況問題，以及因應全球化時代與未知產業樣貌之重要發展方向」（技術及職業教育政策綱領，2017）。政策綱領中有六大推動方向及各推動方向中有重點（綱領中採文字敘述，未編碼）。這些方向和重點有待推動的急需程度為何？

　　本文作者將政策綱領中的6大推動方向和46個重點這些方向和重點設計成模糊得懷術（fuzzy Delphi method, FDM）問卷，於2017年10月邀請20名技職教育專家學者填答。FDM與傳統DM（Delphi method）相較，FDM摒除DM採集合理論中以二值判斷作為基礎的布林值邏輯（即0或1，是或否），改由填答專家提供能反映群體意志區間的模糊答案，突破傳統的數量分析限制，取得更接近專家的意見結果。通常實施兩回合即可達收斂有共識程度（李隆盛、賴春金、潘瑛如、梁雨樺、王玫婷，2017）。但只為具體項目尋求共識，亦可經一回合完成。由於參與FDM問卷調查的人員代表性攸關FDM成敗，該調查嚴守先草擬下列三項客觀標準，再依客觀標準找參與人員的程序。

　　邀請參與FDM問卷調查的專家學者之客觀標準如下，三項均需符

合：

1. 曾任職技職教育行政或學術單位10年以上；
2. 曾發表技職教育文章；
3. 對各級各類技職教育有深度了解。

FDM調查含6個推動方向與46項推動重點。問卷所蒐集資料統計結果如表1。在表1所列52個推動方向或重點中，三角模糊數總值愈高表專家對該項目推動的急需程度愈有共識。三角模糊數值為0.6以上者共有44個推動方向或重點、三角模糊數總值為0.65以上者共有26個推動方向或重點、三角模糊數總值為0.7以上者共有7個推動方向或重點（如表2所列）。

表1　《技職及職業教育政策綱領》推動方向或重點

推動方向或重點	三角模糊數總值
推動方向1. 重建新型態之技職教育體系，以彈性之職業繼續教育吸引社會大眾選擇就讀	0.68381
1.1　依產業變動需求，進行技職校院整併或轉型	0.69736
1.2　重新盤整學制、科系及學程，因應未來產業人力供需，快速調整科系所之設立	0.61845
1.3　建立更彈性之學制及修業制度	0.64238
1.4　明確技能職類之分類分級	0.58934
1.5　鼓勵畢業先就業再進修，或就業者可隨時進入職業繼續教育，且可經由非正規教育之學習，獲得專業認可資格	0.64004
1.6　職業繼續教育之招生、課程設計及評量，應以彈性及實務取向為聚焦重點	0.66167
1.7　提供更多元而完善之職業繼續教育系統，吸引社會大眾充實專業知能與實作技能	0.62980
推動方向2. 建立有效職涯認識與探索機制，培養專業技術價值觀	0.69140
2.1　國民小學及國民中學在課程設計及活動安排，引入產業協力，並落實推動職場體驗、職場見習等	0.63098

表1（續）

推動方向或重點	三角模糊數總值
2.2 中等教育階段學校強化學生性向測驗及透過生涯與職業輔導，導引學生適性就學或就業	0.69415
2.3 技術型高中學校強化學校專業與實習課程及產業之聯結，規劃就業導向之實作課程，以奠定學生基本就業能力	0.69372
2.4 技術高中畢業生宜先投入職場鍛鍊專業能力後，再繼續修讀及培養進階能力	0.57170
推動方向3. 建立實作及問題導向之學習型態，培養跨領域能力、創新創業精神及國際移動力	0.68291
3.1 培養學生專業知識及技能	0.64705
3.2 加強學生語文能力	0.67175
3.3 加強學生STEM科際整合能力	0.63149
3.4 加強學生實作場域動手操作能力	0.73518
3.5 加強學生跨領域整合設計實務專題能力	0.68640
3.6 加強學生學習能力	0.64748
3.7 培養學生溝通能力	0.66223
3.8 培養學生系統思考能力	0.66223
3.9 培養學生問題解決能力	0.70302
3.10 培養學生跨領域學習能力	0.67727
3.11 培養學生創新創業精神	0.64874
3.12 培養學生博雅通識與關懷之人文素養	0.65432
3.13 培養學生具備母語溝通能力	0.48233
3.14 培養學生具備其他外國語文溝通能力	0.60473
3.15 培養學生尊重理解不同文化差異與價值態度	0.61810
3.16 積極推動國際交流，加強與產業或國外學校之合作關係，促進我國技職教育向外輸出	0.58667
推動方向4. 激勵教師提升符應產業發展之教學能力及調整育才思維，投入實務教學創新試驗，從事實務應用研究，以利技術傳承及創新	0.66852

表1（續）

推動方向或重點	三角模糊數總值
4.1　強化聘用專業技術教師，並透過多元認證方式，廣泛向各行業界徵求職業達人或師傅人才	0.64164
4.2　精進教師實務教學與持續增進產業實務經驗	0.69736
4.3　促進教師以學生未來所需能力為主體思考，創新教學內容	0.67365
4.4　促進教師善用E化教學方式	0.60458
4.5　鼓勵技專校院教師進行多元升等	0.62764
4.6　激發教師教學熱忱	0.70590
4.7　鼓勵教師從事實務應用研究，以利技術傳承	0.65900
推動方向5. 依產業人才職能基準，重新定位職業證照制度，落實職場能力分類分級	0.68332
5.1　揚棄盲目追求取得證照張數之數字主義，改採養成學生有效就業能力	0.69736
5.2　不同產業需發展人才職能基準，提供技職校院規劃職能導向課程內容，鼓勵學生取得相應之職業證照	0.65732
5.3　因應技術快速發展，整合技職校院與職訓（場）體系資源，建立區域實作中心等，俾以填補技職校院設備資源之不足	0.61492
5.4　在學制學群規劃上，建立大分類，結合教育、勞動、經濟領域，重新盤整技職校院科系所對應之各類職種所需學習年限與內容，明確分級分類	0.56016
5.5　透過政策工具，引導優秀技職校院持續投入專門職能培育及訓練，促使技職校院成為培育職場就業力之重要養成機構	0.62686
推動方向6. 加強實務聯結及產學合作，增進產業與學校協力培育人才之社會責任	0.73518
6.1　引入產業大力投入，加強產業與學校之緊密合作，建立企業應與學校共同育才之社會責任與觀念	0.70590
6.2　相關部會提出積極鼓勵企業參與人才培育之誘因及獎勵機制	0.73518
6.3　學校及產業共同深化並落實推動產業實習	0.70302
6.4　設計更具彈性之學分或考評措施，紮實提升學生實務能力，增進學生學習內容與產業實務接軌	0.63073

表1（續）

推動方向或重點	三角模糊數總值
6.5 促成實作學習得運用產業提供之設備及實習場域進行，讓產業成為優質人才培育之共同教育者，藉以縮短學用落差	0.41226
6.6 鼓勵學校推動國際產學合作，拓展我國技職教育所培育之專業技術人才至國外發展、促進技術移轉及技術服務之管道	0.62824
6.7 採行新型態之技職教育學習方式，借鏡德國、瑞士及奧地利各國所推動之學徒制模式，強化產業扮演專業技術能力培養者之角色及功能	0.58996

註：以52個推動方向或重點進行FDM問卷調查後，
　　1. 三角模糊數總值為0.6以上者共有44個；
　　2. 三角模糊數總值為0.65以上者共有26個；
　　3. 三角模糊數總值為0.7以上者共有7個。

表2 最急需推動的1方向6重點

編碼	推動方向或重點	三角模糊數總值
3.4	加強學生實作場域動手操作能力	0.73518
	推動方向6. 加強實務聯結及產學合作，增進產業與學校協力培育人才之社會責任	0.73518
6.2	相關部會提出積極鼓勵企業參與人才培育之誘因及獎勵機制	0.73518
4.6	激發教師教學熱忱	0.70590
6.1	引入產業大力投入，加強產業與學校之緊密合作，建立企業應與學校共同育才之社會責任與觀念	0.70590
3.9	培養學生問題解決能力	0.70302
6.3	學校及產業共同深化並落實推動產業實習	0.70302

　　本文作者再邀請六名專家學者座談討論表1和2，與會專家學者就表2所列七個政策推動方向與重點（即表1中三角模糊數總值為0.7以上者），一致認為「3.4加強學生實作場域動手操作能力」、「推動方向6.加強實務聯結及產學合作，增進產業與學校協力培育人才之社會責

任」與「6.2相關部會提出積極鼓勵企業參與人才培育之誘因及獎勵機制」共三項之三角模糊數值皆高於0.73，故爲「當前有待興革的技職教育最重要政策」，並建議當前政策取向可著重在「制度」、「教師」與「產學」三大面向，包含：

　　1. 由課程加強學生實作場域動手操作能力。

　　2. 加強中小學在職教師對技職教育之認識與理解。

　　3. 由相關部會提出積極鼓勵企業參與人才培育之誘因及獎勵機制，加強實務聯結及產學合作，增進產業與學校協力培育人才之社會責任。

　　因此，由表1可見52個政策推動方向或重點中有44個（三角模糊數總值在0.6以上）急需推動，其中又有7個最急需推動（三角模糊數總值在0.7以上），七個政策推動方向或重點又可著重在「制度」、「教師」與「產學」三大面向。建議教育部及相關部會急其所當急，加以落實實施並適時調適，使彰顯技職教育「時」與「實」的特性；而「職業教育16個定理」和其他技職教育原理也可供作政策綱領調適之參據。

參考文獻

一、中文部分

技術及職業教育法（2015年01月14日發布）。取自http://edu.law.moe.gov.tw/LawContentDetails.aspx?id=GL001405&KeyWordHL=

技術及職業教育政策綱領（2017年3月）。行政院106年3月2日院臺教字第1060165689號函訂定。取自https://ws.moe.edu.tw/001/Upload/3/relfile/6315/52872/d595d36a-1b27-42d3-b50f-95c0f4671296.pdf

李隆盛、賴春金、潘瑛如、梁雨樺、王玫婷（2017）。大學生全球素養指標之建構。教育實踐與研究，30(1)，1-32。

李隆盛、李懿芳、張維容（2018）。技職教育重要課題與政策分析期末報告。財團法人黃昆輝教授教育基金會。

劉君祖（2018）。鑄劍爲犁。臺灣周易文化研究會電子報，**88**。取自http://www.tweching.org.tw/eNews/20180201/

二、英文部分

Camp, W. G. & Hillison, J. H. (1984). Prosser's sixteen theorems: Time for reconsideration. *Journal of Vocational and Technical Education, 1*(1), 13-21.

Lankard, B. A. (1996). Job training versus career development: What is voc ed's role? *ERIC Digest*. Retrieved from https://files.eric.ed.gov/fulltext/ED395217.pdf.

Prosser's sixteen theorems on vocational education: A basis for vocational philosophy (n.d.). Retrieved from http://www.morgancc.edu/docs/io/Glossary/Content/PROSSER.PDF.

　　謝誌：本文中的問卷調查和專家座談得財團法人工業技術研究院和財團法人黃昆輝教授教育基金會委託本文作者主持的專案計畫資助，並得莊雅惠助理和張維容助理協助，誌此申謝。

第十三章

技術及職業教育政策綱領
實踐芻議

胡茹萍

國立臺灣師範大學工業教育學系副教授

李懿芳

國立臺灣師範大學工業教育學系教授

于承平

教育部助理研究員

壹、前言

行政院於2017年3月2日依《技術及職業教育法》第4條第1項規定，以院臺教字第1060165689號函公告《技術及職業教育政策綱領》；此政策綱領之公告，正式揭示技術及職業教育（以下簡稱技職教育）之推動，係屬國家層級且爲跨部會應合力辦理之重點教育（行政院，2017）；同時，亦宣示《技術及職業教育政策綱領》乃我國技職教育政策推行之最高指導方針。

透過對技職教育之定位與價值、所面臨之問題與挑戰，及未來發展方向之分析，《技術及職業教育政策綱領》提出以培養具備實作力、創新力及就業力之專業技術人才爲願景，期透過職業試探教育、職業準備教育及職業繼續教育之實施，讓技職教育成爲國家經濟發展、社會融合、技術傳承及產業創新之重要推力（行政院，2017）。

爰本文特就綱領所提六大推動方向中之「重建新型態之技職教育體系，以彈性之職業繼續教育吸引社會大眾選擇就讀」、「建立有效職涯認識與探索機制，培養專業技術價值觀」、「建立實作及問題導向學習型態，培養跨領域能力、創新創業精神及國際移動力」，及「依產業人才職能基準，重新定位職業證照制度，落實職場能力分類分級」四項，先行提出具體實踐作法，以期落實技職教育人才之培育。

貳、綱領實踐芻議

一、積極建置類學分銀行或終身學習帳戶系統，建立終身技職教育體系

技職教育政策之規劃，應以學習者爲中心，且於終身學習思維下，建構相關策略推動，始能重建新型態之技職教育體系，並能吸引社會大眾選擇接受技職教育。

按學習社會（learning society）理念之提出，係由美國學者Robert Maynard Hutchins於1968年於其《學習社會》（*the Learning Society*）一書，先予闡述，強調以學習、自我實現及人性發展爲目標之社

會。其後因歐盟執委會（European Commission）於1995年提出《教與學：邁向學習社會》（*Teaching and Learning: Towards the Learning Society*）報告書，認為邁向學習社會之具體途徑為：（一）鼓勵獲得新知；（二）促進學校與企業界之緊密結合；（三）促進社會統合，照顧不利族群；（四）精熟三種語言；及（五）兼重資本投資與人力訓練投資；以及1996年聯合國教育科學文化組織（United Nations Educational Scientific and Cultural Organization, UNESCO）出版《學習：內在的財富》（*Learning: the Treasure Within*），強調終身教育為進入21世紀的鎖鑰，教育必須依四種基本學習能力（學會認知、學會做事、學會共同生活及學會發展），重新設計與組織，而成為國際性教育觀點（胡茹萍，2010；教育部，1998；黃富順，1998；Tawil & Cougoureux, 2013）。時至今日，歐盟於其2015至2020年應推動之職業教育與訓練策略，仍以終身學習思維為核心概念，進行相關規劃及設計，而UNESCO於2016年提出之2016-2021技術及職業教育與訓練策略（Strategy for Technical and Vocational Education and Training 2016-2021），亦秉終身學習之基調，提出相關策略（胡茹萍，2016；UNESCO, 2016）。

　　為回應終身學習之國際思潮，韓國於1997年依據該國《學分認可法》（Act on Credit Recognition），設置「學分銀行系統」（Academic Credit Bank System）。該學分銀行系統之制度設計，包括學分認可之機制、學位授予之學分數要求、標準化課程之提供及對提供相關課程之機構之評鑑與認證等，規範學分銀行之建置；其目的旨在促使學習者能不受時空限制，進行學習，並能有效整合教育資源（胡茹萍，2010；駐韓國代表處教育組，2016）。

　　2017年5月教育部提出擬推動大學夜間部繼續轉型為無修業年限之「開放式大學」，並開設符合產業需求之課程（馮靜惠，2017），惟其推動卻以突破少子女化困境作為論述主軸，則稍嫌狹隘，應自上開終身學習之國際教育觀點，再行規劃、設計及開創有利於學習者學習未來產業所需之專業知能、技能及情意之學習管道及環境。

二、提供青少年適性潛力定向分析及輔導

　　配合第二期技職教育再造方案之策略推動，教育部國民及學前教育署於2014年1月21日訂定《教育部國民及學前教育署補助高級中等學校學生業界實習和職場體驗經費作業要點》，補助高級中等學校安排學生至業界實習及進行職場體驗。而為配合《技術及職業教育法》第9條所定高級中等以下學校應開設或採融入式之職業試探、生涯輔導課程，提供學生職業試探，新北市政府於2015年6月成立九大分區「職業試探暨體驗教育中心」，提供區域內各對應之國小、國中學校學生所需之職業認知與試探教育課程；2016年5月16日教育部國民及學前教育署發布《教育部國民及學前教育署補助國民中學區域職業試探與體驗示範中心作業要點》，進行相關職業試探與體驗中心之設立經費補助（教育部國民及學前教育署，2014，2016；新北市政府教育局，2015）。

　　按上述政府機關之相關措施，對於提供青少年了解工作世界、各項職業認知，皆有一定之功效，然而各項措施之內涵較偏向於硬體之設立，例如試探、體驗中心，且補助高級中等學校或國民中學安排學生至相關產業參訪，其所實施之方式，亦偏向「蜻蜓點水」或「走馬看花」之活動安排設計，對於參訪學生之職業視野或職業之定向，尚待進一步了解其實質效益。

　　為落實青少年之職業定向及輔導，德國於2008年所推動之「職業入門定向陪同輔導方案」（Berufsorientierung），進行探究；此外，德國所啟動之「於跨企業單位及類似型態職業訓練場所之職業導向專案」（Berufsorientierungs programm, BOP），亦即由德國聯邦教研部提供性向潛能分析，再根據分析結果，提供職場參觀，並給予擬試探自身職業潛力之青少年二週期間，於具經驗之教師指導下，至少參訪三個不同之職業領域，及於2012年將協助青少年就業之「專職輔導人員志工」專案，納入法律（駐德國代表處教育組，2016）之各項措施及內涵，值得參考，並研擬適合我國職業試探及輔導之具體措施。

三、創新創業能力培養應強調通識課程、跨領域學習及實習課程

　　全球創業研究協會（Global Entrepreneurship Research Association, GERA）（2017）提出2016/2017全球創業觀察（Global Entrepreneurship Monitor, GEM）年度報告，依據國家所在地區別將各國經濟型態分爲「要素驅動型」（Factor-driven）、「效率驅動型」（Efficiency-driven）以及「創新驅動型」（Innovation-driven）。在亞太地區（Asia& Oceania）創新驅動型國家爲澳洲、香港、以色列、卡達、南韓、臺灣及阿拉伯聯合大公國，至於中國大陸及多數東協國家仍停留在要素驅動及效率驅動型經濟。

　　同時工業4.0及人工智慧等議題不斷興起，如何培育適切人才以滿足此一產業發展需求，爲近來相當受到關注之重要課題。惟工業4.0及人工智慧所需人才，均無法僅透過單一領域培育出來，也使得跨領域人才培育愈來愈受到重視。例如近年來由美國所帶動科學、技術、工程及數學（Science, Technology, Engineering and Mathematics, STEM）改革及臺灣目前十二年國民基本教育課程變革所強調具備跨領域整合應用能力（林坤誼，2017）。

　　另依南華大學校長林聰明調查科技大學畢業生就業情況，發現這些學生剛進職場時很受業界歡迎，但10年後，再度調查同間公司同年入職的人，發現技職體系升遷幅度比普通大學慢，爲什麼？雇主反應技職生語文能力較差，無形中溝通與人文素養不足，影響專業以外的表現。尤其技職生創意激發也有待改進，其擔任雲林科技大學校長時，原本設計學院要一流高職生才能讀，同時也招收高中生，可是當校內舉辦主題創意競賽，即使高職生多了3年基礎設計訓練，但高中生提出的構思創意卻遠超過高職生，爲何高職生沒有高中生那種海闊天空的想像呢？人文素養是關鍵（黃偉翔，2017）。

　　創新思維的培育，最有效的方式不是特定專業技能（Specific Skills），而是通識教育（General Education），亦即前述所稱人文素養，尤其多元化（Diversity）更是提升創新能力重要因素，特別是在學

術研究及實用技術激盪的高等教育環境下，不同背景的老師、學生、社群形式、學習方法，以及學科思維的交互與融合，經常能產生別出心裁的創新案例。同時，成功的「通識化」課程教育，相比強調在特定專業技能（Specific Skills）的教育學習上，更能幫助學生面對科技發展快速的新時代，培育更強烈的創業精神（Entrepreneurialship）（孫憶明，2015；Krueger & Kumar, 2003）。

　　林坤誼（2017）提出未來的STEM創新人才所應具備關鍵能力至少應包括：（一）終身學習能力；（二）領導能力；（三）創造力；（四）適應力；（五）創業力；（六）解決問題能力；（七）批判性思考能力；及（八）團隊能力等八項關鍵能力。而針對此八項STEM創新人才所應具備的STEM關鍵能力中，目前教育部相關人才培育政策中，可能較為缺乏的則有領導力、適應力、創業力、團隊合作及問題解決能力等5項。雖然此一落差主要原因在於，教育部所研訂人才培育政策並未聚焦於STEM創新人才，但由於現階段培養STEM創新人才以提升國家競爭力為各國關切重要課題，因此，此一落差也值得未來教育部在研訂相關人才培育時參考。

　　Avvisati, Jacotin, & Vincent-Lancrin（2013）則定義「技能」包含知識、態度及能力，其能使每個人成功及持續完成任務或活動，至於「創新技能」（skills for innovation）則是包含三類彼此部分重疊的技能，包括技術技能（technical skills）：知道為什麼及知道如何作（know-what and knowhow），思考及創造力技能（skills in thinking and creativity）：批判性思考、想像力及創造力（critical thinking, imagination, creativity），行為及社會技能（behavioural and social skills）：堅持、認真盡責、自尊、溝通及團結合作（persistence, conscientiousness, self-esteem, communication, collaboration）。

　　另從如何培育具創業能力學生觀點，GERA（2017）建議實習制度有助於學生對創業精神產生興趣，體驗學習可提供學生在學時從真實職業世界學習的機會。另外如學徒制、技術及職業教育師資可有效介入處理關鍵技能差距，正式教育制度往往認為高等教育為培養學生專業成長及成功唯一進路，隱含職業專門知識明確不如學術知識，但這是短視看

法，只有職業訓練才能與創業精神緊密連結。

　　綜合而言，創新與創業是截然不同的概念，創新是希望學生強化通識教育、跨領域課程及對生活現象觀察了解，創新人才需要有敏銳觀察力，觀察生活周遭有那些不便，能從不同觀點去思考如何改善能使其更爲便利。至於培養創業精神，則需透過企業實習，讓學生了解從原物料進貨到成品完成出貨之一連串過程，其中包含各項直接及間接人力投入及各項成本支出，如何從設計到出貨之整體商品化過程。所以要培養創業人才，目前技職校院僅與業界合作養成學生專業技能之實作或實習作法，應予改變，除技能外，應強調學生跨部門實（見）習及各部門如何破除本位主義之協調合作。

四、推動資歷架構有助於落實證照制度、職能分級及人才移動

　　國人向來重視證書、文憑及學位，但除正規學位外之資歷，則過於紛雜而不利溝通與流通，即使同一層級同一類別之正規學位持有者，亦常見能力過於懸殊而有違品保（李隆盛，2017）。按資歷架構（Qualifications Framework），提供各項職類職種一致性學習成果認定標準，亦即學生若大學畢業即須取得具備大學畢業程度資歷證照，彰顯其具備大學畢業學習成果，其亦可作爲大學校院品質保證基礎，使各大學校院畢業學生具備一致性之專業能力及職場就業力，有助於改善目前大學畢業學生能力參差不齊情形，提供業界作爲聘人及敘薪之重要依據。

　　就目前發展完整之歐洲資歷架構（European Qualifications Framework, EQF）而言，其著重知識（knowledge）、技能（skills）及能力（competence）三項指標；澳洲資歷架構（Australian Qualifications Framework, AQF）2013版，則重在知識（knowledge）、技能（skills）及知識與技能之應用（Application of knowledge and skills）三項指標。至於東南亞國協學歷資格參考架構（ASEAN Qualifications Reference Framework, AQRF），則採知識及技能（Knowledge and skills）、應用及職責（Application and Responsibility）。不論任何區域或國家資歷架構均要求學習者，應該具備知識及技能，以及如何結合知識及技能運用到不同情境，形成解決問題之能力，學習者若單單僅具

有知識或技能，將無法取得任何資歷憑證，故技職校院應著重於學生全面性通識、理論及技能之養成，不應僅侷限技能及實作能力。

另外依辛炳隆、江哲延（2011）研究發現，持有專門職業及技術人員考試及格證書與金融從業人員證照，對於勞工薪資皆有正向顯著影響，但持有技術士證照、電腦證照、語文認證及其他證照勞工，相較於未持有專業證照勞工，將不會有較高薪資所得，甚至對薪資有負向影響。至於擁有資訊證照可以讓學生有更好謀職機會，但不保證一定有較高收入，另外持有技術士證照無法獲得較高薪資原因，或可歸因於該類證照尚未被普遍認同。

綜合而言，臺灣各鑑定機關（構）所發出之能力檢定證明中，考試院之專門職業及技術人員考試及格證書與臺灣金融研訓院之金融從業人員證照，因其具備職業及執業證照功能，普遍獲得業界認可。至於勞動部之技術士證照，多數須再行檢討是否符合目前業界所需，否則學生考取一堆無用證照，徒然浪費學生及政府資源。此外，資訊軟硬體持續更新，學生取得資訊證照僅能證明該段期間技能，若不持續進修，則經過一段時間後，形同廢紙。所以推展國家資歷架構，即是透過具國家公信力或企業認可之職能分級證照，並以品質保證措施，確保每位取得證照者均具一致學習成果，亦可據以作爲推動以職涯發展爲基礎之終身學習憑藉。

此外，資歷架構另一項功能，即是透過跨國學歷資格「對照」及「認可」，達到人才移動目的。因此，學校課程或技能發展，亦須跟隨國際趨勢跨國銜接。目前臺灣僅有海事教育達到跨國銜接目的，其依聯合國所屬國際海事組織（International Maritime Organization, IMO）訂定「航海人員訓練、發證及當值標準國際公約」（Standard on Training, Certification and Watch-keeping for Seafarers, STCW），截至2010年8月8日爲止，計有154個國家簽署加入，受公約規範之船舶中，締約國船隊總噸數已占全世界船舶總噸數99.15%；換言之，幾乎全世界所有符合STCW公約規範之船舶，都接受規範。該公約建立詳細之強制性適任標準及其他強制性規定，確保所有航海人員應接受適當之教育及訓練、合適之經驗與技巧，並適任於執行其職責，以提供海上人命、

財產之安全及保護海洋環境。IMO為使各國海事教育有所依歸，針對STCW公約中所要求之海勤人員最低適任標準，制定典範課程（Model Course），目前臺灣高等海事教育即依據該典範課程，作為制定課程標準之基本原則（俞克維，2010）。

參、結語與展望

　　教育如同大樹生長一般，在國中小時，我們要建立支架，支撐樹根能長的更為深入，樹幹能更為粗壯（基本學力），當我們移除支架時，也才能盡情長出分枝（知能、技能及情意），能在森林中生活屹立不搖（應用能力）。當臺灣社會面對大學畢業學生低薪、超時工作之困境時，《技術及職業教育政策綱領》之公告，不啻為對技職教育提出良藥解方，期待其實踐及具體落實，能促進臺灣之經濟發展與社會融合，並能帶動技術之傳承與產業之創新。本文僅就《技術及職業教育政策綱領》之部分推動方向，提出可再落實及推動之作法，期望我們的孩子都能更好、更幸福，並能成就自己。

參考文獻

一、中文部分

行政院（2017）。技術及職業教育政策綱領。臺北市：作者。

林坤誼（2017）。新世紀STEM創新人才培育與啟示。T&D飛訊，236，1-17。

辛炳隆、江哲延（2011）。專業證照對薪資影響之淺析。T&D飛訊，124，1-13。

李隆盛（2017）。建立國家資歷架構開始就不遲。經濟部人才快訊電子報。取自 http://itriexpress.blogspot.tw/2017/08/blog-post.html

胡茹萍（2010）。韓國的職業教育。台灣國際研究季刊，6(4)，71-92。

胡茹萍（2016）。歐盟職業教育與訓練創新轉型之探討。載於楊國賜、胡茹萍主編，大學創新轉型發展（129-147）。臺北市：中華民國技職教育學會。

俞克維（2010）。STCW 2010新公約對我國海事教育的衝擊與因應。取自http://marine.tkms.ptc.edu.tw/lib/GetFile.php?fil_guid=1ae340a6-1852-3168-f513-bae5e0efef49

教育部（1998）。**邁向學習社會**。臺北市：作者。

教育部國民及學前教育署（2014）。**教育部國民及學前教育署補助高級中等學校學生業界實習和職場體驗經費作業要點。**

教育部國民及學前教育署（2016）。**教育部國民及學前教育署補助國民中學區域職業試探與體驗示範中心作業要點。**

孫憶明（2015）。未來領袖必須具備的特質：跨領域創新思維。取自http://blog.cw.com.tw/blog/profile/256/article/2273

黃偉翔（2017）。前教部次長、職訓局長林聰明：技職五大改革重點。技職3.0，取自http://www.tvet3.info/20171118/

黃富順（1998）。**學習社會理念的發展、意義、特性與實施**。載於中華民國成人教育學會編，學習社會（1-32）。臺北市：師大書苑。

馮靜惠（2017年5月2日）。**教育擬推開放式大學免筆試無年限有學位**。聯合新聞網，取自https://udn.com/news/story/6928/2437207

新北市政府教育局（2015年6月23日）。**新北市「職業試探暨體驗中心」正德國中揭牌啓用**。取自http://www.ntpc.edu.tw/link_data/index.php?mode=detail&id=17825&type_id=2&parent_id=10024

駐德國代表處教育組（2016）。德國教研部以「學成技藝與社會接軌」專案，協助請少年順利完成職業教育。國家教育研究院國際教育訊息電子報第107期，取自http://fepaper.naer.edu.tw/paper_view.php?edm_no=107&content_no=5620

駐韓國代表處教育組（2016）。**南韓學分銀行**。教育部電子報，取自https://epaper.edu.tw/windows.aspx?windows_sn=18121

二、英文部分

Avvisati, F., Jacotin, G. & Vincent-Lancrin, S. (2013). Educating Higher Education Students for Innovative Economics: What International Data Tell Us. *Tuning Journal for Higher Education, 1*, 223-240.

Global Entrepreneurship Research Association (GERA). *Global Entrepreneurship Monitor Global Report 2016/2017*. Retrieved from http://www.gemconsortium.org/report

Krueger, D. & Kumar, K. B. (2003). *Skill-specific rather than General Education.* Retrieved form http://economics.sas.upenn.edu/~dkrueger/research/edueur.pdf

Tawil, S. & Cougoureux, M. (2013). Revisiting Learning: The Treasure Within Assessing the influence of the 1996 Delors Report. Retrieved from http://unesdoc.unesco.org/images/0022/002200/220050E.pdf

UNESCO (2016). Strategy for Technical and Vocational Education and Training 2016-2021. Retrieved from http://unesdoc.unesco.org/images/0024/002452/245239e.pdf

國家圖書館出版品預行編目資料

體檢臺灣技職教育／楊朝祥等著；胡茹萍，李
懿芳主編. -- 初版. -- 臺北市：五南，
2018.06
面；　公分
ISBN 978-957-11-9772-2（平裝）

1.技職教育

528.8　　　　　　　　　　107008848

1I1W

體檢臺灣技職教育

策　　　劃 — 臺灣教育評論學會（485）

主　　編 — 胡茹萍　李懿芳

執行編輯 — 于承平

作　　者 — 楊朝祥　黃政傑　張國保　王娜玲　巫博瀚
　　　　　　陳德華　饒達欽　賴慕回　吳雅玲　湯誌龍
　　　　　　鍾怡慧　徐昊杲　周燦德　陳斐娟　吳秀春
　　　　　　廖年淼　曾淑惠　李隆盛　胡茹萍　李懿芳
　　　　　　于承平

發 行 人 — 楊榮川

總 經 理 — 楊士清

總 編 輯 — 楊士清

副總編輯 — 陳念祖

責任編輯 — 李敏華

封面設計 — 王麗娟

出 版 者 — 五南圖書出版股份有限公司

地　　　址：106台北市大安區和平東路二段339號4樓

電　　　話：(02)2705-5066　　傳　　真：(02)2706-6100

網　　　址：http://www.wunan.com.tw

電子郵件：wunan@wunan.com.tw

劃撥帳號：01068953

戶　　名：五南圖書出版股份有限公司

法律顧問　林勝安律師事務所　林勝安律師

出版日期　2018 年 6 月初版一刷
　　　　　2020 年 10 月初版二刷

定　　價　新臺幣500元